KB119053

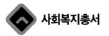
사회복지총서

사회복지법제와 실천

윤찬영 · 김광병 · 송인규 · 이윤진 공저

Social Welfare Legal System and Practice

학지사

머리말

사회복지학 교육과정에서 기존의 '사회복지법제론' 교과목이 '사회복지법제와 실천'으로 바뀌었다. 기존의 '사회복지법제론'은 개념적인 이론 중심으로 이루어져 법학을 공부하지 않은 사회복지학도들에게 전공필수 교과목이면서도 친숙하지 않아 매우 어렵고 골치 아픈 과목이었다. 하지만 이제는 사회복지실천의 도구이자 수단으로서 법을 활용해야 할 필요성과 당위성이 강하게 제기되고 있다. 이에 사회복지실천을 겨냥하고 염두에 둔 사회복지법제 관련 교과서를 필요로 하게 되었다. 그리하여 학문의 융합과 통섭의 시대에 맞게 사회복지학과 법학을 두루 공부한 학자들과 사회복지사 출신의 변호사가 뜻을 모아 한국사회복지교육협의회의 교과목 지침서에 따라 사회복지학도들이 사회복지법을 쉽게 공부하여 실천에 활용할 수 있도록 비교적 쉬운 학습서를 만들고자 하였다. 이제 법 없는 사회복지는 생각할 수 없고, 법에 기반한 그리고 법을 통한 사회복지실천이 요구되는 현실이다.

이 책이 사회복지실천 현장과 강의실에서 사회복지학도들에게 요긴한 길잡이로 쓰일 수 있기를 소망한다. 이 책의 집필과 출판을 의뢰해 주시고 허락해 주신 서울대학교 사회복지연구소와 학지사의 대표님 및 관계자 모두에게 깊은 감사를 드리는 바이다.

2023년
저자 일동

차례

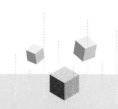

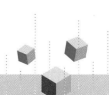

제1장

사회복지법의 개념과 의의

인간이 살아가면서 불가피하게 겪게 되는 사건 사고들은 각종 법률관계에 의해 설명할 수 있다. 특히 사회복지는 삶과 죽음의 과정에서 발생하는 일련의 사건과 연관이 있기에 관련 법률관계는 더욱이 인간의 삶과 분리하여 생각할 수 없다. 이에 사회복지법은 인간의 생활을 광범위하게 규율하는 법이기에 당연히 우리의 삶과 밀접한 연관을 가진다. 이 장에서는 사회복지법이란 무엇인지, 하루하루 삶을 영위하는 우리에게 어떠한 의미를 가지는 법 영역인지 살펴보도록 한다.

1. 사회복지법의 태동

사회복지법은 산업화 과정에서 나타난 각종 사회문제를 해결하기 위한 사회정책과 제도를 정립하는 과정에서 발생하였다. 따라서 시민법의 원리가 지배하던 시대를 지나 사회법의 영역에서 각종 법규범들을 해석하기 시작한 시대적 변화를 반영하고 있으며, 시민사회 및 공동체의 성숙과 발전과 궤를 같이한다. 전통적인 농경 사회에서 가족 중심의 생활을 하던 시기와는 달리 자본주의 사회로 이행하면서 발생한 각종 사회적 관계들은 기존의 메커니즘만으로는 설명할 수 없게 되었다.

산업화가 견인하는 자본주의 사회에서는 기존의 농경 사회와는 달리 생산과 소비가 분리되면서 노동자와 고용주, 노동력의 제공과 임금의 발생 등의 개념이 등장하였다. 이로써 각 가정 내에서 해결되던 먹고사는 문제에서 나아가 노동에 대한 사회적 배려가 필요하다는 인식이 확산하였고, 법적 측면에서는 기존의 시민법 원리가 수정되는 상황을 맞이하였다. 자본주의의 발달과 함께 사회적 약자를 사회가 앞장서서 보호하여야 할 필요성이 대두되면서 여타의 문제들을 해결할 수 있는 법 원칙들이 새롭게 나타난 것이다. 즉, 국가의 사회 구성원들에 대한 의무와 책임을 법적으로 제도화하는 상황에 이르렀다. 이는 사회복지법의 태동을 의미한다.

2. 법의 특성과 사회복지법 특성 개관

1) 법의 특성과 이념

법이라는 것은 인간 사회에서의 생활 및 질서 유지를 위한 약속으로 정의할 수 있는데, 강제라는 수단이 기본적 속성으로 작용한다(법의 사회규범성). 또한 행위라는 것에 기반하여 법 위반을 판단하기에 행위규범의 특성을 가지며(법의 행위규범성) 재판을 할 때 판결의 기준을 제시해 준다는 의미에서 재판규범이라는 특성도 가진다(법의 재판규범성). 그 외에도 법은 한 사회의 가치관을 포함하는 문화를 반영한다는 점에서 문화규범의 특성을 가지며 국가기관이라는 조직의 권한과 역할을 규정한다는 의미에서 조직규범의 특성을 가진다.

 법의 특성은 사회규범성, 행위규범성, 재판규범성으로 구분된다.

이러한 특성을 가진 법은 그 자체로 실현하고자 하는 이념과 가치를 포함한다. 즉, 법이 존재하는 이유는 법의 정당성을 반영하며 우리가 이를 지켜야만 하는 당위성을 설명한다. 우리가 법의 이념을 살펴보아야 하는 이유이다. 첫 번째 법의 이념은 정의라고 할 수 있다. 정의(justice)라는 것은 추상적인 개념으로, 시대나 문화적 가치를 반영하는 것이 일반적이다. '같은 것을 같게, 다른 것을 다르게'라는 이념에 기반하는 공동체를 유지하기 위한 기본적인 가치이며 분배의 문제와도 연결되나, 형평(equity)과는 구분된다. 두 번째 법의 이념은 합목적성이다. 합목적성 역시 그 사회의 문화와 가치에 의한 상대적인 개념이라고 할 수 있으나 각 개인의 자유와 이익, 공동체의 번영과 이익 사이의 관계를 조율하는 것에서 비롯된다. 세 번째 법의 이념은 법적 안정성이다. 법적 안정성이란 법에 의하여 사회가 안정을 도모하는 것에 집중한다. 법적 안정성을 유지하기 위해서는 법률의 내용이 명확하게 규정되어야 하고 입법자의 자의에 의하여 수시로 내용에 변경이 생기면 안 될 것이다. 이러한 법의 이념들은 법의 종류를 막론하고 기본적으로 지켜져야 할 것들로, 사회의 변화와 흐름에 따라 강조하는 부분들이 달라질 수는 있으나 변하지는 않는 사항이다. 사회복지법 역시 마찬가지로 이러한 법의 이념을 바탕으로 각종 법률이 제정 및 개정되는 과정을 거친다.

 법의 이념은 형평과는 구분되는 정의, 상대적 개념으로서의 합목적성, 명확한 법을 요구하는 합목적성으로 요약할 수 있다.

일반적으로 사회복지법은 인간이 인간답게 살아가기 위한 법률관계를 규율하는 법으로 정의할 수 있다. 좁은 의미의 사회복지법과 넓은 의미의 사회복지법으로 사회복지법을 개념화할 수 있는데, 인간답게 살 권리를 영역별로 구체화한 것이라고 할 수 있다. 좁은 의미의 사회복지법은 소극적이고 한정되어 있는 사회복지에 관한 법을 의미하고, 주로 사회서비스를 일컫는 모든 법률이 이에 해당한다.

좁은 의미의 사회복지법과 넓은 의미의 사회복지법을 구분해야 한다.

2) 사회복지법의 역사적 배경

(1) 주요국의 사회복지법

우리나라보다 산업혁명과 자본주의의 발전을 먼저 겪은 나라들은 사회복지의 도입 및 사회복지법의 체계화 역시 보다 빨리 이루어졌다. 따라서 사회복지 역사의 기원을 사회복지법의 발생과 함께 살펴보는 것이 의미를 가진다. 우선, 영국에서는 1601년 「빈민법(Poor Law)」을 사회복지법의 기원으로 볼 수 있다. 동법은 국가적 차원의 책임 문제로 빈곤 문제를 최초로 다룬 법이기에 공공부조의 영역을 개척한 법으로 분류할 수 있기 때문이다. 하지만 그 당시 영국의 「빈민법」은 현재의 빈곤 정책의 지향점과는 많은 차이점을 가진다. 동법은 빈민을 노동능력이 있는 빈민과 노동능력이 없는 빈민, 빈민 아동으로 구분하여 구빈대책을 시행하였다. 그 후 영국은 1782년 「길버트법」, 1795년 「스핀햄랜드법」, 1802년 「공장법」, 1834년 「신빈민법」을 차례로 제정하였다. 「신빈민법」은 열등처우의 원칙, 작업장제도의 원칙, 전국적 통일의 원칙을 반영하여 개인의 자유를 강조한 시민법의 원리를 충실히 시행하였다. 그 후 1948년 「국가부조법」은 기초보장이라는 이념을 실현하기에 이르렀는데, 1942년 영국의 「베버리지 보고서」의 '요람에서 무덤까지'라는 사회복지의 기본 틀을 확인할 수 있다.

 영국의 「빈민법」은 사회복지법의 기원이다.

영국과 달리 독일에서는 노동계급의 급속한 성장과 계급 간의 갈등, 국가주의적 전통을 바탕으로 사회보험제도가 세계 최초로 출현하였다. 비스마르크(Bismarck)가 도입한 사회보험은 '채찍과 당근'이라는 구상하에 도입되었으나 궁극적으로 독일의 사회복지 발전을 견인하였다. 미국은 1935년 사회보장법을 도입한 국가로서 세계 최초로 사회보장의 용어를 공식화하여 사용하였다. 1929년 대공황이 그 계기라 할 수 있는데, 인간답게 생활할 권리를 중심에 둔 현대적 의미의 사회보장의 이념이 아닌, 인간은 누구나 노동을 하여야 한다는 기본 원칙을 보완하기 위한 방향으로서 의미를 가진다.

 사회복지제도의 기원은 독일에서는 사회보험제도, 미국에서는 사회보장법으로 설명할 수 있다.

(2) 시민법에서 사회법으로의 이동

시민법은 근대 시민사회를 전제로 한다. 즉, 자본주의의 발전을 뒷받침할 수 있는 법체계로서 시민법의 역할을 생각해 보아야 한다. 시민법은 개인의 자유를 바탕으로 하여 평등을 지향한다. 따라서 공동체 전체의 번영보다는 각 개인 간의 자유로운 계약관계를 보호하는 데 치중한다. 법은 오로지 각 개인 간의 관계를 규율할 뿐이다. 따라서 법 앞에 평등한 시민들 간의 계약은 개인의 의지에 따라 자유로워야 하며(계약 자유의 원칙), 개인의 사유 재산에 대해서는 그 누구도 간섭할 수 없다(소유권 절대의 원칙). 나아가 개인은 자신의 선택에 반드시 스스로 책임을 져야 하고, 고의나 과실이 없는 경우에는 책임지지 않는다(과실책임의 원칙). 이러한 시민법 원칙에 따르면 사회적 약자는 평등한 계약을 맺지 못함에서 오는 불평등함을 호소할 길이 없고, 이미 재산을 가진 자는 계속 재산을 보유하고 가지지 못한 자는 취득하지 못함으로써 부의 불평등은 개선될 여지가 없게 된다. 또한 빈곤 역시 자기 책임이므로 국가로부터 도움을 받을 길이 없어진다. 이는 공동체의 존속과 번영을 담보하지 못하여 국가가 존재하는 한 수정될 수밖에 없었고, 공동체의 조화를 추구하는 사회적 흐름과 함께 사회법이 등장하게 되었다.

사회법은 계약 자유의 원칙을 수정하여 사회보험법, 사회보장 관련 법 등에서 개인의 계약 강제를 통해 개인의 자유를 제한하였다. 소유권의 행사도 일정 부분 제한과 구속을 받아야 하는 것으로 수정하여 소유권의 사회성을 확립하였다. 또한 과실책임의 원칙은 무과실책임의 원칙으로 변화하였다. 사용자 및 기업주가 과실이 없는 경우에도

표 1-1 시민법과 사회법의 원리 비교

	시민법의 원리	사회법의 원리
이념	개인주의	집단주의
국가의 역할	자유방임	개입 및 통제 가능
법원칙	계약 자유의 원칙, 소유권 절대의 원칙, 과실책임의 원칙	계약 공정의 원칙, 소유권 제한의 원칙, 무과실책임의 원칙
주요 권리	자유권	사회권

근로자가 재해를 입었을 경우 책임을 지게 함으로써 사회문제는 공동의 책임이라는 인식을 확고히 하였다. 실업 역시 개인의 과실로 인한 것이 아닌 사회의 책임이라는 것과도 맥락을 같이한다.

> 사회복지법은 시민법의 원리가 수정된 것으로, 사회법의 원리가 지배하고 있다.

3. 사회복지법의 개념과 특성

1) 사회복지법의 개념

사회복지법은 타 법률과 비교할 때 과연 어떠한 정체성을 가지고 있기에 별도의 개념으로 살펴보아야 할 것인가? 사회복지의 등장 과정에서도 살펴보았듯이, 사회의 급속한 변화와 발전은 사회복지제도를 형성하기에 이르렀고 이를 뒷받침할 법률의 필요성이 생기게 되었다. 이에 사회복지법은 사회법의 영역에서 사회복지 관련 제도를 뒷받침하는 법률을 모두 포괄하여 통칭하는 개념으로 파악할 수 있다. 따라서 사회복지법은 '인간이 인간다운 삶을 누리기 위해 규율한 법'으로 개념화할 수 있다.

범위에 따라서는 좁은 의미의 사회복지법과 넓은 의미의 사회복지법으로 구분

표 1-2 좁은 의미의 사회복지법과 넓은 의미의 사회복지법

	좁은 의미의 사회복지법	넓은 의미의 사회복지법
사회복지의 개념	잔여적	제도적
범위	사회복지서비스 관련 법, 공공부조 관련 법	사회복지서비스 관련 법, 공공부조 관련 법, 사회보험법, 보건·주거·교육·노동 등 사회 정책과 관련된 모든 법률

된다. 좁은 의미의 사회복지법은 주로 사회복지제도를 직접적으로 형성하는 사회복지서비스 관련 법과 공공부조 관련 법 등을 포함한다. 그에 반하여 넓은 의미의 사회복지법은 제도적 개념의 사회복지를 의미하며, 전체 사회 구성원을 대상으로 하는 국가의 역할을 확대하게 되는 법들을 모두 포괄한다. 사회복지서비스 관련 법과 공공부조 관련 법은 물론이고, 사회보험법, 보건, 교육, 주거, 노동 등 인간의 인간다운 생활을 위한 모든 제도와 관련한 법률이 이에 해당한다. 형식에 따라서는 사회복지법전에 존재하는 형식적 의미의 사회복지법과 형식은 존재하지 않더라도 그 내용이 사회복지제도와 관련되는 모든 관련 법으로 해석할 수 있는 실질적 의미의 사회복지법으로 구분된다.

한편, 사회복지법은 사회법의 영역에 속한다. 사회문제를 해결하기 위한 각종 정책과 그 실천 과정을 구체적으로 실현하기 위하여 법제화한 것으로, 사회복지 대상자, 클라이언트 등과의 관계에 행위규범으로 작용한다.

> 사회복지가 잔여적으로 개념화될 때는 좁은 의미의 사회복지법, 제도적으로 개념화될 때는 넓은 의미의 사회복지법으로 한다.

2) 사회복지법의 법원

사회복지와 관련한 여러 사건의 해석에 있어 어떠한 것을 기준으로 하여야 하는가? 더욱 구체적으로는 어떠한 것을 사회복지의 해석 기준으로 삼아야 할 것인가? 이와 관련하여 사회복지법이라는 것이 어느 범위를 일컫는 것인지 인지할 때, 우리는 사회복지법을 해석할 수 있는 근거를 찾을 수 있다. 따라서 사회복지법의 해석을 위해서는 우선 사회복지법의 법원을 살펴보아야 한다. 그리고 이러한 법원은 체계화하여 분류할 수 있다.

우선, 사회복지법은 일정한 형식과 절차에 따라 제정 및 시행되는 성문법을 바탕으로 한다. 성문법은 국가의 최고 규범인 헌법과 헌법에 근거하여 제정되는 법률, 법률에 의하여 구체적인 내용을 정하는 명령과 규칙 그리고 지방자치단체의 행위규범인 조례 등으로 구분된다. 헌법과 법률, 명령, 규칙 등의 관계는 제4장 '사회복지법의 체계'를 통하여 구체적으로 학습한다.

 사회복지법의 법원은 헌법, 법률, 명령, 규칙, 조례 등으로 구분된다.

3) 사회복지법의 분류

사회복지법은 실정법을 중심으로 해석할 때 상위법과 하위법, 일반법과 특별법, 신법과 구법으로 구분할 수 있다. 상위법과 하위법은 사회복지법의 체계와 위계에 따라 구분하는 것으로, 법률은 헌법의 기본 이념과 내용에 반하면 안 되고, 명령과 규칙은 법률의 내용에 반하면 안 된다는 원칙을 실현하여야 한다. 다음으로 법은 적용 및 효력의 범위에 따라 일반법과 특별법으로 구분되는데, 일반적인 사람에 대하여, 전국적으로, 일반적인 사항에 대하여 적용되는 것을 일반법이라고 하고, 특정한 대상이나 범위에 대하여 적용되는 것을 특별법이라고 한다. 일반법과 특별법이 충돌할 경우에는 특별법 우선의 원칙에 따라 특별법이 적용된다. 예를 들면, 「사회복지사업법」보다는 「아동복지법」이, 「아동복지법」보다는 「입양특례법」이 아동 입양과 관련한 사항에서 적용된다. 마지막으로 신법은 새로 제정된 법을, 구법은 나중에 제정된 법을 의미한다. 신법은 구법에 우선하므로 새롭게 제정된 내용은 기존의 내용을 파기하고 적용된다.

제**2**장

권리로서의 사회복지(1):
규범적 사회복지

1. 의의

1) 사회복지법을 공부해야 하는 이유: 권리로서 사회복지를 인식

사회과학의 한 분야인 사회복지학을 공부하는 데 있어서 군이 사회복지법을 공부해야 하는 이유는 무엇일까? '법'이나 '법학'에 대하여 배운 적도 없고 관심이 없다면 더욱 막막한 일이다. 어렵고 딱딱한 법을 사회복지학에서 왜 배워야 하는 것일까?

 사실관계로서 복지, 권력관계로서 복지, 법률관계로서 복지를 구분해 보자.

복지란 그것을 어떻게 정의하든 누군가로부터 도움을 받거나 주고받는 것을 내포한다. 여기서 도움의 성격과 이유를 생각해 보자. 도움과 나눔이 단지 주는 자의 자선과 시혜로 이루어진다면, 그것은 우연적이거나 임의적인 사실일 뿐이다. 주는 자의 마음이 바뀌고 사정이 바뀌면 중단될 수 있는 것이다.

또한 정치권력이 정당성을 확보하거나 확장하기 위하여 선심을 베푸는 차원에서 도움과 나눔을 제공한다면, 그것은 복종을 요구하는 권력관계의 부산물에 그칠 것이다. 그러므로 권력자의 자의적인 조치에 따라 확대되거나 감소되고 심지어 소멸될 것이다. 이렇게 단순히 사실관계에 그치거나 권력관계의 반영으로서 제공되는 복지라면, 그것은 매우 불안정하고 제한적일 수밖에 없다.

그러나 복지가 법률관계를 이루고 있다면 법률관계에 의해 구속을 당하는 측과 옹호를 받는 측으로 관계가 이루어져 있다는 것이다. 주는 자와 받는 자가 권리·의무 관계로 맺어져 있다는 뜻이다. 구속을 받는 것은 의무를 말하는 것이고, 옹호를 받는 것은 권리가 주어진다는 말이다. 그러므로 받는 자는 권리로서 요구할 수 있고, 주는 자는 이에 따른 의무를 이행하는 것이 된다.

2) 법률관계로서 복지

이렇게 법률관계로서 복지를 접근하는 것은 복지의 제공자와 수혜자를 권리·의무관계로 보는 것이며, 도움과 나눔이 불안정하거나 불분명하게 임의적으로 이루어지는 것이 아니라 법적인 제도의 틀에서 정당하게 요구하여 이루어진다는 것을 의미한다. 사회복지학개론이나 사회복지정책론 등에서 다루는 복지가 기본적으로 사실적이거나 정치적인 차원의 것이라면, 사회복지법제에서는 기본적으로 '권리로서의 복지(welfare as a right)'를 다룬다. 권리에 근거하여 청구되고 의무로서 이행되는 복지를 다루는 것이다. 사회복지에 대하여 규범적(normative) 접근을 하는 것이다.

2. 권리란

'권리(權利, right)'란 무엇이며, 무슨 뜻인가?

권리를 소유한 자는 타인 또는 상대방에 대하여 자신의 의지나 요구를 주장하고 관철시킬 수 있는 정당성을 갖는다.

 권리를 설명하는 학설로 의사설(意思說), 이익설(利益說), 권리법력설(權利法力說) 등이 있다.

- 의사설: 권리는 법에 의해 주어진 의사의 힘 또는 의사의 지배라고 본다. 이 경우 법에서 의사무능력자로 보는 영유아나 정신장애인은 자신들의 권리를 인정하는 데 어려움이 있게 된다.
- 이익설: 권리는 법에 의해 보호되는 이익이라고 본다. 대개의 권리는 이익을 수반하지만 부모가 미성년 자녀에게 갖는 친권(親權)은 구체적 이익을 목적으로 하기보다는 오히려 의무적인 성격을 띠고 있어 이익으로 설명하기 곤란하다.
- 권리법력설: 의사설과 이익설을 통합하여 권리를 설명한다. 법적인 힘에 의하여 의사를 관철시키거나 이익을 누리는 것을 말한다.

그러므로 권리란 타인에 대하여 자신의 의사를 관철시켜서 이익을 도모할 수 있는 정당한(법적인) 힘 또는 자격이라 하겠다.

 반사적 이익을 이해하면 권리의 개념을 쉽게 알 수 있다.

권리는 아니지만 권리처럼 보이는 이익이 있다. 국가의 행정적 조치에 의해 우연히도 운 좋게 이익을 얻는 경우가 있다. 이것이 반사적 이익이다.

그러므로 국가가 조치를 중단하거나 변경하여도 이에 대해 권리를 주장할 수 없는 것이다. 예컨대, 감염병 만연으로 어려워진 사람들에게 국가가 긴급히 예산 지출을 하여 도움을 제공할 때 그것을 받는 사람들은 국가의 임의적 또는 일시적 조치에 의해 반사적 이익을 누리는 것이다. 법적으로 인정된 권리는 아니다. 그러므로 조치의 변경이 발생했다고 해서 그것의 회복이나 이행을 법적으로 주장하거나 청구할 수는 없는 것이다. 국가의 복지 제공이 법적인 의무가 아니라 임의적이고 시혜적일 경우, 그것을 받는 수혜자들은 반사적 이익을 누리는 것이 된다.

3. 사회복지에 대한 권리: 생존권, 복지권, 인간다운 생활을 할 권리

국가로부터 제공되는 사회복지를 받거나 청구할 수 있는 권리의 이름은 무엇인가? 그냥 '복지권'이라 부르면 안 될까? 학자들의 용례(用例)를 살펴보면 사회복지에 대한 권리성을 강조하면서도 정작 '복지권(福祉權)'이라고 이름을 붙이거나 확정하지는 않는 것 같다. 공교롭게도 현재로서는 권리의 명칭이 확정적이지 못하다. 사회복지학자나 법학자 모두 제각각 '복지권'(김기원, 2019: 145), '생존권' '인간다운 생활권' '인간다운 생존권' 등 다양하게 언급하고 있는 것 같다. 왜 이러한 현상이 벌어졌을까? 이것은 「대한민국헌법」(이하 「헌법」으로 표기) 제34조 제1항의 규정과 관련된 복잡한 사연을 이해하는 것이 필요하다.

 「헌법」 제34조 제1항은 "모든 국민은 인간다운 생활을 할 권리를 가진다."라고 규정되어 있다.

이 규정은 사회복지와 관련하여 권리성을 인정한 최고(最高)의 법 규정이다. 이 규정이 「헌법」에 최초로 규정된 것은 1962년 12월 26일에 전부개정을 이룬 제5차 개헌에서이다. 당시 「헌법」 제30조 제1항에 규정되었다. 이 규정은 박정희 대통령 집권 기간 동안 계속 존속하다가 1980년 10월 27일 전부개정을 이룬 제8차 개헌에서 제32조 제1항에 규정되었다. 그 후 1987년 10월 29일 전부개정을 통한 제9차 개헌(현행 「헌법」)에서 제34조 제1항에 규정되었다.

그러니까 박정희 대통령이 추진한 제5차 개헌에서 처음 규정되어 지속되다가 전두환의 국가보위비상대책위원회에서 추진한 제8차 개헌에서 게시된 조문의 숫자가 변경되었다가 전두환 대통령의 제5공화국에서 1987년 6월 항쟁으로 추진된 대통령 직선제 개헌인 제9차 개헌에서 지금의 조문(제34조 제1항)에 규정된 것이다.

일반적으로 「헌법」은 국가와 국민 사이에 체결된 합의문서로서 일종의 계약서인데, 여기에 국민의 권리로 규정되어 있으니 당연히 권리인 것이다. 그러나 많은 헌법학 교과서에서 이것이 정말 권리인가 하는 의문을 제기하였다. 국가가 어떻게 모든 국민의 인간다운 생활을 할 권리를 인정하거나 책임질 수 있겠느냐는 것이다. 그리하여 교과서들마다 구체적 권리설, 추상적 권리설, 프로그램 규정설 등 다양한 학설 또는 주장을 소개하였다. 이것은 크게 권리라고 보는 학설(구체적 권리설, 추상적 권리설)과 권리가 아니라는 학설(프로그램 규정설)로 나뉜다. 이러한 학설들이 제기된 것은 1919년 독일 바이마르(Weimar) 공화국 헌법에서 비롯된 것이다. 당시 「바이마르 헌법」은 매우 진보적이었으며, 특히 국민의 생존에 필요한 경제적 조건의 보장을 국가에 요구할 수 있다는 규정을 두었다. 이것은 제2차 세계대전 이후 복지국가의 헌법적 근거로서 세계적으로 받아들여졌다. 당시로서는 매우 획기적이었던 헌법 규정이었다. 그러나 명시적으로 '권리'로 규정한 것은 아니어서 독일 헌법학계의 논란이 제기되었다. 국가에 요구할 수 있다면 권리로 보아야 한다는 입장과 그렇지 않고 단지 국가의 프로그램적 방침을 규정한 것일 뿐이라는 입장으로 갈라졌던 것이다. 이와 달리 우리나라 「헌법」은 명백하게 '권리'로 규정하고 있다. 이 「헌법」을 개정하였던 박정희 권력과 전두환 권력의 속성과 배경을 고려해 보고 당시 우리나라의 경제력과 정부의 재정능력을 감안해 보면 진짜 권리로 볼 수 있겠느냐는 회의적 시각이 압도적이었던 것 같다. 그리하여 헌법학자들이 저마다 자신들의 저서를 통하여 바이마르 공화국 당시의 학설 대립을 소개했던 것으로 보인다.

이렇게 하여 과연 「헌법」 제34조 제1항의 권리성을 인정할 수 있느냐 하는 논란이 오랫동안 지속되다 보니 「헌법」 규정에 '권리'를 명기하였음에도 불구하고 진정하게 받아들이지 못하는 분위기가 지속되었다. 사정이 이렇다 보니 권리의 명칭조차 합의되거나 확정하지 못하고 있는 실정이다. 현재로서는 복지권이든 생존권이든 인간다운 생활을 할 권리이든 어떻게 부르든 동의어로 여기는 분위기이다. 「헌법」에 표현된 대로 '인간다운 생활을 할 권리'로 표현하는 것이 가장 정확하다고 볼 수 있다. 그러나 명칭이 길어 사용하는 데 불편함이 있을 수 있으니 약칭으로 '복지권' 또는 '생존권' 등을 사용할 수 있겠으나, 학문적인 논의 과정이 필요하다고 본다.

4. 인권으로서 복지권

인권(人權, human rights)은 인간이 인간으로서 보편적으로 당연히 갖는 권리이다. 인간이 인간답게 존재하고 살아가기 위해서 모든 인간에게 인정되는 권리가 인권이다. 사회복지도 인권도 '인간다운 삶'을 추구한다는 점에서 접점을 이루고 있으며, 동질성을 확인할 수 있다(윤찬영, 2022: 80). 인권이란 「대한민국헌법」 및 법률에서 보장하거나 대한민국이 가입·비준한 국제인권조약 및 국제관습법에서 인정하는 인간으로서의 존엄과 가치 및 자유와 권리를 말한다(「국가인권위원회법」 제2조 제1호). 그러므로 「헌법」과 UN의 국제인권규약 A 규약(경제적·사회적·문화적 권리에 관한 규약), B 규약(시민적·정치적 권리에 관한 규약) 등에서 정하는 인권의 개념을 따른다. 「헌법」 제10조는 "모든 국민은 인간으로서의 존엄과 가치를 가지며, 행복을 추구할 권리를 가진다. 국가는 개인이 가지는 불가침의 기본적 인권을 확인하고 이를 보장할 의무를 진다."라고 두 개의 문장으로 규정하고 있다. 인간 존엄과 행복 추구라는 인권의 내용과 더불어 인권보장은 국가의 의무임을 선포하고 있다. 추상적이고 관념적인 인권은 국가를 통해 구체적으로 실현될 수 있다는 것을 의미한다.

이러한 인권은 크게 자유권과 사회권으로 나누어 볼 수 있다. 신체의 자유와 사상의 자유 같은 자유권은 국가의 간섭과 구속을 거부하고 자신을 방어하게 해 주는 소극적 권리이며, 사회권은 국가의 적극적 관여와 개입을 요구하여 분배와 교육, 복지 등 사회·문화적 기회와 자원을 요구할 수 있는 적극적 권리이다. 그러므로 사회권에 포함되는 복지권은 당연히 인권의 한 종류로 볼 수 있다. 모든 인권이 곧 복지권은 아니지만, 복지권은 인권이다. 즉, 복지권은 사회권에 해당하는 인권인 것이다.

그렇다면 사회복지와 인권은 어떤 관계인가? 사회복지와 인권 모두 인간다운 삶을 지향하며 매우 밀접한 관련이 있어 보이지만, 그동안 인권은 자유권 중심이라는 인식과 사회복지는 사회권 중심이라는 인식 때문에 다소 거리가 있었다. 심지어 양자는 충돌하기도 하지만(윤찬영, 2022: 83-96), 인권은 사회복지를 정당화하는 근거가 되며, 사회복지는 인권을 실현하는 실천 분야로서 의미가 있다(윤찬영, 2022: 100-104).

5. 시민권으로서 복지권

인권은 추상적인 이념이자 가치이다. 구체적으로 어떤 권리를 말하는지 사람마다 인식과 표현이 다를 수 있다. 인권의 정당성은 신(神)으로부터 나온다고 보는 천부인권(天賦人權), 자연으로부터 나온다고 보는 자연권(自然權) 등의 개념은 매우 추상적이고 관념적이다. 그래서 구체적으로 인권의 내용이 어떤 권리들인지 확인하고 확정할 필요가 있다. 근대 시민혁명을 통해 시민국가가 성립되면서 시민사회가 공동체로서 정치적으로 인권의 목록을 합의할 수 있었다. 시민 유권자인 성인 남성들에 의해 인권을 국가적으로 승인한 것을 시민권(civil rights)이라 한다. 이러한 시민권은 시민으로서 자격을 갖는 사람들에게 인정되는 인권이었던 것이다. 근대사회 초기에는 성인 남성을 시민으로 보았으나, 점차 노동자와 여성에게 시민의 자격이 확대되어 인정되면서 시민권은 인권과 유사하거나 거의 동의어처럼 인식되거나 사용되어 왔다. 이렇게 시민권의 개념은 역사적이고 정치적으로 형성된 개념이다. 이러한 시민권은 복지제도의 발달과 관련지어 보는 영국식 시민권 개념, 성원권(成員權, membership rights) 중심의 미국식 시민권 개념, 국가와 개인 사이의 관계를 바탕으로 개인의 자유를 도모하는 유럽 내륙식 시민권 개념 등으로 나누어 볼 수 있다(윤찬영, 2017: 317-318).

6. 기본권으로서 복지권

시민권이 인권의 목록을 정치적으로 합의하여 인정된 것이라 하지만, 좀 더 확실하게 하는 방법은 문서로 기록하는 것이다. 그리하여 최고의 법규범인 「헌법」에 인권과 시민권의 목록(list)을 명시하게 되었다. 이것을 기본권(基本權, Grundrecht)이라 한다. 이렇게 기본권은 국가와 국민 사이에 합의되어 인정되는 인권과 시민권을 말한다. 재산권(「헌법」 제23조), 선거권(「헌법」 제24조), 각종 청구권 등을 제외하고 인권 관련 자유권과 사회권을 중심으로 구체적인 목록을 살펴보자.

- 포괄적 기본권(「헌법」 제10조): 인간의 존엄성과 가치, 행복추구권
- 평등권(「헌법」 제11조): 법 앞의 평등, 차별받지 않을 권리, 특수계급과 특권 불인정
- 자유권적 기본권(「헌법」 제12조~제22조): 신체의 자유, 인신(人身)의 자유, 거주·이전의 자유, 직업선택의 자유, 주거의 자유, 사생활의 비밀과 자유, 통신의 자유, 양심의 자유, 종교의 자유, 언론·출판·집회·결사의 자유, 학문과 예술의 자유 등
- 경제적 기본권: 재산권(「헌법」 제23조)
- 사회권적 기본권: 인간다운 생활권(「헌법」 제34조), 교육받을 권리(「헌법」 제31조), 근로의 권리(「헌법」 제32조 및 제33조), 환경권(「헌법」 제35조), 건강권(「헌법」 제36조), 범죄피해자구조청구권(「헌법」 제30조) 등

이와 같이 볼 때, 인권은 기본권으로서 「헌법」에 규정되어 있다. 그렇다고 해서 모든 기본권이 인권은 아니다. 재산권이나 각종 청구권적 기본권들을 인권이라고 할 수는 없는 것이다. 그러나 사회권적 기본권에 속하는 인간다운 생활권, 즉 복지권은 인권이면서 동시에 기본권이다.

 인권과 기본권의 규정은 입법 기술상 예시(例示)주의를 따르고 있다.

「헌법」제37조 제1항은 "국민의 자유와 권리는 「헌법」에 열거되지 아니한 이유로 경시되지 아니한다."라고 규정하고 있다. 「헌법」에 일일이 모든 권리의 목록을 규정할 수 없는 것이 현실이다. 그러므로 「헌법」에서 명시하지 않은 자유와 권리도 인정된다는 뜻이다. 이는 「헌법」제10조 "모든 국민은 인간으로서의 존엄과 가치를 가지며, 행복을 추구할 권리를 가진다. 국가는 개인이 가지는 불가침의 기본적 인권을 확인하고 이를 보장할 의무를 진다."를 근거로 하여 국민의 다양한 인권과 기본권을 존중하겠다는 뜻이다. 「헌법」에 열거된 권리만 인정하는 열거주의를 지양하고 예시된 권리들을 기반으로 제10조를 적극적으로 해석하라는 주문으로 예시주의적 입장을 나타낸 것이다.

 인권과 기본권은 제한할 수 있으나 과잉제한은 금지된다.

이러한 인권과 기본권은 무제한으로 또는 절대적으로 보장되는가? 그렇지 않다. 특정한 경우에 제한할 수 있다. 국민의 자유와 권리는 국가안전보장, 질서유지 또는 공공복리를 위하여 필요한 경우에 제한할 수 있다. 세 가지 경우에 한하여 제한할 수 있는 것이다. 다만, 반드시 법률로써 제한할 수 있다. 권력자의 명령이나 다른 방법으로는 불가하며 오로지 법률에 규정함으로써만 제한할 수 있다. 「헌법」제37조 제2항의 전단부에서 "국민의 모든 자유와 권리는 국가안전보장·질서유지 또는 공공복리를 위하여 필요한 경우에 한하여 법률로써 제한할 수 있으며"라고 규정하고 있다. 이렇게 자유와 권리를 제한할 수 있지만 그렇더라도 자유와 권리의 본질적인 부분은 지켜져야 한다. 「헌법」 제37조 제2항의 후단부를 보면, "제한하는 경우에도 자유와 권리의 본질적인 내용을 침해할 수 없다."라고 명시되어 있다. 이를 '과잉제한 금지의 원칙'이라고 한다.

☞ 인권과 사회복지의 관계는 어떤 관계인가?

이러한 「헌법」 제37조 제2항에 따르면, 인권은 공공복리(사회복지)를 위하여 필요하다면 법률로써 인권을 제한할 수 있는 것이다. 여기서 공공복리가 곧 사회복지는 아니지만 사회복지는 공공복리에 포함된다. 물론 그렇다 하더라도 인권의 본질적인 내용은 침해할 수 없는 것이다. 예를 들어 보자. 가난한 사람의 인간다운 생활권을 보장하기 위하여 국가가 공공부조를 제공할 때 제도의 합리성과 공정성을 위하여 도움이 필요한 조건인지 수급자격의 적격성을 파악하기 위하여 개인정보 등을 요구하며 자산조사를 진행해야 한다. 이 과정에서 부득이 개인의 사생활의 자유 등을 침해할 수 있는데, 이에 대하여 「국민기초생활 보장법」 제21조(급여의 신청), 제22조(신청에 의한 조사)와 같은 규정을 두고 있으며, 이렇게 법률에 의한 인권의 제한은 최소한에 그쳐야 한다는 것이다. 이것은 복지를 위하여 인권을 제약하는 경우에 해당된다.

7. 복지수급권

「헌법」 제34조 제1항의 인간다운 생활권에 따라 국가는 사회보장·사회복지의 증진에 노력할 의무를 진다(「헌법」 제34조 제2항). 이에 따라 국가는 「사회보장기본법」을 위시하여 「사회보장급여의 이용·제공 및 수급권자 발굴에 관한 법률」 「국민연금법」 「국민건강보험법」 「노인장기요양보험법」 「국민기초생활 보장법」 「기초연금법」 등의 법률을 통하여 국민 개인에게 사회복지 급여 및 서비스를 제공한다. 이렇게 형성된 법률관계를 통하여 개인들은 국가에 대하여 사회복지급여 및 서비스를 청구하며, 국가(지방자치단체 포함)는 이에 상응하는 의무를 지고 이행한다. 이렇게 법률적으로 인정되는 사회복지급여 및 사회복지서비스 청구권(또는 신청권)을 사회복지 '수급권(受給權)'이라 한다. 그러므로 사회복지는 국가의 시혜에 따른 반사적 이익이 아니라 정당하고 합법적인 권리에 근거한 것이다. 이러한 수급권은 인권이나 시민권, 기본권과 달리 법률(法律)에 근거한 권리이다. 이런 의미에서 수급권은 매우 실질적이고 구체적이며 직접적인 권리라 하겠다.

제**3**장
권리로서의 사회복지(2):
국제규범 및 사회복지법과 권리구제

1. 사회복지와 권리

사회복지는 앞서 제2장에서 살펴본 인권 및 기본권을 실현하는 학문이라고 할수 있다. 즉, 권리와 밀접한 관련성을 가질 수밖에 없다. 사회복지가 권리와 만나게되면 '권리의 실현'을 통하여 인간이 인간답게 살 수 있는 공간을 확보하는 기초 작업이 이루어진다고 할 수 있다. 이를 수급권의 확보로 설명할 수 있는 것이다. 한편으로 이러한 권리는 모든 사회에서 통용될 수 있어야 하며, 인권과 기본권의 특성을 가지는 사회복지 관련 권리가 국제규범의 방향성 및 흐름과 맥락을 함께하여야하는 것을 의미하기도 한다.

2. 사회복지법과 국제규범[1]

1) 국제규범

어느 순간 이후부터 우리는 각종 미디어를 통해 세계에서 일어나는 일들을 시시 각각 관찰하고 경험할 수 있게 된 세상에서 살고 있다. 우리나라에서 벌어지는 여러 사회복지 관련 법률관계는 무엇을 기준으로 법규화되어야 하고, 어떠한 기준을 따르는 것이 옳을까? 한 번쯤 생각해 볼 만한 문제이다. 국제규범은 사회복지법의 법원으로 인식하는 것이 일반적이며, 해석의 기준, 재판의 판단기준이 된다는 점에서 관련 법들은 국내법과 함께 살펴보아야 한다.

국제규범은 국제사회의 법으로서 원칙적으로 국가 간의 합의에 의하여 성립하고 국가 간 관계를 규율한다. 이러한 국제규범은 크게 국제조약과 국제법규로 구분된다. 국제조약은 국제적 권리의무의 발생을 목적으로 국제법상의 주체인 국가들 간에 맺은 조약, 협정, 협약, 약정, 문서에 의한 합의 등을 의미한다. 명칭을 불문하며, 국가와 국가 간에 맺은 법적 효력이 있는 합의이다. 이러한 국제조약은 대통령에 의한 체결 및 비준과 함께 국회의 비준과 동의를 얻어야 그 효력이 발생한다. 국제법규는 국제연합헌장 및 국제관습법과 같이 우리나라가 당사국이 아닌 조약으로 국제사회에서 일반적으로 규범성이 승인된 것을 일컫는다. 국제법규는 상호주의 원칙이 적용되는데, 사회복지 영역에서 상호주의란 국내에 거주하는 외국인에게 사회보장제도를 적용할 경우 상호주의 원칙에 따르되 관계 법령에서 정하는 바에 따른다는 것을 의미한다.

 국제규범은 국제조약과 국제법규로 구분되고, 사회보장제도의 경우 상호주의 원칙이 적용된다.

---

1) 이하 보건복지부 홈페이지(https://www.mohw.go.kr)를 참조하여 기술하였다.

2) UN아동권리협약과 UN장애인권리협약

우리나라에서 효력을 가지는 대표적인 사회복지 관련 국제규범으로는 UN아동권리협약과 UN장애인권리협약이 있다. UN아동권리협약은 18세 미만 아동의 모든 권리를 담은 국제적인 협약으로 1989년 11월 20일에 만들어졌다. 우리나라는 동 협약에 1991년에 비준함으로써 아동권리협약 제44조에 따라 협약 이행보고서를 아동권리위원회에 제출하여야 한다. 아동권리협약은 비차별의 원칙, 아동 이익 최선의 원칙, 생존과 발달의 원칙, 아동의견 존중의 원칙을 따른다. 우리나라는 협약 가입 이래 1994년, 2000년에 1차와 2차 국가보고서 제출, 1996년과 2003년에 UN아동권리위원회로부터 아동권리협약의 이행 상황 심의, 2008년 12월 UN아동권리협약 제3·4차 국가보고서 제출, 2011년 9월 3·4차 국가보고서 심의, 2017년 제5·6차 국가보고서 제출, 2019년 9월 5·6차 국가보고서 심의 등을 이행하였다. UN장애인권리협약은 2001년 53차 UN 총회에서 제안된 것으로 2006년 12월 13일에 채택되었다. 우리나라는 2007년 3월 30일에 복지부장관이 협약에 서명했으며 2008년 12월 2일에 국회 본회의를 통과함으로써 2009년 1월 10일에 협약이 국내에 발효하였다.

「대한민국헌법」(이하 「헌법」으로 표기) 제6조 제1항은 "헌법에 의하여 체결·공포된 조약과 일반적으로 승인된 국제법규는 국내법과 같은 효력을 가진다."라고 규정하여 사회복지와 관련된 국제규범은 사회복지의 법원으로서 인정된다. 나아가 협약은 「헌법」 제60조에 따라 국가와 국가 사이에 문서를 교환하여 계약을 맺는 것으로, 국내법 절차에 따라 국회의 동의를 거쳐 국제기관에 비준서를 기탁하면 가입국으로서의 자격이 획득된다. 법적 효력은 국내법과 같으나 법적 강제력이나 구속력이 수반되지 않으므로 협약의 법적 효력을 확보하기 위하여 절차법적 성격인 선택의정서 제도를 채택하는 협약도 있다.

 「헌법」 제6조 제1항: 헌법에 의하여 체결·공포된 조약과 일반적으로 승인된 국제법규는 국내법과 같은 효력을 가진다.

헌법 제60조

① 국회는 상호 원조 또는 안전보장에 관한 조약, 중요한 국제조식에 관한 조약, 우호통상항해 조약, 주권의 제약에 관한 조약, 강화조약, 국가나 국민에게 중대한 재정적 부담을 지우는 조약 또는 입법사항에 관한 조약의 체결·비준에 대한 동의권을 가진다.

② 국회는 선전포고, 국군의 외국에의 파견 또는 외국군대를 대한민국 영역 안에서의 주류에 대한 동의권을 가진다.

3. 사회복지법과 권리구제

1) 사회복지법상 권리의 상대적 취약성

사회복지법률은 사회복지법의 근본 취지인 인간답게 살기 위한 권리를 실질적으로 보장하기 위하여 각종 권리구제 절차를 마련하고 있다. 권리의 존재만으로는 해당 권리가 온전히 보존되기 어렵기에 사법 절차를 마련하여 권리를 완벽하게 보장받지 못하거나 권리가 박탈되는 경우 사법적 판단에 의해 법률관계를 확정 짓고 있다.

특히 사회복지 관련 법은 사회복지수급권을 보전하기 위한 절차로, 일반적인 사법 절차 이외에 특별 절차로 권리구제 절차를 마련하고 있다. 그 이유는 사회복지수급권의 취약성에 기인한다. 사회복지수급권은 각종 사회복지법상의 급여청구권을 의미하는 것으로, 「헌법」상 생존권을 구체적으로 실현하기 위해서 다른 법률관계와 마찬가지로 권리구제 절차는 반드시 필요하다. 하지만 사회복지수급권은 그 특성한 주체가 사회적 약자인 경우가 대다수로서 권리실현에 있어서는 국가 행정 기관의 재량권이 반영됨에 따라 권리가 취약성을 가지는 것을 고려하여야 한다. 또한 각종 사회복지서비스는 개별적이고 사적인 영역과 연관되고 「민법」상 채권관계나 물권관계와는 달리 명확한 목적물을 둘러싼 권리·의무관계로 설명되지 않는 경우가 상당하기 때문에 일반적인 권리구제 절차보다는 두텁게 보호되어야 하는 당위성을 가진다.

 사회복지법에서 권리구제 절차가 필요한 이유는 권리의 취약성 때문이다.

2) 사회복지법상 권리구제

개별 사회복지법률에 마련된 권리구제는 사회복지수급권자가 사회복지 처분행위에 대해 이의가 있거나 이에 불복하는 경우 개별 법률상의 권리구제 절차를 통해 권리를 보존받는 것을 의미한다. 즉, 사회복지수급권자가 권리를 수급하지 못하여 사회복지수급자가 되지 못하였거나, 수급액이 적거나 잘못 수급하였을 때 등의 경우 각 개별 법률에 마련된 절차를 통해 행정처분에 대한 시정 또는 취소를 구할 수 있다.

행정기관의 행정처분을 비롯한 국가의 행정작용에 대하여 이의가 있을 경우 일반적으로는 관련 권리를 가진 자가 행정심판과 행정소송 절차를 통해 권리를 구제받는다. 행정심판은 「행정심판법」에 의한 절차로, 행정소송의 전 단계로 작용한다. 하지만 사회복지제도는 그 특성상 사회복지수급권의 주체가 경제적으로 취약한 경우가 대다수이고, 신속한 판단과 급여의 결정을 요하는 것을 고려하여야 한다. 이에 일반적인 행정심판 및 행정소송 절차에 의하지 않고 특별행정심판 절차를 마련한 경우가 다수 존재한다. 이를 사회복지법상의 권리구제 절차라고 한다.

이때 특별행정심판의 역할을 하는 사회복지법상 권리구제 절차는 각종 사회보험 관련 법과 공공부조 관련 법, 그리고 사회서비스 관련 법 등에 마련되어 있다. 이러한 특별행정심판 절차에서도 신속하게 권리를 구제받지 못한 경우 사회복지수급권자는 일반 법률 쟁송 절차를 거쳐 사법 절차를 진행할 수 있다. 즉, 소송에 시간이 지연되어 사회복지수급권을 잃게 되는 것을 방지하고 소송으로 인해 법률 비용이 발생하는 것을 방지하기 위한 목적으로 사회복지법상 권리구제 절차가 마련되어 있는 것을 기억하여야 한다.

사회복지법의 권리구제 절차는 특별행정심판 절차이고, 가장 큰 목적은 신속성 확보이다.

구체적으로 「국민연금법」「산업재해보상보험법」「고용보험법」은 급여의 결정 처분에 대하여 이의가 있을 경우 심사청구와 재심사청구를 진행하여 신속하게 권리를 구제받을 수 있다. 「국민건강보험법」과 「의료급여법」은 행정처분에 대한 이의신청과 심판청구를 통하여 신속한 권리구제를 도모한다. 같은 맥락에서 「노인장기요양보험법」은 행정처분에 대한 이의신청과 심사청구를 통하여, 「국민기초생활 보장법」은 행정처분에 대하여 이의신청을 2번 할 수 있도록 법에 권리구제 절차를 마련하고 있다. 사회복지수급권자는 이러한 특별행정심판 절차를 통하여 권리를 구제받지 못할 경우 일반 사법기관에서 사회복지급여 처분과 해당 조치에 대한 잘잘못을 판단받을 수 있다. 공법상의 권리관계 및 법 적용은 행정소송 절차를 통해, 「민법」상의 권리관계는 일반 법원에 손해배상청구소송을 제시함으로써 법 절차를 진행할 수 있다. 만약 사회복지급여가 발생한 원인이 제3자의 불법행위로 인한 경우 구상권을 행사하여 제3자에게 손해배상을 청구할 수도 있다.

그 외에도 사회복지급여와 관련된 국가기관의 작위 또는 부작위 처분에 대하여 권리구제를 청구할 경우 당사자는 헌법소원제도를 활용할 수 있다. 헌법소원은

표 3-1 사회보험법상 권리구제 절차

| 법률명 | 이의신청 절차 | | | | | | 행정소송 절차 근거법률 |
| | 심사청구 | | | 재심사청구 | | | |
	근거법률	담당기구	기간	근거법률	담당기구	기간	
「국민 연금법」	제108조	국민연금공단 및 건강보험 공단	처분이 있음을 안 날로부터 90일, 처분이 있은 날로부터 180일 이내	제110조	국민연금 재심사 위원회	결정통지를 받은 날부터 90일 이내	제112조
「국민 건강 보험법」	제87조	건강보험공단	상동	제88조	건강보험 분쟁조정 위원회	심사청구 기간 준용	제90조

「노인장기 요양보험법」	제55조	건강보험공단	처분이 있는 날로 부터 90일 이내	제56조	장기요양 심판위원회	결정처분을 받은 날로부 터 90일 이내	제57조
「산업재해 보상 보험법」	제103조	근로복지공단	결정 등이 있음을 안 날로부터 90일 이내	제106조	산업재해 보상 보험 재심사 위원회	결정이 있음 을 안 날로부 터 90일 이내	제111조
「고용 보험법」	제87조	고용보험 심사관	확인 또는 처분이 있음을 안 날로부 터 90일 이내	제87조	고용보험 심사위원회	결정이 있음 을 안 날로부 터 90일 이내	제104조

주: 심사청구의 경우 국민연금, 국민건강보험, 노인장기요양보험, 산재보험은 청구(심사청구, 이의신청)를 받은 날로부터 60일
이내에 결정하여야 하고, 고용보험은 심사청구를 받으면 30일 이내에 결정하여야 한다. 재심사청구의 경우 국민연금은 결정
통지를 받은 날로부터 90일 이내, 국민건강보험은 심판청구서가 제출된 날, 노인장기요양보험은 심사청구를 받은 날로부터
60일 이내, 산재보험은 심사청구 준용, 고용보험은 청구 받고 50일 이내에 재결을 하여야 함.

출처: 이윤진(2015).

「헌법」상 요건을 충족할 경우 누구나 제기할 수 있으며, 주로 기본권을 침해받은 당
사자가 제기한다. 단, 통상적인 권리구제 절차를 모두 거친 후에 청구할 수 있으므
로 사회복지 관련 법률상 처분의 신속한 수정 내지 보완을 위한 목적과는 청구의
목적이 상이하다고 할 수 있다.

4. 국가인권위원회의 사회복지법 관련 사례

1) 국가인권위원회 설치와 결정례의 법적 효력

국가인권위원회는 「국가인권위원회법」에 의하여 설치되는 기구로, 모든 개인이
가지는 불가침의 기본적 인권을 보호하고 그 수준을 향상시킴으로써 인간으로서
의 존엄과 가치를 실현하고 민주적 기본질서 확립에 이바지함을 목적으로 한다(「국
가인권위원회법」 제1조). 유엔은 1946년 경제사회이사회 두 번째 회기에서 국제인권
법의 국내적 실현을 위해 각국에 특별한 인권기구의 설치를 적극적으로 권장하였

고, 1990년대 이후 국내에서도 논의가 시작되었다. 김대중 대통령 당선 이후 2001년 5월 24일에 「국가인권위원회법」이 공포되었고, 국가인권위원회가 법정 기구로 출범하였다. 국가인권위원회는 인권보호 향상에 관한 모든 사항을 다루는 종합적인 인권전담기구로, 인권침해 및 차별행위에 대한 조사와 구제조치를 독립적으로 행할 수 있는 준사법기구의 특성을 가진다. 국제인권 규범을 국내에서 실행할 수 있도록 하며, 입법, 행정, 사법 어디에도 속하지 않는 독립기구로서의 특성 역시 가지고 있다(「국가인권위원회법」 제3조 제2항). 국가인권위원회는 국회 선출 4인, 대통령 지명 4인, 대법원장 지명 3인으로 인권위원을 선출 또는 지명하여 구성한다.

2) 최근 주요 결정례

국가인권위원회의 결정은 각하, 기각, 인용으로 이루어진다. 대부분 국가인권위원회에서 결정되는 사항은 광범위한 인권침해 사례이며, 인용 결정이 이루어질 때 인권침해 내지는 차별로 인정한다. 주로 장애인과 비장애인의 차별대우와 관련한 사례가 사회복지 영역에서 나타나며, 그 외에도 노동 현장에서 여성과 남성의 차별, 비정규직과 정규직의 차별 등을 분별하고자 하는 사례 등이 주류를 이루고 있다. 이하에서는 사회복지 영역의 구체적인 사례를 통해 최근에 나타난 국가인권위원회의 결정 흐름을 살펴보도록 한다.

의제: 직원채용 시 청각 장애인 차별(2022. 6. 2.)

주문요지: 피진정인에게, 인사 담당자에 대하여 주의 조치 및 장애인 인권교육을 실시할 것과 향후 유사한 차별행위가 발생하지 않도록 재발방지 대책을 수립할 것을 권고

판단요지: 피진정인은 진정인이 제출한 지원서와 자기소개서, 포트폴리오를 검토하여 서류전형에 합격시켰다. 이는 진정인이 웹 디자이너로서 근무하기 위한 기본적인 경력이나 업무능력을 갖추고 있음을 피진정인이 인정했다는 것을 의미한다. 따라서 피진정인은 진정인에게 마땅히 면접의 기회를 제공하고 채용 여부를 결정했어야 했다. 그러나 피진정인은 진정인이 청

각장애인이라는 사실을 뒤늦게 확인하자마자 면접 기회를 곧바로 박탈하였고, 이는 피진정인이 직무적합성 여부를 판단하는 데 있어서 업무 수행을 위한 능력 또는 경력 등으로 평가하지 않고 장애 여부를 이유로 진정인을 배제했음을 의미한다.

의제: 정신병원 보호실 내 휴대전화 사용 제한에 의한 인권침해(2022. 4. 7.)

주문요지: 코로나19로 인한 감염격리실 잠금, 밥상 미제공, 면회제한 등은 기각, 피진정인에게, 입원환자의 통신 제한은 「정신건강증진 및 정신질환자 복지서비스 지원에 관한 법률」(약칭: 「정신건강복지법」) 제74조에 따라 치료 목적으로 최소한의 범위 내에서 시행하되, 같은 법 제30조에 따라 통신 제한의 사유 및 내용을 진료기록부에 기재할 것, 향후 유사한 사례가 재발하지 않도록 소속 직원들에 대한 인권교육을 실시할 것을 권고

판단요지: 피진정인이 전문의의 지시에 따르지 않고 임의로 진정인의 통신을 제한한 행위는 「정신건강복지법」 제74조의 치료 목적의 통신 제한 행위로 보기 어렵고, 진정인의 자유를 제한함에 있어 준수되어야 할 피해의 최소성 요건을 충족하지 못한 것으로, 「헌법」 제10조, 제17조 및 제18조에서 보장하는 일반적 행동 자유권과 통신의 자유를 침해한 것으로 판단된다.

의제: 공공의료기관의 전동휠체어 출입 거부(2022. 4. 7.)

주문요지: ○○○○공단 ○○병원장에게, 전동휠체어와 의료용 스쿠터 등 장애인보조기구를 이용하는 장애인의 출입을 전면 허용하도록 조치할 것을 권고

판단요지: 피진정인이 전동휠체어와 의료용 스쿠터를 이용하는 장애인의 병원 내 출입을 거부하는 행위는 현저히 곤란함이나 과도한 부담을 인정하기 어려운바, 「장애인차별금지 및 권리구제 등에 관한 법률」(약칭: 「장애인차별금지법」) 제15조 제2항과 같은 법 제18조 제2항을 위반한 장애인 차별행위로 판단되므로 개선을 권고할 필요가 있다고 판단된다.

의제: 정신건강복지센터 직원에 의한 정신의료기관 강제입원(2022. 2. 16.)

주문요지: 보건복지부장관에게, 위기지원이 필요한 지역사회 거주 정신질환자들을 위해 가족 통합형 쉼터를 포함한 다양한 형태의 위기지원 쉼터를 설치하고, 쉼터 내 각종 지원서비스가 제공될 수 있도록 법적 근거를 마련할 필요가 있다는 의견을 표명

판단요지: 국내「정신건강복지법」은 위기지원이 필요한 정신질환자들을 정신의료기관에 응급 입원시키는 방안 외 별다른 제도를 두고 있지 않으며, 이는 국가의 국민에 대한 보호의무를 이행함에 있어 개인의 행복추구권을 과도하게 침해하는 것으로서 적절하지 아니한바, 위기 쉼터 및 위기지원서비스 등 지역사회에서 치료·회복할 수 있도록 하는 법·제도의 마련이 필요하다.

의제: 지적장애인거주시설 방문조사에 따른 법령 제도 개선 권고(2022. 2. 10.)

주문요지: 보건복지부장관에게, 가. '장애인거주시설 서비스 최저기준'에 제시된 개인 침실 면적과 정원 기준(1인 5㎡, 1실 4인 이하)을「장애인복지법 시행규칙」[별표 5]에 의한 '장애인복지시설의 종류별 사업 및 설치·운영기준' 중 시설의 구조 및 설비 사항에 포함되도록 개정하도록 권고

판단요지: 사생활의 자유와 비밀 등 일상생활에서의 인권보호-1실당 최대 8인까지 배정. 생활인의 심리적 안정을 위한 사적 공간이 절대 부족한 상황으로 1인당 법정 면적의 확대, 1실당 배정 인원 최소화 등 개선이 필요하다.

경찰의 학대 피해아동에 대한 보호조치 미흡(2021. 11. 2.)

주문요지: 최근 아동학대 사건에 대한 경찰관의 초동조치부터 사후관리까지 전반에 대한 실태조사를 실시하고, 그 결과를 토대로 아동학대 방지 및 현장대응 체계를 마련할 것 주문. 아동학대 방지 및 현장대응 체계가 실제 현장에서 제대로 작동될 수 있도록 이에 대한 모니터링 방안을 마련하고, 관련 업무 담당 경찰관을 대상으로 직무교육을 실시할 것 주문

판단요지: 피진정인들은 피해자에 대해 3차례에 걸친 아동학대 신고가 있었음에도 아동학대 사건의 초동조치, 조사 및 수사, 아동학대 예방과 사후관리 등 전반에 걸쳐 직무상의 책임을 다하지 않았음이 인정된다. 이러한 피진정인들의 행위는 국가의 보호를 받아야 할 아동학대 신고 피해아동에 대한 보호조치를 소홀히 한 것으로서, 「헌법」 제10조에서 보장하는 피해자의 존엄과 가치, 행복을 추구할 권리와 제12조에서 보장하는 피해자의 신체 안전의 권리를 침해하는 결과를 초래한 책임이 있다고 할 것이다.

의제: 유원지 관광시설의 장애인 편의 미제공(2021. 4. 16.)

주문요지: 피진정인들에게, 휠체어 이용 장애인이 편리하고 안전하게 ○○유원지를 관광하도록 이용시설인 오리전기차에 휠체어 승강설비 등 장애인 편의시설을 마련할 것을 권고

판단요지: 오리전기차에 휠체어 승강설비 등 장애인 편의시설을 갖추지 않아 휠체어 이용 장애인이 ○○유원지를 관광하는 데 실질적으로 제한을 받는 것은 용역(서비스)의 이용 및 관광 활동에 있어서 장애인에 대하여 비장애인에게 제공하는 것과 실질적으로 동등하지 않은 수준의 서비스를 제공하는 것으로, 이는 「장애인차별금지법」 제15조 제1항 및 제24조의2를 위반한 차별행위라고 판단한다.

의제: 체류자격 변경 외국인에 대한 건강보험 가입 불허(2021. 3. 12.)

주문요지: 보건복지부장관 및 건강보험공단이사장에게, 장기체류자격을 받고 입국하여 건강보험 가입자가 된 외국인이 건강보험에 가입할 수 없는 체류자격으로 변경된 경우에도 건강보험 자격을 유지할 수 있도록 「국민건강보험법 시행규칙」[별표 9]에서 위임한 '공단이 정하는 사람'에 '장기체류자로 일정 기간 건강보험 자격을 유지하였던 사람'이 포함되도록 개선하기를 권고

판단요지: 건강보험제도는 「대한민국헌법」 제34조 제2항의 국가의 사회보장 증진 의무와 관련되므로, 「헌법」 제10조부터 제22조까지의 규정에서 보장된 인권을 침해당하거나 차별행위를 당한 경우에 해당한다고 볼 수 없어 「국가인권위원회법」 제30조(위원회의 조사대상) 제1항의 조사대상에 해당하지 않는다. 국가인권위원회는 이 진정을 각하하지만, 이 진정과 관련된 사안이 「헌법」 제6조의 취지 및 '세계인권선언'과 '경제적·사회적 및 문화적 권리에 관한 국제규약'(이하 '사회권규약'이라 한다), '모든 형태의 인종차별철폐에 관한 국제협약' 등에 부합하는지에 관하여 「국가인권위원회법」 제19조 제1호 및 제25조 제1항에 따라 검토할 필요가 있다고 판단한다.

의제: 장애인주차구역 지하주차장 미설치(2021. 3. 26.), 보행장애인에 대한
아파트 지하주차장 이용차별(2021. 2. 18.)

주문요지: 장애인이 비장애인과 동등하게 주차장을 이용할 수 있도록 지상에 설치된 장애인전용주차구역을 지하에 분산하여 설치할 것을 권고
판단요지: 피진정인들이 이 사건 아파트의 장애인전용주차구역을 모두 지상주차장에만 설치한 것은 가능하면 최대한 편리한 방법으로 최단거리로 이동할 수 있도록 편의시설을 설치하여야 한다는 「장애인·노인·임산부 등의 편의증진 보장에 관한 법률」(약칭: 「장애인등편의법」) 제3조, 제4조 등의 취지에 부합하지 않을 뿐만 아니라 「장애인차별금지법」 제18조(시설물 접근·이용의 차별금지)를 위반한 행위이다.

의제: 부양의무자 기준 폐지를 위한 「국민기초생활 보장법」
일부개정법률안에 대한 의견 표명(2020. 12. 28.)

주문요지: 국회의장에게 부양의무자 기준 폐지를 통해 사회보장제도의 사각지대에 놓여 있는 저소득 취약계층이 최소한의 인간다운 생활을 보장받을 수 있도록, 현재 국회 계류 중인 「국민기초생활 보장법」 일부개정법률안의 조속한 심의가 필요하다는 의견을 표명

판단요지: 국민기초생활보장제도는 「헌법」에 규정된 '인간다운 생활을 할 권리'를 구체화하고, 국가의 사회보장 의무를 이행하기 위해 마련된 제도로서, 생활이 어려운 사람에게 급여를 제공하여 최저생활을 보장하고 자활을 돕는 최후의 사회안전망이며 대표적인 공공부조제도이다. 그러나 빈곤하지만 이 제도의 적용을 받지 못하는 사람들, 즉 '비수급 빈곤층'의 규모는 2018년 12월 기준 약 73만 명(48만 가구)에 달하고, 이러한 비수급 빈곤층의 주요 발생 원인이 부양의무자 기준이라는 지적은 꾸준히 제기되어 왔다. 유엔 사회권규약위원회도 2017년에 이러한 대한민국 사회보장 상황에 우려를 표시하며 정부에 부양의무자 기준을 완전히 폐지할 것을 권고했다. 비수급 빈곤층을 포괄하기 위해 부양의무자 기준은 지속적으로 완화되어 왔고, 2015년 교육급여에서, 2018년 주거급여에서 부양의무자 기준이 폐지됐다. 또한 정부는 제1, 2차 기초생활보장 종합계획에서 생계급여에서의 부양의무자 기준 단계적 폐지 및 의료급여에서의 부양의무자 기준 완화 등을 추진하고 있다. 그러나 국민기초생활보장제도의 가장 핵심이 되는 생계 및 의료급여에서 부양의무자 기준이 유지된다면 광범위하게 존재하는 비수급 빈곤층 문제를 해결할 수 없다. 생계를 이유로 한 비극적 선택이 계속되고 있는 상황에서, 생활의 어려움에 직면한 사람들에게 최저생활은 즉시 보장되어야 한다. 특히 의료급여에서의 부양의무자 기준이 유지된다면 저소득 취약계층은 여전히 최소한의 의료보장조차 받기 어렵다. 국가의 사회보장 의무를 이행하기 위해 최저생활 보장에 관한 국민기초생활보장제도라는 공공부조제도가 마련되었다. 가족 부양을 우선으로 하고, 국가의 책임을 후순위로 하고 있는 종전의 관점에서 벗어나야, 가족으로부터 부양받지 못하는 비수급 빈곤층의 최저생활을 국가가 보장할 수 있다. 「국민기초생활 보장법」의 부양의무자 기준의 완전한 폐지를 다각도로 검토해야 한다. 이러한 이유로 부양의무자 기준 폐지를 담고 있는 「국민기초생활 보장법」 일부개정법률안을 국회에서 조속히 심의할 것을 의견 표명하기로 결정한다.

의제: 아동학대 예방 및 피해아동 보호를 위한 제도 개선 권고(2021. 10. 19.)

주문요지:

〈주문 1〉 아동학대 관련 업무 담당자들의 역량을 강화하고 전문성을 키울 수 있도록 다양한 사례에 대한 분석과 재해석을 담은 아동학대 사례 분석보고서를 발간하여 공유

〈주문 2〉 아동의 성장 과정과 건강상태 등을 모니터링할 수 있도록 일부 지역에서 시행 중인 생애 초기 건강관리 시범사업을 전국적으로 확대

〈주문 3〉 다양한 원인으로 보호자와 분리된 적이 있던 모든 아동들이 지방자치단체 또는 아동보호전문기관 등에 의하여 관리될 수 있도록 e아동행복지원시스템의 빅데이터 지표 구성, 지표별 가중치 산출 등 예측 시스템을 전면 검토

〈주문 4〉 보호대상아동에 대한 통합적인 서비스가 원활히 이루어질 수 있도록 아동보호전담요원의 사례관리 현황 및 결과에 대한 모니터링을 강화

〈주문 5〉 개별 아동보호전문기관의 전문성과 객관성 확립을 위하여 전국 아동보호전문기관의 사례관리 내용과 방법, 효과성 등에 대한 실태조사 등을 실시하여 사례관리 체계를 정립

〈주문 6〉 모든 아동의 변사사건에 대해서는 사례분석을 할 수 있는 제도적 기반을 마련

판단요지: 「아동복지법」 「아동학대범죄의 처벌 등에 관한 특례법」(약칭: 「아동학대처벌법」) 등 관계 법령에서는 아동학대를 예방하고 피해아동을 보호하기 위한 국가기관과 지방자치단체 등의 역할을 명시하고 이에 따라 아동학대를 예방하고 피해아동을 보호하기 위한 제도 및 정책을 실시하고 있다. 하지만 아동학대가 재발하고 아동의 안전이 보장되지 않았다면 아동학대를 예방하고 피해아동을 보호해야 할 의무가 있는 국가기관과 지방자치단체 등이 역할을 성공적으로 수행하였다고 보기는 어렵다. 이에 따라 보다 효과적이고 체계적으로 아동학대를 예방하고 피해아동을 보호하기 위한 관련 제도 및 정책, 관행의 개선이 요구된다.

의제: 정신병원의 부당한 격리 · 강박 등(2020. 12. 21.)

주문요지: 삼정병원 진료원장에게, 환자의 격리가 불가피한 경우 「정신건강복지법」 제75조에 따라 치료 또는 보호 목적으로 지침을 준수하여 제한적으로 시행될 수 있도록 하고, 전 직원을 대상으로 인권교육을 실시할 것을 권고

〈주문 3〉 인천광역시 계양구청장에게, 관내 정신의료기관에서 유사 사례가 발생하지 않도록 지도 · 감독을 철저히 할 것을 권고 주문

판단요지: 입원 당시 진정인에 대해 정신건강의학과 전문의의 판단에 따라 격리가 필요하였다 할지라도, 이후 격리 목적을 벗어나 자·타해 위험성이 없는 진정인을 연속 67시간 동안 격리한 행위는 「정신건강복지법」 제75조에서 허용하는 정도의 격리라고 보기 어렵고, 신체의 자유를 제한함에 있어 준수되어야 할 피해의 최소성 요건을 충족하지 못한 것으로, 「헌법」 제12조에서 보장하는 신체의 자유를 침해한 것으로 판단한다.

의제: 장애인가족지원센터 및 지자체 공무원의 장애인 괴롭힘 등(2020. 12. 20.)

주문요지: 장애인일자리사업 대상자에게 비대면 방식 등을 포함하여 보건복지부 지침에 따른 필수교육을 실시하고, 피진정인 2와 3을 포함하여 장애인지원 업무를 담당하는 소속 공무원들을 대상으로 인권교육을 실시할 것을 권고

판단요지: 피진정인 1이 피해자 1의 휴대전화를 보관하고 퇴근을 막은 행위 등은 그 의도에 관계없이 피해자 1에게 불필요한 고통을 주는 정서적 학대에 해당하여 「장애인차별금지법」 제32조 제4항을 위반한 것으로 판단된다. 피진정인 2와 3은 「헌법」 제10조 및 제19조에서 보장하고 있는 피해자들의 인격권, 일반적 행동자유권과 양심의 자유를 침해한 것으로 판단한다.

의제: 휴게소 음식점의 장애인 화장실 미설치 등(2020. 8. 14.)

주문요지:

〈주문 1〉 피진정인에게 피진정인이 운영하는 음식점 건물에 장애인이 접근할 수 있는 장소에 화장실을 설치할 것을 권고

〈주문 2〉 ○○군수에게, 피진정인이 장애인 화장실을 설치할 수 있도록 필요한 기술적·행정적·재정적 지원을 할 것을 권고

판단요지: 피진정인이 피진정인의 건물에 장애인 화장실을 설치하지 않은 것은 「장애인차별금지법」 제18조(시설물 접근·이용의 차별금지) 및 제15조(재화·용역 등의 제공에 있어서의 차별금지)를 위반한 장애인에 대한 차별로 판단한다.

제4장
사회복지법의 체계

사회복지법은 하나의 단일법이 아니라 많은 법으로 이루어진 법 영역이자 법들의 묶음이다. 그러므로 사회복지법에 속하는 다양한 법의 전체적인 관계와 경계를 살피고 정하는 것이 곧 사회복지법의 체계를 말하는 것이다. 여기서 관계라 함은 법들의 상호 연관성을 말하는 것이고, 경계라 함은 각 법을 구분 짓는 각각의 정체성을 말하는 것이다. 법적인 관계를 통하여 수직적인 체계를 설정할 것이고, 법적인 관계를 기반으로 경계를 짓는 것이 분류체계에 해당된다. 법의 경계를 보여 주는 것이 내용적 체계이다. 즉, 법들의 서열관계를 통한 체계화가 수직적 체계이며, 법들의 관계 속에서 그 유형과 각각의 경계를 확정하는 것이 분류체계이다. 사회복지법의 정체성을 바탕으로 그 내부적 구조와 특성을 보여 주는 것이 내용적 체계이다.

1. 수직적 체계

일반적으로 법규범은 존재의 형태에 따라 다음과 같이 수직적인 위계질서를 갖는다.

헌법
법률
명령
조례
규칙

헌법은 최고의 법규범이다. 그러므로 국가의 법질서와 법체계는 헌법을 정점으로 법률-명령-조례-규칙으로 정립한다. 이러한 위계에서 하위법은 상위법의 구속을 받는다. 즉, 하위법은 상위법을 위반할 수 없으며 위반해서는 아니 된다. 하위법이 상위법을 위반하면 위법(違法)하게 되어 무효가 된다. 그중에서 최고의 법인 헌법을 위배하게 되면 위헌(違憲)이 되어 무효가 된다. 법률 수준과 단위에서도 으뜸이 되는 법률이 기본법이다. 그러므로 법규범의 위계를 정리해 보면 다음과 같다.

헌법 - (기본법) - 법률 - 명령 - 조례 - 규칙

그런데 헌법에 의하여 체결·공포된 조약과 일반적으로 승인된 국제법규는 국내법과 같은 효력을 가진다(「헌법」제6조 제1항). 그래서 국제법은 헌법 또는 법률과 같은 효력을 갖는다. 그러나 헌법 수준의 국제법인지, 법률 수준의 국제법인지 명확하지는 않다. 국제법이 국내법적으로 승인된 것인지, 국내법 중 헌법에 해당하는지 법률에 해당하는지, 누가 판단할 것인지 규정이 없다. 이러한 문제와 쟁점이 재판에서 전제가 될 경우에 사법부가 사례에 따라 판단할 수밖에 없다(윤찬영, 2017:

200). 이 경우 헌법에 저촉되는지 여부는 헌법재판소에 위헌심사를 제청해야 할 것이다.

사회복지법도 엄연한 법이기 때문에 이러한 법의 위계에 따라 수직적으로 분포하여 존재한다.

1) 헌법

헌법 수준의 사회복지법은 「대한민국헌법」(이하 「헌법」으로 표기) 제34조이다. 특히 제1항과 제2항은 우리나라 사회복지법의 정점이라 하겠다. 같은 조의 나머지 항들도 「헌법」의 규정으로서 동등한 지위를 갖지만, 제1항의 권리선언과 제2항의 국가의 의무는 매우 중요한 사회복지법의 헌법적 원칙과 기준을 나타낸다. 이는 '사회권적 기본권' 또는 '생존권적 기본권'이라 부른다. 물론 이러한 사회복지에 관련한 권리·의무 규정의 상위규범은 「헌법」 제10조이다.

제34조 ① 모든 국민은 인간다운 생활을 할 권리를 가진다.
② 국가는 사회보장·사회복지의 증진에 노력할 의무를 진다.
③ 국가는 여자의 복지와 권익의 향상을 위하여 노력하여야 한다.
④ 국가는 노인과 청소년의 복지향상을 위한 정책을 실시할 의무를 진다.
⑤ 신체장애자 및 질병·노령 기타의 사유로 생활능력이 없는 국민은 법률이 정하는 바에 의하여 국가의 보호를 받는다.
⑥ 국가는 재해를 예방하고 그 위험으로부터 국민을 보호하기 위하여 노력하여야 한다.

제10조 모든 국민은 인간으로서의 존엄과 가치를 가지며, 행복을 추구할 권리를 가진다. 국가는 개인이 가지는 불가침의 기본적 인권을 확인하고 이를 보장할 의무를 진다.

이와 같이 기본권에 관한 일반 조항인 「헌법」 제10조에 근거하여 제34조가 존재하며, 제34조 제1항에 따라 제31조 교육에 관한 권리, 제32조 및 제33조의 근로에 관한 권리, 제34조 사회복지에 관한 권리, 제35조 건강·환경·주거에 관한 권리, 제36조 가족과 모성에 대한 권리 등이 인정된다.

 「헌법」 제30조("타인의 범죄행위로 인하여 생명·신체에 대한 피해를 받은 국민은 법률이 정하는 바에 의하여 국가로부터 구조를 받을 수 있다.")가 사회권적 기본권에 해당하는지 논란의 여지가 있다(윤찬영, 2017: 167). 이것 역시 기본권이지만 사회권적 기본권으로 볼 것인가 아니면 국가배상청구권으로 볼 것인가 하는 점이다. 생명, 신체에 대한 피해는 노동력 상실이나 중단과 같은 사회적 위험으로 볼 수 있기 때문에 이에 대한 생존권적 배려로 본다면 사회권 또는 생존권적 기본권에 포함시킬 수 있다.

2) 기본법

법률이지만 헌법과 일반 법률 사이에 위치하면서 헌법을 구체화하고 법률을 지도하고 구속하는 역할을 하는 것이 기본법이다. 사회복지법률로서 기본법적 지위를 갖는 법은 우선적으로 「사회보장기본법」을 꼽을 수 있다. 법의 명칭에 '기본법'은 없지만 「사회보장급여의 이용·제공 및 수급권자 발굴에 관한 법률」(약칭: 「사회보장급여법」)과 「사회복지사업법」 등을 들 수 있다. 이렇게 기본법적 지위를 갖는 법들이지만 「사회보장기본법」을 상위법으로 하여 「사회보장급여법」과 「사회복지사업

 「사회보장급여법」은 "「사회보장기본법」에 따른 사회보장급여의 이용 및 제공에 관한 기준과 절차 등 기본적 사항을 규정하고 지원을 받지 못하는 지원대상자를 발굴하여 지원함으로써 사회보장급여를 필요로 하는 사람의 인간다운 생활을 할 권리를 최대한 보장하고, 사회보장급여가 공정하고 효과적으로 제공되도록 하며, 사회보장제도가 지역사회에서 통합적으로 시행될 수 있도록 그 기반을 구축하는 것을 목적으로 한다."(법 제1조)라고 「사회보장기본법」의 하위법임을 선언하고 있다.

법」이 존재한다.

「사회복지사업법」은 "이 법은 사회복지사업에 관한 기본적 사항을 규정하여 사회복지를 필요로 하는 사람에 대하여 인간의 존엄성과 인간다운 생활을 할 권리를 보장하고 사회복지의 전문성을 높이며, 사회복지사업의 공정·투명·적정을 도모하고, 지역사회복지의 체계를 구축하고 사회복지서비스의 질을 높여 사회복지의 증진에 이바지함을 목적으로 한다."(법 제1조)라고 규정하고 있어,「헌법」 제34조를 추구하는 입법 목적을 보여 주고 지역사회복지와 사회복지서비스에 대하여 규율한다는 점을 나타내고 있는 기본법이다.

3) 법률

법률 단계에는 많은 사회복지법이 존재한다. 「국민연금법」「국민건강보험법」 「산업재해보상보험법」「고용보험법」「노인장기요양보험법」 등과 같은 사회보험법, 「국민기초생활 보장법」「기초연금법」「장애인연금법」 등과 같은 공공부조법, 「아동복지법」「노인복지법」「장애인복지법」 등과 같은 사회복지서비스법 등이 해당된다. 이러한 법률들에 대해서는 분류체계에서 살펴본다. 법률 관련 검색과 정보(법령의 연혁, 조약, 판례 등)에 관하여는 법제처(https://www.moleg.go.kr)를 이용하면 된다.

4) 명령: 시행령, 시행규칙

각각의 법률은 그것을 시행하기 위한 대통령의 명령인 시행령과 국무총리 및 각부 장관의 명령인 시행규칙을 통해 구체화되고 시행된다. 우리나라 법은 계보상 대륙법계에 속하기 때문에 영·미법계와 다르게 제정 또는 개정된 법률이 실제로 적용되기 위해서는 법률의 하위규범인 시행령과 시행규칙이 제정되어야 한다. 대개 법률 규정들이 추상적이거나 일반적인 규정들로 되어 있어 현실에 적용하기 위해 구체적인 세부 규정들을 필요로 하기 때문이다. 따라서 사회복지법률을 볼 때 그 시행령이나 시행규칙을 모두 살펴야 한다.

대통령의 명령인 시행령은 두 가지 종류가 있다. 위임명령과 집행명령이다. 즉, 대통령은 법률에서 구체적으로 범위를 정하여 위임받은 사항과 법률을 집행하기 위하여 필요한 사항에 관하여 대통령령을 발할 수 있다(「헌법」제75조). 앞부분이 위임명령, 뒷부분이 집행명령이다. 시행규칙 또한 마찬가지로 국무총리나 장관은 위임명령과 직권 명령을 발(發)할 수 있다. 국무총리 또는 행정각부의 장은 소관사무에 관하여 법률이나 대통령령의 위임 또는 직권으로 총리령 또는 부령을 발할 수 있다(「헌법」제95조). 이러한 위임명령과 집행명령은 법률 관련 사항을 규율하는 법규명령이고, 행정부 내부에서만 통용되는 내규, 규칙, 지침, 고시(告示) 등은 법규의 성격을 갖지 못하는 행정명령일 뿐이다. 행정명령으로 법규사항이나 권리·의무 관련 내용을 다룰 수는 없다.

5) 조례 및 규칙

헌법과 기본법 및 법률 그리고 시행령 및 시행규칙은 전국적 범위에서 전 국민을 대상으로 하는 중앙정부의 법규범이고, 지방정부(지방자치단체)가 지역주민에게 적용하는 법규범이 조례와 규칙이다. 그러므로 사회복지법 차원에서도 지방자치단체가 제정하여 시행하는 지역사회복지 관련 조례와 규칙은 중요한 법규범이다.

 조례는 지방자치단체가 갖는 자치권, 그중에서도 자치입법권에 따라 제정하는 법규범이고, 규칙은 조례 시행을 위한 법규범이다. 법률에 시행령과 시행규칙이 따르듯이, 조례에는 구체적인 시행을 위해 규칙을 제정한다. 이러한 조례의 법적 근거로는 「헌법」과 「지방자치법」을 들 수 있다. 먼저, 「헌법」제117조 제1항("지방자치단체는 주민의 복리에 관한 사무를 처리하고 재산을 관리하며, 법령의 범위 안에서 자치에 관한 규정을 제정할 수 있다.")이다. 그리고 「지방자치법」제28조 제1항("지방자치단체는 법령의 범위에서 그 사무에 관하여 조례를 제정할 수 있다. 다만, 주민의 권리제한 또는 의무 부과에 관한 사항이나 벌칙을 정할 때에는 법률의 위임이 있어야 한다.")과 같은 조 제2항("법령에서 조례로 정하도록 위임한 사항은 그 법령의 하위법령에서 그 위임의 내용과 범위를 제한하거나 직접 규정할 수 없다.") 그리고 같은 법 제29조("지방자치단체의 장은 법령 또는 조례의 범위에서 그 권한에 속하는 사무에 관하여 규칙을 제정할 수 있다.")에 근거한다.

 조례에 관하여는 행정안전부의 자치법규정보시스템(https://www.elis.go.kr)을 이용하면 모든 지방자치단체의 조례들을 검색할 수 있고 관련 정보들을 확인할 수 있다.

2. 분류체계

대개 사회복지법체계는 분류체계를 의미한다. 즉, 수직적 체계에서 법률 단계에 위치한 다양한 사회복지법을 분류하는 것을 말한다. 분류는 기준에 따라 다양하게 할 수 있다. 사회복지법의 적용대상자가 갖는 욕구의 특성(귀속적 욕구, 보상적 욕구, 평가적 욕구)과 사회복지급여의 법률관계(인과적 관계, 합목적적 관계)를 기준으로 분류하면, 다음과 같이 분류할 수 있다(윤찬영, 2007: 268).

- 사회보험법(「국민연금법」 「국민건강보험법」 「고용보험법」 「산업재해보상보험법」 등)
- 공공부조법(「국민기초생활 보장법」 「기초연금법」 「의료급여법」 「장애인연금법」 등)
- 사회수당법(「아동수당법」 「영유아보육법」 등)
- 사회보상법(「국가유공자 등 예우 및 지원에 관한 법률」 「의사상자 등 예우 및 지원에 관한 법률」 「제대군인지원에 관한 법률」 「가정폭력방지 및 피해자보호 등에 관한 법률」 「성폭력방지 및 피해자보호 등에 관한 법률」 「범죄피해자 보호법」 「재해구호법」 등)
- 사회복지서비스법(「아동복지법」 「노인복지법」 「장애인복지법」 「영유아보육법」 「가정폭력방지 및 피해자보호 등에 관한 법률」 「성폭력방지 및 피해자보호 등에 관한 법률」 등)

☞ 「영유아보육법」은 보육(서비스)을 무상으로 제공한다고 규정하고 있기 때문에(법 제34조) 사회복지서비스법에 속하면서 동시에 사회수당법으로 분류된다.

☞ 「가정폭력방지 및 피해자보호 등에 관한 법률」과 「성폭력방지 및 피해자보호 등에 관한 법률」은 분류상 사회보상법에 속하면서 보호의 내용이 사회복지서비스에 해당되기 때문에 사회복지서비스법으로 분류되기도 한다.

☞ 법률관계라 함은 국가가 개인에게 급여를 제공하는 법적 근거를 말하는 것인데, 여기에는 인과적 법률관계와 합목적적 법률관계가 있다(윤찬영, 2017: 249). 인과적 법률관계라 함은 개인의 반대급부적인 기여나 제공을 근거로 하여 국가가 급여를 제공하는 법률관계를 말하는데, 대개 사회보험법에서 가입자의 보험료 납부를 전제로 국가가 급여를 제공하는 경우의 법률관계를 말한다. 합목적적 법률관계란 개인의 기여나 전제적인 행위 없이 국가가 합목적적 판단에 따라 급여를 제공하는 경우의 법률관계를 말한다. 대개 사회수당법, 공공부조법, 사회복지서비스법의 법률관계가 이에 해당된다.

3. 내용적 체계

법률이 사회복지법에 속한다면 최소한 갖추어야 할 내용적인 항목이 어떤 것이어야 하는가? 경제법이나 정치법이 아닌 사회복지법이기 위해서 갖추어야 할 내용적인 품목을 내용적 체계라 하며, 또는 내용적 구성체계라 한다(윤찬영, 2017: 274). 크게 보아 규범적 타당성(또는 정당성)과 실효성을 갖추어야 한다(윤찬영, 2017: 274). 사회복지법으로서 인정받으려면 타당한(정당한) 사회복지의 가치와 내용을 갖춰야 하고 동시에 실효적이어야 한다는 것이다. 이것은 개별 법률을 분석하고 평가하는 틀(frame)로 활용할 수 있다.

1) 규범적 타당성(정당성)

수직적 체계에 따라 사회복지 법률은 「헌법」상 인간다운 생활을 할 권리를 근본 규범으로 하여 그것을 구체화하고 반영하는 규범이다. 그러므로 이러한 이념과 가치를 반영하는 것이 규범적으로 타당하고 정당한 것이다. 그리하여 다음과 같은 내용들을 갖추는 것이 필요하다.

(1) 권리성(국가의 의무)

사회복지급여 또는 서비스가 제공되는 것이 그것을 받는 개인들의 권리에 따른 것이고 이에 상응하는 국가(지방자치단체 포함)의 의무 이행일 때, 사회복지법은 가장 타당하고 정당하다. 이러한 규정들이 있는지, 어떻게 반영하고 있는지 살펴보아야 한다. 법률의 목적, 기본 이념, 수급권, 국가의 책임 규정 등을 망라하여 파악하고 평가해 볼 수 있다.

(2) 대상자

사회복지법은 '대상자의 법'이라 할 정도로 대상자의 범위나 기준이 중요하다. 즉, 자원을 누구에게 할당하느냐와 관련된 것이기 때문에 대상자가 되는 기준과 범위는 사회복지법의 정당성을 판단하는 기준이 된다. 그러므로 각각의 개별 사회복지법률들에서 그 대상자를 어떻게 규정하느냐는 법의 정당성이나 타당성을 판단하는 근거와 기준이 된다.

(3) 급여 및 서비스

사회복지법은 국가가 개인에게 급여를 제공하는 법이다. 그러므로 급여의 요건과 급여의 종류 및 수준을 나타내는 규정은 사회복지법으로서 법의 정당성을 판단하는 기준이 된다. 급여 제공의 절차 규정 또한 법의 정당성과 타당성을 파악할 수 있는 근거가 된다.

급여가 제한되는 경우를 보면 법률의 정당성 및 타당성을 판단하는 기준을 알 수 있다.

사회보험법이나 공공부조법 조문 중에 '급여의 제한' 규정이 있다. 이는 불법행위 등과 관련하여 급여의 요건을 제한하는 규정으로서 해당 법률이 제공하는 급여의 요건을 제한하는 것인데, 이에 대한 판단을 통해 해당 법률의 정당성 또는 타당성을 판단할 수 있다. 예컨대, 「국민연금법」 제82조, 「국민건강보험법」 제53조, 「산업재해보상보험법」 제83조 등이 급여를 제한하고 있다. 또한 급여의 중지에 관한 규정들을 통해 법의 타당성 등을 판단해 볼 수 있다. 또한 급여의 중지에 관한 사유와 요건을 살펴봄으로써 법의 타당성을 판단해 볼 수 있다.

 법의 규정 형태로서 강행규정, 임의규정, 선언적 규정 등이 있다.

급여를 제공하되 국가가 반드시 제공해야 하는 경우와 제공할 수도 있고 그렇지 않을 수도 있는 것은 대상자의 권리성뿐만 아니라 법 자체의 정당성과 타당성을 가늠해 볼 수 있는 기준이 된다. 강행규정('~한다' '~하여야 한다')은 급여 수급의 권리성에 부합하여 법의 타당성을 높여 준다고 하겠다. 반면에 임의규정('~할 수 있다')은 급여 제공을 선택적으로 하게 함으로써 사회복지법의 정당성을 약화시킨다고 볼 수 있다. 이러한 임의규정은 급여 제공의 가능성이나 근거만을 나타낸다. 또한 선언적 규정('~노력한다' '~노력하여야 한다')은 매우 임의적인 상태를 나타냄으로써 급여 제공에 대한 예측성을 약화시킨다고 하겠다.

(4) 재정 부담 및 조달

사회복지법의 정당성 요건으로 국가의 책임은 매우 중요하다. 이러한 국가 책임은 재정 부담 및 조달을 통해 확인될 수 있다. 막연히 책임진다는 규정보다는 재정 조달에 대한 책임을 규정하는 것이 사회복지법의 규범적 타당성을 높여 준다고 하겠다. 따라서 이에 대한 규정들을 면밀히 살펴보면 법의 정당성 또는 타당성을 판단할 수 있다.

2) 실효성

우리나라 법체계, 특히 수직적 법체계의 특성상 법률은 시행령과 시행규칙 같은 명령규범 없이는 시행되기 어렵다. 즉, 법의 실효성을 확보하기 위해서는 시행령, 시행규칙 등의 명령규범이 법률에 부수해야 한다. 이러한 실효성이 형식적 실효성이다. 이러한 형식적 차원의 실효성이 확보되는 한편, 내용적 차원에서 실효성이 확립되어야 한다. 즉, 법이 시행될 수 있는 장치와 조건들이 법률의 내용으로 규정되어야 하는 것이다. 이러한 내용을 몇 가지 정리해 본다.

(1) 시행 주체 및 조직체

법이 원활하게 시행되기 위해서는 일반적으로 사회복지의 주체로 알려져 있는 국가 및 지방자치단체, 국가로부터 위임받은 공법인(公法人), 국가 또는 지방자치단체로부터 위탁받은 법인 또는 단체, 기타 민간 등의 법적 업무와 역할이 규정되어야 한다. 이 밖에도 급여 및 서비스의 전달체계 조직 또는 관리운영 조직 그리고 정책이나 사업 등의 전반적인 업무를 심의하거나 자문하는 위원회 등 관련 조직체에 대하여 규정이 있어야 법의 시행이 실효적일 것이다.

 각 법률마다 규정하고 있는 각종 위원회나 협의회 또는 협의체의 내용에 대해서 정리해 보는 것이 유익하다.

(2) 인력

사회복지법은 국가와 지방자치단체 또는 위임이나 위탁을 받은 단체와 기관이 급여 또는 서비스를 제공하는 내용을 주로 하는 법이기 때문에 그것을 전달하는 것과 관련된 일을 하는 사회복지사를 포함하여 다양한 인력을 필요로 한다. 이들의 업무내용이나 권한 또는 책임 등에 대해 규정하는 것이 필요하다. 물론 이러한 인력의 자격요건, 채용과 배치 등에 관한 규정도 필요하다. 이러한 규정들을 통해 법의 실효성을 가늠해 볼 수 있다.

(3) 재정 조달 방법

재정 부담의 원칙은 규범적 정당성의 지표가 되지만 그것의 구체적인 방법이나 절차 등은 실효성에 필요한 내용이다. 법률을 제·개정할 때에도, 이를 분석하거나 평가할 때에도 실효성을 확인해 볼 수 있는 지표가 된다.

(4) 권리구제

수급자의 권리성이 인정된다면, 그것이 침해되거나 문제가 있을 때 그것을 회복 또는 환원하거나 보상을 요구할 수 있는 절차가 주어져야 한다. 이것이 권리구제 절차이다. 예컨대, 「국민연금법」상 심사청구(제108조)와 재심사청구(제110조), 「국민건강보험법」상 이의신청(제87조), 심판청구(제88조), 「국민기초생활 보장법」상 이의신청(제7장 제38조~제41조) 등이 권리구제 절차에 해당된다. 정당성 측면에서 권리성이 중요하지만, 권리구제는 실효성 차원에서 매우 중요하다.

(5) 벌칙

법의 준수를 강제하는 효과가 있는 벌칙은 법적 실효성을 높이는 수단이 된다. 사회복지법의 벌칙 종류에는 형벌(刑罰)과 행정벌(行政罰)이 있다. 형벌은 법에서 범죄로 규정한 행위에 대하여 국가가 처벌의 종류와 정도를 규정한 것이다. 일반적으로 형벌은 재산형으로서 벌금, 과료, 몰수, 자유형으로 징역과 금고(禁錮), 구류(拘留), 명예형으로 자격상실, 자격정지, 생명형으로 사형(死刑) 등이 있다. 행정벌은 범죄행위로 규정하지는 않지만 행정적인 법규를 위반한 것에 대하여 행정처분으로 내려지는 벌칙으로 과태료, 범칙금 등이 이에 해당된다.

제5장

입법 형성 과정

사회복지법제론에서는 사회복지법의 해석과 적용도 중요하지만, 사회복지실천 부문에서는 실질적으로 입법 과정에 영향을 미치는 제반 요소들을 분석하는 것도 매우 중요한 것이다. 그런 의미에서 입법 형성 과정과 절차를 검토하기로 한다.

1. 입법의 개념 및 입법권에 관한 헌법상 근거

입법이란 실질적으로 국가기관이 일반적이고 추상적인 성문의 법규범을 정립하는 작용을 말하고, 형식적으로 국회가 특수한 법형식인 법률을 제정하는 작용을 의미한다.

입법권에 관한 헌법상 근거는 다음과 같다.

「대한민국헌법」(이하「헌법」으로 표기)

제40조 입법권은 국회에 속한다.

제75조 대통령은 법률에서 구체적으로 범위를 정하여 위임받은 사항과 법률을 집행하기 위하여 필요한 사항에 관하여 대통령령을 발할 수 있다.

제95조 국무총리 또는 행정각부의 장은 소관사무에 관하여 법률이나 대통령령 의 위임 또는 직권으로 총리령 또는 부령을 발할 수 있다.

2. 입법 형성 과정의 의의

입법 형성 과정이란 일반적으로 법령안의 입안부터 공포까지의 일련의 절차를 의미한다. 구체적으로 입법 형성 과정은 일정한 입법정책적 목표하에 법률안이 기초가 되어 의회에 제출되고, 국가원수의 서명과 공포에 의하여 하나의 법률로서 효력이 발생되기까지의 모든 과정을 의미한다.

한편, 입법 형성 과정에는 법률의 형식으로 제·개정되는 절차뿐 아니라 행정입법 과정도 포함된다. 행정입법이란「헌법」제75조 및 제95조에 의해 행정기관이 법률로부터 위임받은 사항에 관한 하위법령(위임명령: 대통령령, 총리령, 부령)과 법률의 집행에 필요한 사항을 정하는 하위법령(집행명령)을 제·개정하는 것을 의미한다.

3. 입법 형성 절차

1) 법률의 입법 형성 절차

「헌법」제52조 "국회의원과 정부는 법률안을 제출할 수 있다."라는 규정에 의해 정부도 국회에 법률안을 제출할 수 있는 권한이 있으므로, 법률의 입법 형성 절차는 법안 발의자가 국회의원인 의원입법과 법안 발의자가 정부인 정부입법으로 나눌 수 있다.

이와 같은 의원입법과 정부입법은 법안 제출 이전에는 법안 발의 주체가 다르므로 절차상 차이가 있지만, 법안이 제출된 이후에는 국회를 통한 동일한 입법 형성 절차를 거치게 되므로 절차상 차이가 없다. 따라서 이하에서는 법안 제출 이전에는 의원입법과 정부입법을 구분하되, 법안 제출 이후에는 양자를 따로 구분하지 않기로 한다.

(1) 법안 제출 이전

① 의원입법

「헌법」 제52조 및 「국회법」 제79조에 의해 국회의원 10인 이상의 찬성으로 법안을 부의할 수 있고, 「국회법」 제51조에 의해 국회의 위원회도 그 소관에 속하는 사항에 관하여 법안을 제안할 수 있다.

② 정부입법

정부에서 발의하는 법안은 국무회의 심의를 거쳐 대통령이 서명하고, 국무총리·관계 국무위원이 부서하여 제출하게 된다.

구체적으로 정부 발의 법안은 '입법계획의 수립 → 법령안의 입안 → 부패영향평가 → 관계기관과의 협의 및 당정 협의 → 입법예고 → 규제심사 → 법제처 심사 → 차관회의·국무회의 심의 → 대통령 재가 및 국무총리와 관계 국무위원의 부서 → 국회제출'의 과정을 거쳐 국회에 제출된다.

(2) 법안 제출 이후

① 본회의 보고 및 위원회 회부

국회의장은 제출된 법률안을 인쇄하여 의원에게 배부하고 이를 본회의에 보고한 후 국회 소관 상임위원회에 회부한다.

다만, 휴회 또는 폐회로 인하여 본회의에 보고할 수 없는 경우에는 이를 생략하고 소관 상임위원회에 회부할 수 있다.

② 위원회 심사

위원회에 회부된 법률안은 위원회에 상정된 후, 제안자의 법률안 취지 설명, 위원회 소속 전문위원의 심사 및 검토, 위원회 소속 의원들의 대체토론, 공청회 또는 청문회, 상설소위원회 또는 특별법률안심사소위원회 심사, 축조심사, 의결(표결)을 통한 법률안 채택 순으로 절차가 진행된다.

③ 법제사법위원회의 체계 · 자구 심사

위원회의 심사를 거친 법률안은 법제사법위원회에서 체계 · 자구 심사를 하게 되는데, 체계심사는 법률안 내용의 위헌 여부, 관련 법률과의 충돌 여부 등을 심사하면서 법률 형식을 정비하는 과정이고, 자구심사는 제안된 법률 내에서 또는 관계 법률 간에 용어의 통일을 기하는 과정이다.

④ 전원위원회 심사

국회의원 전원으로 구성된 위원회인 전원위원회는 위원회의 심사를 거쳤거나 위원회가 제안하는 의안 중 정부조직에 관한 법률안, 조세 또는 국민에게 부담을 주는 법률안 등 주요 의안에 대해서 심사한다. 보통 전원위원회는 본회의 상정 후 재적의원 4분의 1 이상의 요구에 의해 개회된다.

⑤ 본회의 보고 및 의결

법제사법위원회의 체계 · 자구 심사를 거친 법률안은 각 위원회의 의견 및 소수 의견 등을 담은 심사경과보고서와 함께 다시 본회의에 보고된다. 그리고 본회의에 상정된 법률안은 최종적인 심의 · 의결을 거치게 되며, 재적의원 과반수의 출석과 출석의원 과반수의 찬성으로 의결된다.

⑥ 법률안의 이송 및 공포

국회 본회의에서 법률안이 의결되면 국회의장은 이를 정부로 이송하며, 의결된 법률안이 이송 후 15일 이내에 대통령이 이를 공포함으로써 법률안이 법률로서 확정된다. 공포된 법률은 효력 발생 시기에 관해 특별한 규정이 없는 한, 대통령이 공포한 날로부터 20일이 경과함으로써 그 효력이 발생한다.

다만, 대통령이 이송된 법률안에 이의가 있을 때는 정부 이송 후 15일 이내에 이의서를 붙여 국회에 환부하고 그 재의를 요구할 수 있는데, 이를 대통령의 법률안 거부권이라고 한다. 이와 같이 대통령이 적법한 거부권을 행사하면 해당 법률안은 다시 국회로 이송되고, 국회로 이송된 법률안은 본회의에 바로 상정되어 재심의 절차를 거치게 된다.

재심의 대상인 법률안이 재적의원 과반수의 출석과 출석의원 3분의 2 이상의 찬성으로 재의결되면, 재의결로 확정된 법률안은 다시 정부로 이송되고 이를 5일 이내에 대통령이 공포하여야 한다. 이 과정에서 대통령이 기일 내에 법률안을 공포하지 않는다면 국회의장이 이를 대신하여 법률안을 공포하도록 하고 있다.

2) 행정입법 과정

행정입법의 헌법상 근거로는 「헌법」 제75조 및 제95조를 들 수 있다. 「헌법」 제75조에는 "대통령은 법률에서 구체적으로 범위를 정하여 위임받은 사항과 법률을 집행하기 위하여 필요한 사항에 관하여 대통령령을 발할 수 있다."라고 규정되어 있고, 제95조에는 "국무총리 또는 행정각부의 장은 소관사무에 관하여 법률이나 대통령령의 위임 또는 직권으로 총리령 또는 부령을 발할 수 있다."라고 규정되어 있다.

즉, 정부는 앞서 '1) 법률의 입법 형성 절차'에서 살펴보았던 것처럼 법률안을 국회에 제출하여 국회를 통한 입법 형성 과정에 참여할 수 있을 뿐 아니라, 「헌법」 제75조에 근거하여 대통령령을 제정할 수 있고, 「헌법」 제95조에 근거하여 총리령, 부령을 제정하는 등 행정입법을 통한 입법 형성 과정을 거칠 수 있다. 또한 이와 같은 행정입법에는 정부가 내부기관 등을 규율하기 위해 고시, 훈령, 예규 등 행정규칙을 제·개정하는 것도 포함된다. 한편, 정부가 법률, 대통령령, 총리령, 부령 중어떤 형식을 통해 입법 형성 과정을 거칠지는 그 규율 내용을 통해 결정된다.

(1) 규율 내용에 따른 입법 형식의 선택

① 법률사항

우선 그 규율 내용이 국민의 기본권, 권리실현과 구제 등 공익 목적의 규율사항중 본질적 사항에 해당하는 경우, 쉽게 표현하여 '국민의 권리와 의무에 직접적인영향을 미치는 사항'이라면 이는 반드시 법률에 의해 규율되어야 할 사항인 법률사항에 해당한다(법률유보의 원칙).

전통적인 법률사항으로는 국민의 권리에 제한을 가하거나 새로이 의무를 부과하는 등 침익(侵益)적 효과를 야기하는 사항이었으나, 최근엔 국민의 권리를 강하게 보장해 주거나 의무를 면제해 주는 등 수익(受益)적 효과 또는 급부(給付)적 효과를 야기하는 사항 역시 법률사항으로 포함시키고 있다.

② 하위법령 사항

다음으로 그 규율 내용이 대통령령, 총리령, 부령 등 하위법령에 의해 규율되는경우는 법규사항에 해당되는지 여부 및 당해 입법이 정책을 집행하는 관할 기관을어느 범위까지 포함시키고 있는지를 기준으로 결정된다.

먼저, 하위법령이 법규사항을 규율하고자 하는 경우 반드시 법률에서 구체적인범위를 정하여 위임을 한 경우에만 입법을 할 수 있다. 이때 하위법령 중 어느 형식을 선택할지는 법률유보사항인지의 여부가 가장 중요한 기준이 된다. 구체적으로국민의 권리·의무와 관련된 실체적 법규사항을 위임하는 경우에는 대통령령으로정하고, 행정처분의 기준이나 서식 같은 단순한 절차에 관한 사항은 총리령·부령으로 정한다.

한편, 당해 입법이 정책을 집행하는 관할 기관의 범위를 모든 중앙행정기관이나다수의 중앙행정기관으로 상정하는 경우에는 대통령령의 형식을 선택한다. 이 경우 대통령령은 모든 중앙행정기관에 공통되거나 다수의 중앙행정기관과 관련되는 사항을 정하게 된다. 또한 당해 입법이 정책을 집행하는 관할 기관의 범위를 단일의 중앙행정기관으로 상정하여 그 소관사무의 업무 집행을 전제로 한 사항을 정하는 경우에는 총리령이나 부령의 형식을 선택한다.

③ 행정규칙 사항

마지막으로 그 규율 내용이 행정조직 내부에서 담당공무원의 행정 사무처리를 위해 그 기준을 정한 것이라면, 이는 행정규칙 사항에 해당한다. 행정규칙은 실무상 고시, 훈령, 예규, 지시, 일일명령 등으로 표현된다.

(2) 행정입법 절차

첫째, 대통령령의 입법 절차는 '입법계획의 수립 → 법령안의 입안 → 부패영향평가 → 관계기관과의 협의 및 당정 협의 → 입법예고 → 규제심사 → 법제처 심사 → 차관회의 · 국무회의 심의 → 대통령 재가 및 국무총리와 관계 국무위원의 부서 → 공포'의 절차를 거친다.

둘째, 총리령, 부령의 입법 절차는 '입법계획의 수립 → 법령안의 입안 → 부패영향평가 → 관계기관과의 협의 및 당정 협의 → 입법예고 → 규제심사 → 법제처 심사 → 공포'의 절차를 거친다.

셋째, 행정규칙은 '기안 → 관계부처 협의 → 입법 예고 및 의견 제출 → 규제심사 → 법제처 심사 → 결재 및 관보 게재 → 정부입법지원센터 등재 → 국회제출'의 절차를 거친다.

제6장

사회복지법의 역사

법사(法史)는 법학(法學)과 사학(史學)이 통섭(統攝)하는 교차점이자 융합지역이다. 게다가 사회복지법의 역사는 사회복지학과 법학 그리고 사학이 만나는 지점이다. 이는 매우 복잡하고 어렵지만 그만큼 의미 있는 영역이요 작업이다. 그러므로 우리나라 사회복지법의 역사를 통사적(通史的)으로나마 훑어보는 것은 매우 의미 있는 일이다. 아무리 통사적으로 살펴본다고 해도 역사를 접근할 때 시대 구분은 필연적이다. 그러나 누구나 동의할 수 있는 시대 구분은 거의 불가능하다. 여기서는 우리나라 사회복지법의 변천과 경향적 흐름을 파악할 수 있도록 시대 구분을 하고자 한다. 각 시대에 제정 또는 개정된 법률을 정리해 봄으로써 우리나라 사회복지법의 역사를 총괄적으로 살펴보고자 한다.

1. 조선구호령 시대: 1960년대 이전

이 시기는 대한민국 건국과 전쟁의 시기로 아직 국가체계가 미흡했던 시기이다. 그러나 해방 직전인 1944년 일제가 식민지 빈민조사, 선도 및 구제 등을 명분으로 조선에 적용하였던 「조선구호령」이 온존하였던 시대이다. 해방 이후 미 군정 당국은 물론 이승만 정권에서도 식민지 시대의 법령을 그대로 유지하고 있었다. 1948년 제헌헌법 제19조는 "노령, 질병 기타 근로능력의 상실로 인하여 생활유지의 능력이 없는 자는 법률의 정하는 바에 의하여 국가의 보호를 받는다."라고 규정하였지만 법률을 제정하지 못한 채 전쟁을 겪게 되어 여전히 식민지 시대의 규정으로 구호사업을 할 수밖에 없었다. 다만, 사회복지법으로 볼 수 있는 법률로 이승만 정권은 1960년 1월 1일에 「공무원연금법」을 제정하였다. 아직 사회복지법의 역사가 시작된 것으로 볼 수 없는 시기였다.

2. 기초입법시대: 1961년~1980년대 전반부

1961년 박정희의 5·16 군사정변으로 국가재건최고회의가 실질적인 국가권력을 장악하게 되었다. 이 기구가 실질적인 정부의 역할을 하면서 많은 입법을 추진하였다. 사회복지법 역시 이때부터 제정되기 시작하였다. 일단 1961년 12월 30일에 「생활보호법」을 제정하고 1962년 1월 1일부터 시행하기로 하였다(법 부칙 제1항). 그리고 이 법 시행일에 「조선구호령」은 폐지하였다(법 부칙 제2항). 이렇게 해서 대한민국 사회복지법의 역사가 시작되었다. 이 밖에도 「갱생보호법」(1961), 「아동복리법」(1961), 「윤락행위등방지법」(1961), 「재해구호법」(1962), 「국가유공자및월남귀순자특별원호법」(1962), 「사회보장에관한법률」(1963), 「의료보험법」(1963), 「산업재해보상보험법」(1963), 「군인연금법」(1963) 등이 제정되었다. 국가조직의 기초를 다지면서 산업화에 대비한 사회보장, 사회보험 분야의 법들을 제정하였다. 「사회보장에 관한법률」은 사회보장에 관하여 매우 보수적이고 소극적인 태도를 보였지만, 「산업재해보상보험법」은 1963년 11월 5일에 제정하여 1964년 1월 1일부터 시행하였다. 경제개발 정책에 따라 산업화를 시작하였기 때문에 제일 먼저 등장하게 될 사회적 위험인 산업재해에 대처하기 위해 다른 법들에 비해 우선적으로 시행했던 것이다. 「의료보험법」은 1963년 12월 16일에 제정되어 1964년 3월 17일에 시행하는 것으로 규정했으나 임의가입을 원칙으로 했기 때문에(법 제8조) 제대로 시행할 수 없었다.

 1963년 당시 「의료보험법」 제8조(적용대상) 제1항은 "근로자는 이 법에 의한 의료보험에 가입할 수 있다."라고 규정하여 의료보험 가입 근거만 제시하고 단서 규정으로 예외적 경우들을 제시하여 의무가입 또는 강제가입에 의한 사회보험을 적용할 수 없었다. 그러던 중 1976년 12월 22일에 「의료보험법」이 전부개정되어 1977년 7월 1일에 비로소 시행되었다.

이어서 「자활지도사업에 관한 임시조치법」(1968)이 제정되어 시행되었고, 1970년 1월 1일에 「사회복지사업법」이 제정되어 같은 해 4월 2일에 시행되었다. 이를 통해 사회복지사업을 「생활보호법」 「아동복리법」 「윤락행위등방지법」 등 이른바 '복지 3법'에 의한 시설운영을 목적으로 하는 사업으로 규정하고, 사회복지법인은 보건사회부장관의 인가를 받고 사회복지시설의 설치·운영은 국가·지방자치단체 및 시·도지사의 허가를 받은 사회복지법인 또는 보건사회부장관의 허가를 받은 기타 법인에 한하도록 하였다. 또한 공동모금의 법적 근거를 규정하였다. 1972년, 이른바 '유신헌법'을 통과시킨 박정희 정권은 제4공화국을 선포하고 「사립학교교원연금법」(1973)을 제정하여 이듬해인 1974년부터 시행하였다. 그리하여 공무원, 군인에 이어 교원들에게도 공적 연금이 주어지게 되었다. 또한 일반 국민들의 연금 적용을 위해 「국민복지연금법」(1973)을 제정하여 1974년부터 시행하기로 규정하고 시행령까지 제정하였으나, 당시 세계 경제를 강타한 유류파동(油類波動, oil shock, 1973)과 야당의 반대 등으로 시행을 연기하였다.

1960년대까지 이어지던 외국의 무상 원조가 1970년부터 유상 원조, 즉 차관(借款)으로 전환되어 박정희 정권은 경제개발의 자금 마련을 고민하다가 내수자본(內需資本)을 동원하기 위한 방책으로 연금제도를 도입하여 징수한 보험료를 경제개발 비용으로 전환하려 했지만 마침 당시에 불거진 유류파동의 여파로 민생 등을 이유로 야당이 강력하게 반대하는 등 강력한 악재로 인해 끝내 연금제도 도입을 하지 못하였다.

1977년, 「의료보험법」 시행에 맞추어 보험에 가입할 수 없는 생활보호대상자 등 생활유지의 능력이 없거나 생활이 어려운 자에게 의료보호를 제공하기 위하여 「의료보호법」(1977. 12. 31.)을 제정하여 실시하였다. 또한 「공무원및사립학교교직원 의료보험법」(1977. 12. 31.)을 제정하여 1978년 7월 1일에 시행하였다. 이로써 의료보험은 일반 국민들을 대상으로 시작하여 공무원과 교원까지 확대하여 시행했으며 가난한 국민들에게는 공공부조로서 의료보호를 제공하게 되었다. 박정희 대통령 사후(死後) 군사 쿠데타와 5·18 광주민주화운동을 계기로 정국이 어수선할 때 전두환은 박정희의 국가재건최고회의를 본떠 '국가보위비상대책위원회'(약칭: 국보위)를 구성하여 「헌법」 개정을 추진하였다. 1980년 10월 27일에 '정의사회의 구현을 통하여 새로운 민주복지국가를 건설하기 위하여'(제8차 개헌 이유) 개헌을 단행하였다. 1980년 12월 31일에 「사회복지사업기금법」이 제정되어 시행되었는데, 이 법은 "현행 사회복지사업은 정부재정지원의 미약 등으로 그 사업의 양과 질 면에서 상대적으로 낙후되어 있는 실정이므로 1980년대의 전반적인 사회문제에 대처하여 사회복지사업을 획기적으로 확충하기 위한 재원 확보와 이의 효율적인 관리를 기하기 위하여 사회복지사업기금을 설치·운영하려는 것임."(법 제정 취지문)이라는 취지로 제정되었다. 1981년 대통령이 된 전두환의 제5공화국은 공포정치와 더불어 정의로운 복지사회 구현을 국정목표로 내세우고 「아동복리법」을 「아동복지법」으로 전부개정하고(1981. 4. 13.), 「심신장애자복지법」(1981. 6. 5.)과 「노인복지법」(1981. 6. 5.)을 제정하였다. 그리고 실질적인 최저생활을 보장하고 자활 조성을 효과적으로 추진함으로써 생활보호사업의 내실화를 기하기 위해 1982년 12월 31일에 「생활

보호법」을 전부개정하여 공공부조법에 처음으로 '자활 조성'이라는 입법 목적이 명시되었다(법 제1조). 그리하여 보호의 종류(법 제7조)에 교육보호와 자활보호를 추가하였다. 1983년에는 「사회복지사업법」을 개정하여 사회복지사 자격 제도를 도입하였다(법 제5조).

이렇게 우리나라는 제3공화국~제5공화국의 군사정권을 거치면서 기본적인 사회보장의 기본 규정 및 사회보험법, 공공부조법, 민간의 사회복지사업 등에 대한 법들을 갖추기 시작하여 매우 낮은 수준이기는 하지만 초보적이고 기초적인 사회복지 입법을 이루었다고 하겠다. 이 시기에는 보수주의적 정치세력이 경제주의적 이념을 바탕으로 사회복지 입법을 추진했다고 볼 수 있다. 서구 복지국가의 예처럼 노동자와 노조의 투쟁이나 노동자를 위한 정당의 역할로 사회복지 입법이 이루어지기보다는 매우 보수적인 권력체제에서 권력의 정당성 확보를 위한 노력과 여기에 일부 전문가들의 노력이 더해져 사회복지법들이 제정되고 실시된 것으로 해석해 볼 수 있겠다.

3. 사회복지법의 외형적 확장의 시대: 1986~1996년

제5공화국의 후반기는 정치적 암흑기이면서 경제적 풍요가 뒤섞인 시기로서 민주화에 대한 국민들의 강렬한 열망과 투쟁이 넘치던 시기였다. 1985년 2월 12일, 제12대 총선에서 패배한 전두환의 민주정의당은 대통령 직선제를 요구하는 국민적 저항에 부딪히고 있었다. 이에 정부는 1986년 9월 1일에 '국민복지종합대책'을 발표하였다. 이는 국민들의 민주화 요구에 대한 대응이라 볼 수 있다. 그 내용은 연금제도 도입, 의료보험 전 국민 적용으로의 확대, 최저임금제 도입, 생활보호의 실질화 등 대폭적으로 사회복지를 확대하고 강화하는 것이었다. 이에 따라 1986년 12월 31일에 기존의 「국민복지연금법」을 「국민연금법」으로 전부개정하였다. 이 법의 부칙 제1조는 법의 시행일을 1988년 1월 1일로 정하였고, 이에 따라 시행되었다. 국민연금 기금 및 운용에 관한 사항(법 제82조~제87조)은 이 법이 공포된 날부터 시행하도록 하였다(법 부칙 제1조 단서). 1988년에 출범한 노태우 대통령의 제6 공화국에서는 「모자복지법」을 제정하여(1989. 4. 1.) 시행하였고(1989. 7. 1.), 노령수당을 도입한 「노인복지법」을 전부개정하여(1989. 12. 30.) 노령수당을 도입하였으며, 「심신장애자복지법」을 「장애인복지법」으로 전부개정하였다(1989. 12. 30.). 이에 더 나아가 1990년 3월에 「장애인고용촉진등에관한법률」이 제정되어 1991년 1월 1일부터 시행되었다. 한편, 1990년 서울에서 저소득 맞벌이 가정의 자녀들이 부모가 일하러 나간 사이에 반지하방에 갇힌 채 화재로 목숨을 잃은 사건이 발생하여 큰 충격을 주었다. 아이들을 맡길 데가 없다는 것이 심각한 사회문제로 부각되어 1991년 1월에 「영유아보육법」이 제정되었다. 그러나 생활보호대상자가 아닌 일반 국민들에 대하여는 비용에 관하여 수익자 부담을 원칙으로 하여(법 제21조) 보편적인 사회복지서비스는 아니었다. 1992년 12월에는 「사회복지사업법」을 전부개정하여 시·군·구 및 읍·면·동에 사회복지전담공무원을 배치하는 법적 근거를 규정하였다(법 제10조).

이어서 1993년에 등장한 김영삼 대통령의 문민정부는 신자유주의 이념을 지향하고 반영하는 '신경제 5개년 계획'을 발표하여 이를 토대로 정책을 추진하였다. 경제의 구조정과 노동의 유연화 정책을 도입하여 근로자들에 대한 해고를 용이하게 하였다. 이에 대한 대책으로 1993년에 「고용보험법」을 제정하여 1995년 7월 1일 시행에 들어갔다.

 고용보험의 도입으로 소위 '4대보험'이 이루어졌다. 기존에 시행되던 산업재해보상보험, 국민건강보험, 국민연금과 더불어 고용보험이 추가되면서 흔히들 '4대보험'이라고 부르게 되었다.

또한 1994년 1월에 「성폭력범죄의처벌및피해자보호등에관한법률」을 제정하여 4월 1일부터 시행하였고, 국민연금의 당연적용대상을 농어민과 농어촌지역 자영자에게까지 확대하기 위하여 1995년 1월에 「국민연금법」을 개정하여 그해 7월 1일부터 시행하였다. 그리고 1995년 12월에 기존의 「사회보장에관한법률」을 폐지하고 「사회보장기본법」을 제정하였다. 이를 통해 국가의 사회보장제도를 체계화하고 사회복지와 사회보장 분야에 민간의 참여를 정당화하려는 법적 근거를 마련하였다(법 제26조). 또한 같은 시기에 「정신보건법」을 제정하여 1996년 12월부터 시행하였다.

이렇게 이 시기에는 권위주의적 정치세력이 집권하여 정치적 정당성을 확보하기 위한 노력으로 사회복지법의 외연이 확대되었다고 볼 수 있다. 사회복지 분야의 기본법의 도입과 사회보험법의 확대, 사회복지서비스법의 개정과 확대를 통해 사회복지법의 외형적 성장과 확대가 이루어진 도약기라고 정리할 수 있겠다.

4. 사회복지법의 질적 강화와 조정시대: 1997년~현재

1996년의 충격적인 '에바다농아원 사건'으로 1997년에 사회복지사업의 공공성과 전문성을 강화하기 위하여 「사회복지사업법」의 전부개정이 이루어졌고, 1998년 7월 1일에 시행되었다. 이를 통해 사회복지사 자격의 국가시험제도(법 제11조 제3항), 사회복지시설평가(법 제43조), 시설장의 상근(법 제35조), 사회복지시설 운영위원회 도입(법 제36조), 사회복지시설 신고제(법 제34조 제2항)를 통한 복지다원주의 도입, 시설 수용인원 제한(법 제41조) 등 개혁적인 규정들이 도입되었다.

 소급입법 금지라는 헌법의 규정과 정신에 따라 1998년 7월 1일 이후 대학(교) 사회복지학과에 입학한 사람들부터 사회복지사 국가시험 규정이 적용되다 보니 '98학번 생들까지는 기존 법에 따라 사회복지학과를 졸업하면 1급 사회복지사 자격을 취득하였고, '99학번생부터 국가시험 합격을 통해 1급 사회복지사 자격을 취득하게 되었다. 그리하여 2003년에 첫 번째 1급 사회복지사 국가시험이 시행되었던 것이다.

또한 1997년 같은 시기에 「생활보호법」이 개정되어 자활후견기관(제11조의2)과 자활공동체(제11조의3) 등이 도입되어 자활조성이 강화되었다. 또한 시민단체 '참여연대'가 주도하여 제기한 노령수당 지급 관련 소송에서 그 위법성이 밝혀져 노령수당을 폐지하고 경로연금을 도입하는 「노인복지법」 전부개정이 같은 시기에 이루어졌다(1997. 8. 22.). 같은 해 12월에는 50년 만에 평화적인 정권교체가 이루어졌고, 김대중 당선자는 1977년 이래 조합주의 방식으로 운영되어 왔던 의료보험을 통합키로 대통령 선거공약을 했으며, 이에 그 첫 단계로 단일 조직인 공단을 설립하여 공무원 및 사립학교 교직원 의료보험과 지역의료보험을 통합하는 등의 「국민의료보험법」을 제정하였다(1997. 12. 31.). 또한 같은 날 「가정폭력방지및피해자보호등에관한법률」이 제정되어 1998년 7월 1일부터 시행되었다.

또한 1998년 12월에 「국민연금법」을 개정하여 1999년 1월 1일부터 시행하여 도시 자영자까지 적용을 확대하여 전 국민의 연금 가입을 위한 개혁을 추진하였다.

1999년 2월에는 기존의 「의료보험법」과 「국민의료보험법」을 폐지하고 「국민건강보험법」을 제정하여 드디어 건강보험과 관련하여 단일한 통합관리운영체계를 구축하였다. 이때 「장애인복지법」 역시 전부개정되어 장애인을 신체적 장애와 정신적 장애로 대별하였다. 또한 같은 해 3월에는 기존의 「사회복지공동모금법」을 「사회복지공동모금회법」으로 전부개정하였다(1999. 3. 31.).

 법률 개정에는 일부개정과 전부개정이 있다. 일부개정은 말 그대로 법률 전체에서 일부분에 해당하는 조, 항, 목, 호 등을 개정하는 것이다. 이에 반해 전부개정은 법률 전체를 개정하는 것으로서 법명(法名)을 바꾸거나 내용을 새롭게 바꾸는 것으로서 법조문의 숫자가 완전히 바뀌는 정도의 개정을 말한다. 일부개정 시 조문과 조문 사이 또는 항과 항 사이에 새로운 내용을 끼워 넣는 경우가 있다. 이때 조문과 항의 숫자가 달라지는 것을 방지하기 위해 '제○○의2, 3, 4' 등으로 표기한다. 만약 제2조와 제3조 사이에 새로운 조문을 삽입한다면 제2조의2, 제2조의3과 같이 삽입한다. 만약 제①항과 제②항 사이에 새로운 항을 삽입할 때는 제①의2, 제①의3처럼 표기한다.

이 시기에 무엇보다도 가장 주목할 만한 것은 1999년 9월 7일 「국민기초생활 보장법」의 제정이다. IMF 외환위기로 실업자와 노숙인 등이 증가하면서 국민들의 삶의 위기가 심각한 상황이었다. 이에 김대중 대통령은 '민주주의'와 '시장경제' 외에 제3의 국정기조를 선포하였다. 1999년 8·15 경축사를 통해 선언한 '생산적 복지'가 그것이다. 이러한 생산적 복지 정책의 핵심이 바로 「국민기초생활 보장법」이었으며, 당시 정부는 그중에서 법 제9조 제5항의 조건부 수급(자활급여)이 생산적 복지의 꽃이라고 하였다. 즉, 이것이 근로연계 공공부조였다. 일을 통한 복지, 소위 'workfare'였던 것이다. 이는 시장의 가치와 원리를 강조하는 신자유주의 이념과 결합된 사회복지 정책의 법적 표현이었다. 이 법은 일반적인 법률들의 제정 과정과 달리 광범위한 시민사회단체들의 전국적인 연대활동으로 추진되었다는 특징을 가지고 있다. 즉, 아래로부터 위로 향하는 입법운동의 결과였던 것이다. 그래서 이를 기념하기 위하여 이 법이 공포된 9월 7일을 '사회복지의 날'로 규정한 것이다(「사회복지사업법」 제15조의2).

국민의 정부를 계승하여 2003년에 참여정부가 출범하였다. 참여정부는 지방분권과 지역균형발전을 정책기조로 내세웠다. 이에 따라 지방자치단체의 지역사회복지계획 수립과 지역사회복지협의체의 설치, 지역주민들의 사회복지서비스 신청권을 인정하는 내용의 「사회복지사업법」의 일부개정을 추진하였다(2003년). 또한 낙후된 농어촌과 그 주민들을 위하여 「농어촌주민의보건복지증진을위한특별법」을 제정하여 실시하였다. 이렇게 참여정부는 지역을 매우 강조한 정부였다. 2004년에는 보육정책 업무를 여성부로 이관하기 위하여 「영유아보육법」을 개정하였다.

당시에 4대 사회보험의 통합이 중요한 쟁점이었는데, 많은 반발이 있었다. 이에 통합은 보류하고 2003년 12월에 노동부가 관장하는 고용보험과 산업재해보상보험의 보험료 징수업무를 통합하는 「고용보험 및 산업재해보상보험의 보험료징수 등에 관한 법률」을 제정하여 2005년부터 시행하였다.

참여정부에서는 「국민기초생활 보장법」상 부양의무자의 범위와 최저생계비 조건 등이 논란이 되어 계속적인 법 개정이 이루어졌고, 외국인 적용특례(2005년 개정), 자활지원 및 중앙자활지원센터 도입(2006년 개정) 등이 이루어졌다. 또한 참여

정부는 「국민기초생활 보장법」의 획기적인 변화를 도모하지는 않고 기존의 법으로 보호할 수 없어 일시적으로 제한적이나마 보호를 제공할 수 있는 「긴급복지지원법」을 5년 한시법으로 제정하였다(2005년).

또한 제도 시작 때부터 불합리하게 설계된 국민연금의 문제가 심각한 것으로 예측되었기 때문에 정치적 인기가 하락하는 위험을 무릅쓰고 이를 시정하기 위한 연금개혁에 나섰다. 이에 2007년 「국민연금법」을 전부개정하여 연금보험료 부과기준 변경, 기본연금액을 하향 조정하고 군복무와 출산 크레딧을 도입하는 등 연금 개혁을 추진하였다. 이에 따라 연금에 가입하지 못한 노인들을 위한 「기초노령연금법」을 제정하였다.

2008년에 출범한 이명박 정부에서는 「다문화가족지원법」을 제정하였고(2008년), 한시법이던 「긴급복지지원법」을 개정하여 일반법률로 전환하였다(2009년).

2012년 1월 당시 박근혜 의원 주도로 「사회보장기본법」이 전부개정되어 사회서비스보장과 평생사회안전망 개념이 도입되었다. 그리고 2013년 박근혜 정부에 들어와 「사회보장기본법」의 시행을 위해 「사회복지사업법」의 일부 내용과 합쳐서 「사회보장급여의 이용 · 제공 및 수급권자 발굴에 관한 법률」이 제정되었으며(2014년 12월), 이는 맞춤형 복지체제의 근거법률이 되었다. 또한 발달장애인에 대한 의제가 부각되면서 「발달장애인 권리보장 및 지원에 관한 법률」이 2014년 5월에 제정되어 2015년 11월부터 시행되었다.

민주적인 정권교체가 이루어지고 국민의 정부와 참여정부로 이어지는 소위 민주정부가 연속 집권하면서 사회복지 입법과 예산이 확대된 시기였다. 특히 '생산적 복지'에서 '참여복지'로 이어진 복지체제(welfare regime)는 보수정권인 이명박 정부와 박근혜 정부에서도 '능동적 복지'와 '맞춤형 복지'로 이어졌고, 문재인 정부의 '포용적 복지'까지 이어져 왔다. 문재인 정부에서는 사회서비스의 공공성 확립을 위하여 2021년 9월에 「사회서비스 지원 및 사회서비스원 설립 · 운영에 관한 법률」을 제정하여 2022년 3월부터 시행하였다. 사회서비스원은 아직 굳건하게 자리 잡지 못한 채 개념과 체계상 논란 중에 있다.

제7장

사회복지조례

　지방자치법으로서 조례와 규칙은 지방자치와 지방분권이 실시되는 시대에 해당 지방자치단체와 지역주민을 규율하는 매우 중요한 규범적 장치가 된다.

☞　헌법 이하 법률, 시행령, 시행규칙 등이 중앙정부가 제정하는 법규범이라면, 조례와 규칙은 지방자치단체가 정하는 법규범이다. 조례가 중앙정부의 법률에 해당된다면, 규칙은 시행령 및 시행규칙, 즉 명령에 해당되는 것이다(윤찬영, 2017: 177-178).

☞　우리나라의 지방자치는 1948년 제헌헌법의 지방자치에 대한 규정에 근거하여 1949년에 「지방자치법」이 제정되면서 1952년에 최초의 지방의회가 구성되었다. 그러다가 1961년 5 · 16 군사 쿠데타에 의해 지방자치제도가 중단되었고, 1987년 8차 개정헌법에 따라 1988년 「지방자치법」이 전부개정된 후 1991년 30년 만에 기초자치단체와 광역자치단체에 지방의회가 재구성되었다. 그리고 1995년에는 지방자치단

체장까지 선출되어 본격적인 지방자치시대를 열게 되면서 조례 및 규칙, 특히 조례의 제정과 개정은 매우 중요한 의미를 갖는다(김광병, 2012: 2; 윤찬영, 2017: 177).

2022년 1월 13일에 전부개정된 「지방자치법」의 시행과 2021년 10월 19일에 제정되어 2022년 1월 13일부터 시행된 「주민조례발안에 관한 법률」에 의거하여 선거권을 가진 18세 이상의 주민이 일정 비율의 선거권을 가진 지역주민의 서명을 받아 지방의회에 조례를 제정, 개정, 폐지를 직접 청구할 수 있는 주민조례청구권이 시행되면서 주민의 조례에 대한 직접 활용도 높아졌다.

따라서 지역사회복지 발전을 위한 전략적 측면에서 사회복지조례의 제정과 개정은 매우 중요한 장치가 되었으므로 사회복지조례에 대한 이해는 매우 중요하다.

1. 지방자치와 사무 그리고 조례

우리나라는 1991년에 지방자치가 부활하면서 '지방자치'라는 용어를 먼저 사용하다가 2004년에 '지방분권특별법'을 제정하면서 '지방분권'이라는 용어를 후에 사용하게 되었다. 지방자치는 지방자치단체가 국가로부터 독립되어 일정한 지역적 사무를 주민의 의사에 따라 자주적으로 처리하는 제도를 말하며, 지방분권은 국가 및 지방자치단체의 권한과 책임을 합리적으로 배분함으로써 국가 및 지방자치단체의 기능이 서로 조화를 이루도록 하고, 지방자치단체의 정책 결정 및 집행 과정에 주민의 직접적 참여를 확대하는 것을 말한다(김광병, 2019: 170-171).

따라서 순서상으로 국가와 지방자치단체 간의 사무 배분을 통하여 지방자치단체가 가지게 되는 사무를 설정한 지방분권이 이루어진 후 지방에 분권화된 그 사무를 자주적으로 처리하는 방식으로 지방자치가 이루어지게 된다(김광병, 2019: 171).

국가로부터 지방자치단체로 권한과 책임이 배분되는 분권화 방식에 따른 사무는 세 가지 차원에서 구분될 수 있다(김광병, 2018b: 212-213; 김광병, 2019: 171-172).

첫째, 가장 강력한 분권화된 형태인 지방자치단체의 고유사무라고 할 수 있는 자치사무가 있다. 자치사무는 국가가 지방자치단체에 위임한 권한 및 책임과는 무관하게 지방자치단체의 존립과 관련된 일반적인 사무를 가리키는 것으로, 이 사무는 법령에 명시되어 있지 않지만 법령에 반하지 않으면 지방자치단체의 필요에 따라 자발적으로 조례를 통해 정하는 사무이다.

둘째, 국가가 지방자치단체에 권한과 책임을 위임한 단체위임사무가 있다. 국가가 지방자치단체에게 그 사무를 위임하는 사무로서 법령에서 위임한 사무이다. 특정 사무가 시·도지사나 시장·군수·구청장이 실시한다고 규정한 경우로, 입법자가 법령을 통해 특정 사무를 지방자치단체의 사무라고 정한 사무이다. 이때 사무의 주체는 기본적으로 국가이지만 일단 위임되면 해당 사무는 지방자치단체의 사무가 되며, 조례 제정을 통해 처리된다. 그러나 어느 정도 국가의 통제를 받는다는 측면에서 고유사무와는 차이가 있고, 주로 국가적인 이해관계와 지방적인 이해관계를 동시에 지니는 사무들이 여기에 해당된다.

셋째, 국가의 사무를 지방자치단체의 장에게 집행하도록 하는 법령에서 위임한 기관위임사무가 있다. 기관위임사무의 경우에는 지방보다 국가적인 이해관계가 크게 관여되는 사무로서 중앙행정기관의 장이 실시해야 하나, 전국적으로 통일적인 처리가 요구되는 사무로서 지방자치단체장이 실행하는 것이 효율적이고 합리적일 때 위임되는 사무이다. 그러나 권한은 위임자인 국가에 있고 그것의 실행을 지방자치단체장에게 의뢰하는 사무이기에 지방의회는 기관위임사무에 관여할 수 없어 조례 제정의 대상이 아니다.

이상의 세 가지 분권화 중 조례 제정이 가능한 부분이 자치사무와 단체위임사무이며, 기관위임사무는 조례 제정권 밖의 사무로 볼 수 있으며(윤찬영, 2017: 182), 지방자치 정신을 가장 잘 살릴 수 있는 것은 지방자치단체의 고유사무인 자치사무로 이것은 지역의 특성과 주민의 의사를 반영하여 지방자치단체 스스로가 자주적으로 처리할 수 있게 된다(김광병, 2019: 172).

2. 조례의 개념과 일반적인 사항

지방자치단체가 갖는 3대 지방자치권으로는 자치입법권, 자치행정권, 자치재정권이 있다(윤찬영, 2017: 177). 자치입법권은 지방자치단체가 법령의 범위 안에서 자치에 관한 규정을 제정하는 권한을 말하고, 자치행정권은 지방자치단체가 자기의 사무를 중앙정부의 간섭을 받지 아니하고 스스로 처리하는 권한을 말하며, 자치재정권은 지방자치단체가 그 기능을 수행하는 데 필요한 경비를 충당하기 위해 재원을 조달하고 지출을 관리하는 권한을 말한다.

자치입법으로는 지방의회의 의결로 제정하는 조례(「지방자치법」 제32조)와 지방자치단체장이 법령과 조례의 범위 안에서 정하는 규칙(「지방자치법」 제29조)이 있다(윤찬영, 2017: 178). 조례는 바로 지방자치단체가 가지는 자치입법권으로서 「헌법」 제117조 제1항에 의해 지방자치단체가 그 권한에 속하는 사무에 관하여 지방의회의 의결을 거쳐 제정하는 지방자치법이다.

 조례의 내용 구성은 기본적으로 본문, 부칙, 별표ㆍ서식 등으로 구성되어 있다. 조례의 본문은 장, 조, 항, 호, 목으로 구성되어 있지만, 대부분의 조례 내용이 적으므로 장이 없는 조례가 대부분이다.

3. 사회복지조례의 의의와 기능

사회복지조례란 지방자치단체의 사회복지사무에 관하여 지방의회의 의결을 통해 제정하는 사회복지에 관한 지방자치법이라고 할 수 있다(김광병, 2013: 10). 그러므로 사회복지조례는 해당 지역의 고유한 특성과 지역주민들의 욕구를 반영한 지역의 사회복지 규범이라 할 수 있고, 이러한 사회복지조례는 공식적이고 합법성이 부여되어 공식적인 권위를 갖는 정책으로 입법화된 정책이라 할 수 있다(김광병, 김현, 2021: 40).

이러한 사회복지조례는 다음과 같은 지역사회복지의 제도적 보장으로서의 의의를 가진다(김광병, 2019: 11-12; 김광병, 김현, 2020: 3-4).

첫째, 현대사회에서 사회복지는 과거와 달리 제도로서 존재하고 국민의 권리로서 받아들여지고 있다는 점에서 법적 장치가 마련될 필요가 있다. 그럴 때 비로소 공식적인 사회복지제도가 되는 것이다. 이러한 맥락에 따라 지역사회복지가 보장되고 실현되기 위한 거시적 차원, 즉 법적인 측면에서 접근할 필요가 있다. 그리고 지역적 특성까지를 고려하기 위해서는 지방자치법인 사회복지조례 제정과 관련한 측면을 반드시 살펴볼 필요가 있다.

둘째, 지역사회복지는 일반적이고 보편적으로 적용되는 수준이 아닌 해당 지역에서만 발생되는 특수한 복지 문제에 대하여 그 해결책을 모색하는 관점으로 이해할 수 있다. 따라서 지역사회복지의 실현이라는 것은 해당 지역의 특수한 복지와 관련된 문제를 찾아 그것의 해결을 모색하고 사회복지조례로 제정하여 조례에 근거한 접근을 통하여 목표 달성, 즉 해결까지의 전 과정이어야 하는 것이다. 이처럼 사회복지조례는 지역사회복지 실현의 출발이자 과정이며 결과라고 할 수 있다.

셋째, 사회복지조례는 지역적 특성과 지역주민의 의사를 최대한 반영할 수 있는 직접적인 근거리 복지를 실천할 수 있다. 사회복지조례는 해당 지역의 지역사회문제를 비롯한 지역사회의 위험과 욕구를 구체적이고 능동적으로 해결할 수 있어 실질적인 지역사회복지를 실현할 수 있게 하며, 지방자치단체로 하여금 지역사회복지를 증진시킬 수 있는 권한과 책임을 부여토록 한다. 또한 지역주민과 지방자치단체 사이에 지역사회복지에 관한 권리·의무 관계를 형성시켜 준다. 나아가 인간다운 생활보장 및 그 상향 조정 그리고 지역 특성에 따른 균질하면서도 다양한 생활 여건을 유지 및 향상하여 지역주민의 실질적 권익을 보장한다.

이상과 같이 지역사회복지 실현을 위해서는 반드시 사회복지조례가 필요하며, 사회복지조례 제정을 통하여 지역사회복지가 실현되도록 실질적인 내용을 규율할 필요가 있다.

조례는 규범의 적용을 받게 되는 지역주민에게 더욱 가까이 있는 자가 규범을 제정하도록 함으로써 규범 제정자와 수범자의 간격을 좁히고, 지역 특성을 고려해야 하는 입법자의 부담을 경감시켜 탄력적 규율을 가능케 한다. 다시 말해서, 일반적으로 법률이 추상성이나 보편성을 띠고 있고 시행령이나 시행규칙은 중앙정부의 판단과 사정에 따라 제정되는 것이기 때문에 지역에 거주하는 사람들의 사정을 충족시키기 어려운 점이 있는데, 조례 제정을 통해 주민의 의사를 최대한 반영하고 법규범의 구체성을 확보할 수 있게 된다(윤찬영, 2017: 178).

이상과 같이 놓고 볼 때, 사회복지조례의 기능은 다음과 같이 두 가지로 종합해 볼 수 있다(김광병, 2013: 10).

첫째, 사회복지조례는 지역법으로서 기능한다. 사회복지법령은 전국적으로 모든 국민에게 적용되는 것이 원칙이기 때문에 전국적으로 공통적이면서 획일적으로 적용하게 되어 지역적으로 구체적인 사회복지 특성이 반영되기 어렵다. 그러나 사회복지조례는 주민에 근접한 입법을 통해 지역적인 특성을 반영하고 주민의 요구를 반영할 수 있는 사회복지를 제공하게 된다.

둘째, 사회복지조례는 사회복지법령을 보완하는 기능을 한다. 사회복지법령이 국민의 일상생활 가운데에서 발생하는 욕구와 문제 그리고 위험을 모두 해결할 수 없고 새롭게 발생하는 문제 등에 대하여 즉각 대응할 수 없다는 한계를 지니고 있다. 이러한 사회복지법령의 사각지대를 보완하여 사회복지조례는 순발력 있는 현실적합성을 보일 수 있으므로 국가의 입법부담을 줄여 줄 수 있다.

4. 사회복지조례의 효력과 제정 범위

조례는 지방자치법으로서 해당 지방자치단체 안에서만 효력을 갖는데, 이것이 조례가 갖는 공간적 효력의 범위이다. 동시에 조례가 전체적 국법질서와 모순이 되거나 위배되어서는 안 된다. 그러므로 형식적 의미에서 조례는 수직적 법단계의 질서에 따라 법률과 명령보다 하위규범에 위치하며, 따라서 이를 위반하는 조례는 무효가 된다(윤찬영, 2017: 180).

일반적으로 조례는 「헌법」 제117조 제1항과 「지방자치법」 제28조 제1항에 따라 법령의 범위 안에서 그 사무에 관하여 조례를 제정할 수 있다(김광병, 2012: 22-24; 김광병, 2019: 176; 김광병, 김현, 2020: 7; 윤찬영, 2017: 180-183).

첫째, 법령이란 헌법, 법률 및 시행령과 시행규칙까지 포함한다. 따라서 '법령의 범위'에 대한 해석은 두 가지로 가능하다. 하나는 법령에서 조례로 제정하도록 명시한 위임된 조례를 제정할 수 있다는 것과 다른 하나는 법령에서 위임하고 있지 않더라도 법령에 위반되지 않는다면 조례를 제정할 수 있다는 것이다. 전자를 위임조례 또는 필수조례, 후자를 자치조례라고 명명할 수 있다. 다만, 「지방자치법」 제28조 제1항에 따라 주민의 권리 제한 또는 의무 부과에 관한 사항이나 벌칙을 정할 때에는 법률의 위임이 있을 때만 가능하다는 법률유보의 원칙이 적용되고 있다.

사회복지조례 역시 사회복지법령의 범위 안에서 제정할 수 있다. 사회복지법령에서 위임한 위임조례와 사회복지법령에서 위임은 되지 아니했을지라도 위반하지 않는 자치조례 두 가지 모두를 제정할 수 있다.

사회복지법령은 「헌법」 제117조 제1항의 주민의 복리에 관한 사항, 사회복지 관련 법률과 그 시행령 및 시행규칙을 말한다. 여기서 사회복지법령은 기본적으로 사회복지사업법령과 「사회복지사업법」 제2조 제1호에 명시된 31개의 법률과 그 시행령 및 시행규칙을 들 수 있다. 그리고 31개의 사회복지사업법률에는 포함되어 있지 않지만 5대 사회보험법령 등 사회복지 관련 법령이 포함될 수 있다. 또한 「지방자치법」 제13조 제2항 제2호 및 「지방자치법 시행령」 제10조 제1항의 별표 1의 주민의 복지 증진에 관한 사무와 관련된 내용 등을 포함할 수 있다.

자치조례는 국가의 전권에 속하지 아니하는 사무에 관하여 일방적으로 재량에 의하여 조례로서 정할 수 있는 경우인데, 모법이 없거나 법령에 규율하고 있지 아니한 이른바 국법상 공백 상태에 있는 사항이라 하더라도 지방자치단체는 「헌법」 제117조 제1항에서 규정한 주민의 복리에 관한 사무를 처리한다는 헌법정신에 입각하여 지역성을 갖는 조례를 제정할 수 있다. 이것은 조례 제정권의 헌법적 보장이라고 할 수 있다.

 법령의 범위에 대한 판례의 입장도 조례제정권의 범위를 넓게 해석하는 입장이다. 우선 헌법재판소 판례(2012헌바97; 2002헌바76; 92헌마264)는 조례의 제정권자인 지방의회는 선거를 통해서 그 지역적인 민주적 정당성을 지니고 있는 주민의 대표기관이고 헌법이 지방자치단체에 포괄적인 자치권을 보장하고 있는 취지로 볼 때, 조례에 대한 법률의 위임은 법규명령에 대한 법률의 위임과 같이 반드시 구체적으로 범위를 정할 필요가 없으며, 포괄적인 것으로 법령의 범위 안에서라는 조례제정권의 범위와 한계를 넓게 해석하고 있다. 또한 대법원 판례(대판96추25; 대판93추83)는 기본적으로 기본권 제한적 조례에 대해서는 매우 강한 법률유보의 원칙을 적용하면서도 주민의 권리제한, 의무부과, 벌칙을 정하는 것이 아닌 주민에게 권리를 부여하거나 급부를 제공하는 수익적 조치의 경우에는 법령의 위임 없이도 조례를 제정할 수 있다고 보고 있다.

주민의 권리 제한 및 의무 부과와 같은 기본권을 제한하는 침익적 행정처분에 대한 것은 반드시 법률유보의 원칙을 준용해야 하지만, 법령보다 유리한 수익적 조치나 사회복지급여를 제공하는 조치로서 국가의 책임에 관한 부분을 지방자치단체가 좀 더 구체적이고 실질적인 책임을 이행하게 하는 것에 대해서는 조례로 정할 수 있다.

둘째, 사무란 「지방자치법」 제13조 제1항에서 규정한 자치사무와 법령에 따라 지방자치단체에 속하는 사무, 즉 단체위임사무를 말한다. 자치사무는 지방자치단체의 존립 목적을 달성하기 위한 본래적 사무로서 「헌법」 제117조 제1항에서 규정한 주민의 복리에 관한 헌법정신이 담겨진 사무를 비롯하여「지방자치법」제13조 제2항 및「지방자치법 시행령」제10조 제1항의 별표 1에서 예시한 사무를 말한다. 단체위임 사무는 개별 법령에 의해 지방자치단체의 조례로 정하도록 위임된 사무를 말한다.

따라서 사회복지조례로 제정할 수 있는 사무는 사회복지법령에서 지방자치단체에 위임한 사무와「지방자치법」제13조 제2항 제2호 및「지방자치법 시행령」제10조 제1항의 별표 1에서 예시한 주민의 복지증진에 관한 사무,「헌법」제117조 제1항의 주민의 복리에 관한 헌법정신을 담은 사무 그리고 사회복지법령에 위임되지는 않았지만 내용에 위반되지 않는 사회복지 자치사무를 제정할 수 있다.

1) 지방자치법령상의 사회복지사무

「지방자치법」제13조 제2항에 예시되어 있는 지방자치단체의 사무는 크게 7가지로 제시되고 있다.

1. 지방자치단체의 구역, 조직, 행정관리 등
2. 주민의 복지증진
3. 농림 · 수산 · 상공업 등 산업 진흥
4. 지역개발과 자연환경보전 및 생활환경시설의 설치 · 관리
5. 교육 · 체육 · 문화 · 예술의 진흥
6. 지역민방위 및 지방소방
7. 국제교류 및 협력

사회복지사무와 관련해서는 제13조 제2항 제2호 '주민의 복지증진'에 관한 사무가 관련되어 있고, 주민의 복지증진에는 다음과 같이 10가지를 제시하고 있다.

가. 주민복지에 관한 사업
나. 사회복지시설의 설치 · 운영 및 관리

다. 생활이 어려운 사람의 보호 및 지원

라. 노인 · 아동 · 장애인 · 청소년 및 여성의 보호와 복지증진

마. 공공보건의료기관의 설립 · 운영

바. 감염병과 그 밖의 질병의 예방과 방역

사. 묘지 · 화장장(火葬場) 및 봉안당의 운영 · 관리

아. 공중접객업소의 위생을 개선하기 위한 지도

자. 청소, 생활폐기물의 수거 및 처리

차. 지방공기업의 설치 및 운영

이에 「지방자치법 시행령」 제10조 제1항 별표 1에서 '주민의 복지증진에 관한 사무'를 〈표 7-1〉과 같이 12가지로 구분하여 시 · 도 사무와 시 · 군 · 자치구 사무로 구분하여 구체적으로 예시하고 있다.

표 7-1 「지방자치법 시행령」 제10조 제1항 별표 1 '주민의 복지증진에 관한 사무'

구분	시 · 도 사무	시 · 군 · 자치구 사무
2. 주민의 복지증진에 관한 사무		
가. 주민복지에 관한 사업	1) 주민복지증진 및 주민보건 향상을 위한 종합계획 수립 및 지원 2) 시 · 군 · 자치구에 공통되는 복지업무의 연계 · 조정 · 지도 및 조언	1) 주민복지증진사업계획의 수립 · 시행 2) 시 · 군 · 자치구 단위 주민복지시설의 운영 · 지원 3) 주민복지 상담 4) 환경위생 증진 등 주민보건 향상을 위한 사업 실시
나. 사회복지시설의 설치 · 운영 및 관리	1) 사회복지시설의 수요 판단과 지역별 배치 등 기본계획의 수립 2) 사회복지시설의 설치 · 운영 3) 사회복지법인의 지도 · 감독 및 지원 4) 사회복지시설 수혜자에게 비용 수납 및 승인	1) 사회복지시설의 설치 · 운영 2) 사회복지시설 수혜자에게 비용 수납 3) 사회복지법인에 대한 보조 및 지도 4) 사회복지법인 등의 시설 설치 허가와 그 시설의 운영 지도

다. 생활이 어려운 사람의 보호 및 지원	1) 생활보호 실시에 따른 이의신청 심사 2) 생활보호비용의 일정액 지원 3) 시·군·자치구에 대한 생활보호보조금 지급 4) 생활보호기금의 적립 및 운용관리 5) 의료보호진료 지구의 설정 6) 의료보호시설의 지정 7) 의료보호기금의 설치·운용	1) 생활보호대상자 조사·선정 2) 생활보호대상자의 보호·관리 3) 생활보호의 실시(생업자금대여, 직업훈련, 공공근로사업, 수업료 지급, 장례보조비 지급 등) 4) 생활보호비용의 일정액 지원 5) 생활보호대상자의 부양의무자에게 보호비용 징수 6) 생활보호기금의 적립 및 운용관리 7) 생활보호의 변경과 중지 8) 의료보호대상자 관리와 의료보호의 실시(진료증 발급 등) 9) 의료보호기금의 설치·운용
라. 노인·아동·장애인·청소년 및 여성의 보호와 복지증진	1) 노인복지사업계획 수립·조정 2) 경로사업의 실시·지원 3) 노인복지시설의 설치·운영 및 지원 4) 아동복지사업 종합계획 수립·조정 5) 아동상담소의 설치·운영 6) 아동전용시설의 운영 7) 아동보호조치 8) 아동복지시설의 운영·지원 9) 아동복지단체의 지도·육성 10) 장애인복지사업 종합계획 수립·조정 11) 장애인의 검진, 재활상담과 시설에의 입소 12) 장애인의 고용 촉진 13) 장애인 편의시설의 설치 지도·권고 14) 장애인복지시설 운영·지원 15) 청소년사업 종합계획 수립·조정 16) 청소년시설의 설치·운영 17) 시·도 단위 지방청소년육성위원회 운영 18) 청소년육성 기본계획의 연도별 시행계획의 수립·시행	1) 노인복지사업계획 수립·시행 2) 노인복지사업의 시행 3) 경로행사 등 경로사업의 실시·지원 4) 노인복지시설의 설치·운영 및 지원 5) 아동복지사업계획 수립·시행 6) 아동상담소의 설치·운영 7) 아동전용시설의 운용 8) 아동보호조치 9) 아동복지시설의 운영·지원 10) 아동복지단체의 지도·육성 11) 보호시설에 있는 고아의 후견인 지정 12) 장애인복지에 관한 계획 수립 및 시행 13) 장애인의 파악·관리 14) 장애인의 검진, 재활상담과 시설에의 입소 15) 장애인의 고용 촉진 16) 장애인 편의시설의 설치 지도 17) 장애인복지시설 운영·지원 18) 청소년사업계획 수립·시행 19) 청소년보호 조치 20) 청소년복지 지원 21) 청소년시설의 설치·운영

	19) 청소년의 달 행사 추진 20) 청소년단체 육성·지원 21) 공공청소년 수련시설 설치·운영 22) 청소년복지 지원 23) 양성평등 기본계획의 연도별 시행계획 수립·시행 24) 모자보건사업계획의 수립·조정 25) 여성단체 육성·지원 26) 여성복지시설의 운영·지원 27) 성매매피해자 등의 선도 및 직업교육·지원	22) 시·군·자치구 단위 지방청소년육성위원회 운영 23) 청소년지도위원 위촉 24) 청소년의 달 행사 추진 25) 양성평등에 관한 계획 수립·시행 26) 모자보건사업의 세부계획 수립·시행 27) 모자보건기구의 설치·운영 28) 모자보건대상자의 선정(수첩의 발급 등) 29) 임산부 및 영유아의 건강관리 30) 여성교실 운영 및 여성 교육 31) 여성단체 육성·지원 32) 여성복지시설의 운영·지원 33) 성매매피해자 등의 선도 및 직업교육·지원
마. 주민건강증진사업	1) 주민건강의 증진에 관한 계획 수립 2) 건강생활실천협의회 구성·운영 3) 보건교육 지도·감독 4) 영양개선업무 지도·감독 5) 구강건강사업계획 수립	1) 주민건강증진업무 세부 계획 수립 2) 주민건강실천운동 지원 3) 건강생활실천협의회 구성·운영 4) 보건교육의 실시 및 지도·감독 5) 영양개선업무 수행 및 조사 6) 구강건강사업의 수행
바. 공공보건의료기관의 설립·운영	1) 시·군·자치구 보건소 설치·운영비의 지원 2) 보건환경연구원의 설치 3) 시·도의료원의 설치·운영 4) 공중보건의사의 배치·지도 5) 보건진료소 설치·운영비의 지원	1) 보건소 및 지소의 설치·운영 2) 무의촌(無醫村) 및 오지 주민에 대한 순회진료 3) 보건진료소의 설치·운영
사. 전염병 및 그 밖의 질병의 예방과 방역	1) 전염병 예방을 위한 종합대책의 수립 및 주민 홍보 2) 전염병 예방시설 설치 3) 전염병 예방·방역과 그에 따른 비용 지원 4) 전염병 진료를 위한 대용기관의 지정과 기관에 대한 경비 보조 5) 그 밖의 질병의 예방과 방역	1) 전염병 예방을 위한 주민 홍보·교육 2) 전염병 예방접종 실시 3) 전염병 예방대용시설 지정 및 운영 4) 전염병의 예방조치와 소독의 실시 5) 전염병환자의 격리수용 및 진료조치 6) 그 밖의 질병의 예방과 방역

아. 묘지·화장장 및 봉안당의 운영·관리	1) 공설묘지·공설화장장 및 공설봉안당의 설치·운영(도의 경우는 제외한다) 2) 재단법인이 설치하는 묘지·화장장 및 봉안당의 허가 3) 재단법인이 설치한 묘지·화장장 및 봉안당의 구역 및 시설변경과 폐지허가 4) 재단법인이 설치한 묘지·화장장·봉안당의 이전명령, 시설개수 또는 허가취소 5) 분묘의 일제신고 6) 시체운반업 허가	1) 공설묘지·공설화장장 및 공설봉안당의 설치·운영(자치구의 경우는 제외한다) 2) 매장·화장 및 개장신고와 묘적부(墓籍簿) 관리 3) 종중·문중 또는 자연인이 설치하는 묘지·화장장 및 봉안당의 허가 4) 종중·문중 또는 자연인이 설치한 묘지·화장장·봉안당의 구역 및 시설변경과 폐지허가 5) 종중·문중 또는 자연인이 설치한 묘지 등의 이전명령, 시설개수 또는 허가취소 6) 무연분묘(無緣墳墓)의 정리 7) 분묘의 개장명령 8) 무연분묘의 개장허가
자. 공중접객업소의 위생 개선을 위한 지도	공중접객업소의 위생 개선을 위한 종합계획 수립	1) 공중접객업소의 위생개선을 위한 종합지도계획 수립·시행 2) 식품접객업소 시설의 설치 지도 3) 식품접객업소의 위생등급 지정 4) 식품접객업소에 대한 현장검사·수거 등 5) 식품접객영업소의 영업 허가 및 취소 6) 위생접객업소의 등급 설정 7) 위생접객업 등의 허가 및 신고수리 8) 위생접객업 등의 휴업·폐업 신고수리 9) 위생접객업자 등에 대한 공중위생 지도·명령 10) 위생접객시설의 개선명령 11) 위생접객업 허가의 취소 등 제재처분 12) 공중이용시설 소유자 등의 신고수리 13) 공중이용시설 관리상태의 검사 및 시정지시

차. 청소, 생활 폐기물의 수거 및 처리	1) 폐기물 처리 기본계획 수립 2) 생활폐기물(분뇨, 쓰레기 등) 처리시설의 설치·운영(도의 경우는 제외한다) 3) 생활폐기물 처리업의 허가와 지도·감독(일반폐기물 수집·운반업은 제외한다) 4) 광역 생활폐기물 처리시설의 설치·운영 5) 분뇨처리시설, 오수처리시설, 단독정화조 또는 축산폐수 처리시설의 설계 시공업의 등록 및 지도·감독 6) 생활폐기물 처리사업자가 받아야 하는 일반폐기물의 처리수수료 요율 결정 7) 생활폐기물의 처리수수료 요율 결정(도의 경우는 제외한다)	1) 생활폐기물 처리 기본계획 수립 2) 생활폐기물(분뇨, 쓰레기 등) 처리시설의 설치·운영(자치구의 경우는 제외한다) 3) 생활폐기물 처리업의 허가와 지도·감독(일반폐기물 수집·운반업만 해당한다) 4) 생활폐기물의 적정관리 조치 5) 생활폐기물 무단투기에 대한 지도 6) 생활폐기물 처리수수료의 요율 결정 7) 생활폐기물 다량배출자의 신고수리 및 관리 8) 생활폐기물 재활용신고의 수리 및 관리 9) 폐기물 처리에 관한 보고·검사 등 조치명령 10) 특별청소지역의 지정 및 조정 11) 특별청소지역 내의 일반폐기물 수집·처리 12) 특별청소지역 내의 분뇨사용 제한 13) 분뇨·쓰레기 처리시설에 대한 개선명령 등 14) 오수처리시설, 단독정화조 또는 축산폐수 처리시설의 설치 신고 수리 및 관리 15) 대청소 실시계획의 수립·시행 16) 공중화장실, 공중용 쓰레기용기 및 쓰레기 적환장(積換場: 매립장에 가기 전에 임시로 모아 두는 곳)의 설치·유지 관리
카. 지방공기업의 설치 및 운영	1) 지방공기업사업 운영계획 수립·시행 2) 지방공기업자산의 취득 관리·처분 3) 지방공기업 특별회계의 설치 4) 지방공기업 관련 지방채의 발행 5) 시·군·자치구 지방공기업에 대한 경영지도·조언 6) 지방공사의 설립·운영 7) 지방공단의 설립·운영	1) 지방공기업사업 운영계획 수립·시행 2) 지방공기업자산의 취득 관리·처분 3) 지방공기업 특별회계의 설치 4) 지방공기업 관련 지방채의 발행
타. 읍·면·동 사무소의 주민자치센터 설치·운영	읍·면·동사무소의 주민자치센터 설치·운영 지원	읍·면·동사무소의 주민자치센터 설치·운영

여기에서 사회복지의 개념을 보건 및 공기업까지 포함하여 매우 넓게 설정하는데 주된 것은 '가'에서 '라'까지, 즉 '가. 주민복지에 관한 사업' '나. 사회복지시설의 설치·운영 및 관리' '다. 생활이 어려운 사람의 보호 및 지원' '라. 노인·아동·장애인·청소년 및 여성의 보호와 복지증진' 이상의 4가지가 사회복지서비스에 관한 것이다. 게다가 이것은 열거식 규정이 아니라 예시적 규정임을 분명히 하고 있기 때문에 사회복지 관련 사무에 관한 한 지방자치단체에게 많은 선택의 범위를 제공하는 것이다. 따라서 지방자치단체는 법령에 위반되지 않는 한 사회복지에 관한 조례를 폭넓게 제정할 수 있다고 볼 수 있다(윤찬영, 2017: 190).

2) 사회복지법령상의 사회복지사무

사회복지법령으로는 기본적으로 「사회복지사업법」과 그 시행령 및 시행규칙, 「사회복지사업법」 제2조 제1호에 명시된 31개 법률과 그 시행령 및 시행규칙을 들 수 있다. 그리고 31개의 사회복지사업법률에는 포함되어 있지 않지만 5대 사회보험법 및 그 시행령 및 시행규칙 등이라고 할 수 있으며, 이를 중심으로 법령에 규정된 사회복지조례의 내용은 〈표 7-2〉와 같고, 이 규정들은 사회복지 위임조례 또는 필수 조례로 표현될 수 있다.

표 7-2 사회복지법령상 조례로 규정토록 명시한 사회복지사무(2022. 10. 기준)

법령명	지방자치단체(시·도 및 시·군·구) 조례 규정사항
「사회복지사업법」	제51조(지도·감독 등) ② 시·도지사 또는 시장·군수·구청장은 사회복지법인과 사회복지시설에 대하여 지방의회의 추천을 받아 「공인회계사법」 제7조에 따라 등록한 공인회계사 또는 「주식회사 등의 외부감사에 관한 법률」 제2조 제7호에 따른 감사인을 선임하여 회계감사를 실시할 수 있다. 이 경우 공인회계사 또는 감사인의 추천, 회계감사의 대상 및 그 밖에 필요한 사항은 보건복지부령으로 정하는 기준에 따라 지방자치단체의 조례로 정한다.

「사회보장급여의 이용ㆍ제공 및 수급권자 발굴에 관한 법률」	제40조(시ㆍ도사회보장위원회) ⑥ 시ㆍ도사회보장위원회의 조직ㆍ운영에 필요한 사항은 보건복지부령으로 정하는 바에 따라 해당 시ㆍ도의 조례로 정한다. 제41조(지역사회보장협의체) ⑥ 제1항부터 제5항까지에 규정된 사항 외에 지역사회보장협의체 및 실무협의체의 조직ㆍ운영에 필요한 사항은 보건복지부령으로 정하는 바에 따라 해당 시ㆍ군ㆍ구의 조례(「제주특별자치도 설치 및 국제자유도시 조성을 위한 특별법」 제10조 제2항에 따른 행정시의 경우에는 특별자치도의 조례를 말한다. 이하 같다)로 정한다. ⑧ 제7항에 따른 읍ㆍ면ㆍ동 단위 지역사회보장협의체의 조직ㆍ운영에 필요한 사항은 보건복지부령으로 정하는 바에 따라 해당 특별자치시 및 시ㆍ군ㆍ구의 조례로 정한다. 제42조(사회보장사무 전담기구) ③ 사회보장사무 전담기구의 사무 범위, 조직 및 운영 등에 필요한 사항은 해당 특별자치시 및 시ㆍ군ㆍ구의 조례로 정한다.
「사회보장급여의 이용ㆍ제공 및 수급권자 발굴에 관한 법률 시행령」	제23조(사회복지전담공무원의 임용) 법 제43조에 따른 사회복지전담공무원의 임용 등에 관하여는 「지방공무원 임용령」에서 정하는 바에 따른다. 다만, 사회복지전담공무원 중 별정직 공무원의 임용 등에 관하여는 해당 지방자치단체의 조례로 정하는 바에 따른다.
「사회보장급여의 이용ㆍ제공 및 수급권자 발굴에 관한 법률 시행규칙」	제4조(시ㆍ도사회보장위원회의 구성 및 운영) ⑦ 제1항부터 제6항까지에서 규정한 사항 외에 시ㆍ도사회보장위원회 운영에 관한 세부적인 사항은 시ㆍ도의 조례로 정한다. 제5조(지역사회보장협의체의 구성 및 운영) ⑦ 지역사회보장협의체의 위원장은 지역사회보장협의체의 효율적인 심의ㆍ자문을 위하여 전문위원회를 구성ㆍ운영할 수 있으며, 전문위원회 운영에 필요한 세부적인 사항은 시ㆍ군ㆍ구의 조례(「제주특별자치도 설치 및 국제자유도시 조성을 위한 특별법」 제10조 제2항에 따른 행정시의 경우에는 특별자치도의 조례를 말한다. 이하 같다)로 정한다. 제6조(지역사회보장협의체에 두는 실무협의체의 구성 및 운영) ⑤ 실무협의체의 위원장은 지역의 사회보장 관련 기관ㆍ법인ㆍ단체ㆍ시설 간 연계ㆍ협력을 강화하기 위하여 실무분과를 구성ㆍ운영할 수 있으며, 실무분과의 운영에 관한 세부적인 사항은 시ㆍ군ㆍ구의 조례로 정할 수 있다.

「국민기초생활 보장법」	제4조(급여의 기준 등) ④ 지방자치단체인 보장기관은 해당 지방자치단체의 조례로 정하는 바에 따라 이 법에 따른 급여의 범위 및 수준을 초과하여 급여를 실시할 수 있다. 이 경우 해당 보장기관은 보건복지부장관 및 소관 중앙행정기관의 장에게 알려야 한다. 제20조(생활보장위원회) ① 이 법에 따른 생활보장사업의 기획·조사·실시 등에 관한 사항을 심의·의결하기 위하여 보건복지부와 시·도 및 시·군·구(자치구를 말한다. 이하 같다)에 각각 생활보장위원회를 둔다. 다만, 시·도 및 시·군·구에 두는 생활보장위원회는 그 기능을 담당하기에 적합한 다른 위원회가 있고 그 위원회의 위원이 제4항에 규정된 자격을 갖춘 경우에는 시·도 또는 시·군·구의 조례로 정하는 바에 따라 그 위원회가 생활보장위원회의 기능을 대신할 수 있다. ④ 시·도 및 시·군·구 생활보장위원회의 위원은 시·도지사 또는 시장·군수·구청장이 다음 각 호의 어느 하나에 해당하는 사람 중에서 위촉·지명하며 위원장은 해당 시·도지사 또는 시장·군수·구청장으로 한다. 다만, 제1항 단서에 따라 다른 위원회가 생활보장위원회의 기능을 대신하는 경우 위원장은 조례로 정한다. 제43조(보장비용의 부담 구분) ⑤ 지방자치단체의 조례에 따라 이 법에 따른 급여 범위 및 수준을 초과하여 급여를 실시하는 경우 그 초과 보장비용은 해당 지방자치단체가 부담한다.
「국민기초생활 보장법 시행령」	제26조의4(기금의 용도) 8. 수급자 및 차상위자의 자활지원에 필요하여 해당 지방자치단체의 조례로 정하는 사업 제26조의5(기금의 운용·관리 등) ③ 이 영에서 정한 사항 외에 기금의 운용·관리에 필요한 사항은 해당 지방자치단체의 조례로 정한다.
「국민기초생활 보장법 시행규칙」	제30조의2(자활기관협의체의 구성 및 운영) ④ 제1항부터 제3항까지에서 규정한 사항 외에 자활기관협의체의 조직 및 운영 등에 필요한 사항은 해당 특별자치시·특별자치도·시·군·구(자치구를 말한다. 이하 같다) 조례로 정한다.

「아동복지법」	제12조(아동복지심의위원회) ② 심의위원회의 조직·구성 및 운영 등에 필요한 사항은 대통령령으로 정하는 기준에 따라 해당 지방자치단체의 조례로 정한다. 제13조(아동복지전담공무원 등) ② 전담공무원은 「사회복지사업법」 제11조에 따른 사회복지사의 자격을 가진 사람으로 하고 그 임용 등에 필요한 사항은 해당 시·도 및 시·군·구의 조례로 정한다. 제14조(아동위원) ⑤ 그 밖에 아동위원에 관한 사항은 해당 시·군·구의 조례로 정한다. 제22조(아동학대의 예방과 방지 의무) ⑤ 아동학대전담공무원은 「사회복지사업법」 제11조에 따른 사회복지사의 자격을 가진 사람으로 하고 그 임용 등에 필요한 사항은 해당 시·도 또는 시·군·구의 조례로 정한다. 제35조(건강한 심신의 보존) ⑤ 제2항 및 제4항에 따른 지원서비스의 구체적인 내용은 대통령령으로 정한다. 다만, 제2항 제3호 및 제3항에 따른 급식지원의 지원 기준·방법 및 절차 등에 필요한 사항은 대통령령으로 정하는 기준에 따라 해당 지방자치단체의 조례로 정한다. 제45조(아동보호전문기관의 설치 등) ② 지방자치단체는 학대받은 아동의 치료, 아동학대의 재발 방지 등 사례관리 및 아동학대예방을 담당하는 아동보호전문기관을 시·도 및 시·군·구에 1개소 이상 두어야 한다. 다만, 시·도지사는 관할 구역의 아동 수 및 지리적 요건을 고려하여 조례로 정하는 바에 따라 둘 이상의 시·군·구를 통합하여 하나의 아동보호전문기관을 설치·운영할 수 있다. 제48조(가정위탁지원센터의 설치 등) ② 지방자치단체는 보호대상아동에 대한 가정위탁사업을 활성화하기 위하여 시·도 및 시·군·구에 가정위탁지원센터를 둔다. 다만, 시·도지사는 조례로 정하는 바에 따라 둘 이상의 시·군·구를 통합하여 하나의 가정위탁지원센터를 설치·운영할 수 있다.

「아동복지법 시행령」	제13조(아동복지심의위원회의 구성·운영 등) ⑦ 제1항부터 제6항까지에서 규정한 사항 외에 심의위원회의 구성·운영 등에 필요한 사항은 시·도 또는 시·군·구의 조례로 정한다. 제36조(급식지원) ⑥ 제1항부터 제5항까지에서 규정한 사항 외에 급식지원의 대상 및 기준 등에 관하여 필요한 사항은 해당 지방자치단체의 조례로 정한다.
「장애인복지법」	제13조(지방장애인복지위원회) ② 제1항의 지방장애인복지위원회를 조직·운영하는 데에 필요한 사항은 대통령령으로 정하는 기준에 따라 지방자치단체의 조례로 정한다.
「한부모가족지원법」	제17조의6(미혼모 등의 건강관리 등 지원) ③ 제1항에 따른 건강관리와 제2항에 따른 의료비 지원의 기준 및 절차, 그 밖에 필요한 사항은 대통령령 또는 조례로 정한다.
「한부모가족지원법 시행규칙」	제10조의2(한부모가족복지시설의 설치기준 등) ② 법 제20조 제5항에 따라 한부모가족복지시설에 두어야 할 종사자의 직종과 수 및 자격기준은 각각 별표 3 및 별표 4와 같다. 다만, 지역 내에 별표 4에 따른 종사자의 자격기준을 충족하는 사람이 부족한 경우 등 부득이한 경우에는 특별자치시·특별자치도·시·군·구의 조례로 정하는 바에 따라 그 기준을 완화할 수 있다.
「영유아보육법」	제6조(보육정책위원회) ① 보육에 관한 각종 정책·사업·보육지도 및 어린이집 평가에 관한 사항 등을 심의하기 위하여 보건복지부에 중앙보육정책위원회를, 특별시·광역시·특별자치시·도·특별자치도(이하 "시·도"라 한다) 및 시·군·구(자치구를 말한다. 이하 같다)에 지방보육정책위원회를 둔다. 다만, 지방보육정책위원회는 그 기능을 담당하기에 적합한 다른 위원회가 있고 그 위원회의 위원이 제2항에 따른 자격을 갖춘 경우에는 시·도 또는 시·군·구의 조례로 정하는 바에 따라 그 위원회가 지방보육정책위원회의 기능을 대신할 수 있다.
「영유아보육법 시행규칙」	제24조(국공립어린이집의 운영위탁) ⑨ 어린이집의 운영 위탁에 관한 구체적인 사항은 국립어린이집의 경우 보건복지부장관이 정하고, 공립어린이집의 경우 지방자치단체의 조례로 정한다.

	제27조(부모모니터링단의 구성ㆍ운영 등) ⑦ 제1항부터 제6항까지에서 규정한 사항 외에 부모모니터링단의 구성, 운영 및 직무 수행 등에 관하여 필요한 사항은 해당 특별시ㆍ광역시ㆍ특별자치시ㆍ도ㆍ특별자치도 또는 시ㆍ군ㆍ구(자치구를 말한다)의 조례로 정한다.
「정신건강증진 및 정신질환자 복지서비스 지원에 관한 법률」	제15조(정신건강복지센터의 설치 및 운영) ⑥ 보건복지부장관은 대통령령으로 정하는 바에 따라, 시ㆍ도지사 및 시장ㆍ군수ㆍ구청장은 조례나 규칙으로 정하는 바에 따라 소관 정신건강증진사업등을 정신건강에 관한 전문성이 있는 기관ㆍ단체에 위탁하여 수행할 수 있다.
「의료급여법」	제6조(의료급여심의위원회) ① 이 법에 따른 의료급여사업의 실시에 관한 사항을 심의하기 위하여 보건복지부, 시ㆍ도 및 시ㆍ군ㆍ구에 각각 의료급여심의위원회를 둔다. 다만, 시ㆍ도 및 시ㆍ군ㆍ구에 두는 의료급여심의위원회의 경우에는 그 기능을 담당하기에 적합한 다른 위원회가 있고 그 위원회의 위원이 제4항에 규정된 자격을 갖춘 경우 시ㆍ도 또는 시ㆍ군ㆍ구의 조례로 각각 정하는 바에 따라 그 위원회로 하여금 의료급여심의위원회의 기능을 수행하게 할 수 있다. ④ 제1항에 따른 시ㆍ도 및 시ㆍ군ㆍ구 의료급여심의위원회의 위원은 특별시장ㆍ광역시장ㆍ도지사 또는 시장ㆍ군수ㆍ구청장이 다음 각 호의 어느 하나에 해당하는 사람 중에서 위촉ㆍ지명하며 위원장은 해당 특별시장ㆍ광역시장ㆍ도지사 또는 시장ㆍ군수ㆍ구청장으로 한다. 다만, 제1항 단서에 따라 다른 위원회가 의료급여심의위원회의 기능을 대신하는 경우 위원장은 조례로 정한다. 제26조(기금의 관리 및 운용) ④ 이 법에서 정한 사항 외에 기금의 관리ㆍ운용에 관하여 필요한 사항은 보건복지부령으로 정하는 바에 따라 해당 지방자치단체의 조례로 정한다.
「의료급여법 시행규칙」	제28조(기금의 관리ㆍ운용) ⑧ 시ㆍ도지사는 조례가 정하는 바에 따라 의료급여기금계정에 예비비를 계상할 수 있다. ⑨ 의료급여기금의 관리ㆍ운용에 관하여 법ㆍ영 및 이 규칙에서 정한 것 외에 필요한 사항은 지방자치단체의 조례로 정한다.

「기초연금법」	제25조(비용의 분담) ② 제1항에 따라 국가가 부담하는 비용을 뺀 비용은 특별시·광역시·특별자치시·도·특별자치도(이하 "시·도"라 한다)와 시·군·구(자치구를 말한다. 이하 같다)가 상호 분담한다. 이 경우, 그 부담비율은 노인인구 비율 및 재정여건 등을 고려하여 보건복지부장관과 협의하여 시·도의 조례 및 시·군·구의 조례로 정한다.
「긴급복지지원법」	제2조(정의) 이 법에서 "위기상황"이란 본인 또는 본인과 생계 및 주거를 같이 하고 있는 가구구성원이 다음 각 호의 어느 하나에 해당하는 사유로 인하여 생계유지 등이 어렵게 된 것을 말한다. 　8. 보건복지부령으로 정하는 기준에 따라 지방자치단체의 조례로 정한 사유가 발생한 경우 제12조(긴급지원심의위원회) ④ 시·군·구에 「국민기초생활 보장법」 제20조 제1항 본문에 따른 생활보장위원회가 있는 경우 그 위원회는 조례로 정하는 바에 따라 긴급지원심의위원회의 기능을 대신할 수 있다.
「장애인연금법 시행령」	제14조(비용의 부담 등) ② 제1항에 따라 국가가 부담한 금액을 뺀 금액에 대해서는 특별시·광역시·도·특별자치시·특별자치도 및 시·군·구가 상호 분담하되, 그 부담비율은 특별시·광역시·도의 조례로 정한다.
「장애인활동 지원에 관한 법률 시행규칙」	제46조(비용의 부담) 법 제39조 제2항에 따라 특별시·광역시·도와 특별자치시·특별자치도·시·군·구는 국가가 부담하는 금액을 제외한 금액을 부담하며, 그 분담 비율은 수급자의 수 및 재정여건 등을 고려하여 특별시·광역시·도·특별자치시·특별자치도의 조례로 정한다.
「발달장애인 권리보장 및 지원에 관한 법률 시행규칙」	제23조(발달장애인지원센터의 설치 및 운영기준 등) ④ 시·도지사가 법 제33조 제2항 후단에 따라 지역발달장애인지원센터를 시·군·구(구는 자치구를 말한다. 이하 같다)에 설치하는 경우에 그 조직과 운영에 필요한 사항은 해당 특별시·광역시·특별자치시·도·특별자치도 또는 시·군·구의 조례로 정한다.
「청소년복지 지원법」	제9조의2(통합지원체계 전담기구) ④ 제1항에 따른 통합지원체계 전담기구의 사무 범위, 조직 및 운영, 제2항에 따른 전담공무원의 임용 등에 필요한 사항은 해당 지방자치단체의 조례로 정한다.

「청소년복지 지원법 시행령」	제14조(청소년상담복지센터의 설치 등) ⑤ 제1항부터 제4항까지에서 규정한 사항 외에 청소년상담복지센터의 설치ㆍ운영에 필요한 사항은 해당 지방자치단체의 조례로 정한다.
「청소년복지 지원법 시행규칙」	제7조의3(통합지원체계 전담기구의 인력배치) ① 법 제9조의2 제2항에 따라 통합지원체계 전담기구에 배치하는 전담공무원은 다음 각 호 중 어느 하나의 자격을 갖춘 사람으로 한다. 　3. 그 밖에 지방자치단체의 조례로 정하는 바에 따라 지방자치단체의 장이 전담공무원의 자격을 갖춘 것으로 인정하는 사람 ② 법 제9조의2 제2항에 따라 통합지원체계 전담기구에 배치하는 민간 전문인력은 다음 각 호 중 어느 하나의 자격을 갖춘 사람으로 한다. 　3. 그 밖에 지방자치단체의 조례로 정하는 바에 따라 지방자치단체의 장이 청소년상담복지 관련 지식과 실무 경험을 갖춘 것으로 인정하는 사람
「건강가정기본법 시행령」	제3조(건강가정지원센터의 조직 등) ③ 제1항에 따라 지방자치단체가 설치ㆍ운영하는 건강가정지원센터의 조직과 운영에 필요한 사항은 해당 지방자치단체의 조례로 정한다.
「노인장기요양보험법」	제47조의2(장기요양요원지원센터의 설치 등) ③ 장기요양요원지원센터의 설치ㆍ운영 등에 필요한 사항은 보건복지부령으로 정하는 바에 따라 해당 지방자치단체의 조례로 정한다.
「노인장기요양보험법 시행령」	제18조의2(장기요양요원지원센터의 업무 등) ① 법 제47조의2 제2항 제4호에서 "대통령령으로 정하는 사항"이란 다음 각 호의 사항을 말한다. 　3. 그 밖에 장기요양요원의 권리 보호와 관련하여 보건복지부장관이 정하여 고시하거나 지방자치단체가 조례로 정하는 사항
「노인장기요양보험법 시행규칙」	제36조의2(장기요양요원지원센터의 설치ㆍ운영) ② 제1항에 따른 장기요양요원지원센터의 시설 및 전문인력 기준, 그 밖에 장기요양요원지원센터의 설치ㆍ운영 등에 필요한 사항은 법 제47조의2 제3항에 따라 해당 지방자치단체의 조례로 정한다. 제41조(지방자치단체 간 분담비율) 법 제58조 제3항에 따라 특별시ㆍ광역시ㆍ도와 시ㆍ군ㆍ구가 분담하는 금액은 특별시ㆍ광역시ㆍ도의 조례로 정한다.

「국민연금법」	제60조(조세와 그 밖의 공과금 면제) 이 법에 따른 급여로 지급된 금액에 대하여는 「조세특례제한법」이나 그 밖의 법률 또는 지방자치단체가 조례로 정하는 바에 따라 조세, 그 밖에 국가 또는 지방자치단체의 공과금을 감면한다.
「자원봉사활동기본법」	제3조(정의) 4. "자원봉사센터"란 자원봉사활동의 개발 · 장려 · 연계 · 협력 등의 사업을 수행하기 위하여 법령과 조례 등에 따라 설치된 기관 · 법인 · 단체 등을 말한다.
「자원봉사활동기본법 시행령」	제10조(자원봉사자에 대한 보험가입 등) ④ 지방자치단체는 제3항의 규정에 의한 보험의 가입절차 및 방법 등에 관하여는 조례로 정한다. 제14조(자원봉사센터 장의 자격요건 등) ③ 지방자치단체는 자원봉사센터 장의 선임방법 및 절차 등에 관하여는 조례로 정한다. 제15조(자원봉사센터의 조직 및 운영 등) ⑥ 지방자치단체는 자원봉사센터의 조직 및 운영 등에 관한 사항은 조례로 정한다.

이상과 같이 사회복지법령에 나타난 사회복지조례로 정해야 할 사항들은 대개 관련 위원회, 기금, 시설운영 및 위탁, 비용부담 등에 관한 사항들이 대부분이다(윤찬영, 2017: 193). 그러나 「국민기초생활 보장법」에서 조례로 정하면 법에 명시된 급여 수준 이상을 추가적으로 지급할 수 있도록 한 점은 대상자들에게 이익을 주는 수익적 조치로서 조례의 특성이 잘 표현된 것이라고 볼 수 있다. 공과금 감면, 자원봉사자 보험가입 관련 조례도 같은 맥락에서 이해할 수 있다.

5. 지역사회복지와 사회복지조례

지역사회복지는 지역주민의 복지증진과 삶의 질 향상을 위하여 지역사회 차원에서 전개하는 사회복지로서 전국적으로 적용되는 일반적이고 보편적인 수준이 아닌 해당 지역에서만 발생되는 특수한 복지 문제에 대하여 그 해결책을 모색할 때 진정한 의미의 지역사회복지라고 할 수 있다.

따라서 지역사회복지의 실현이라는 것은 해당 지역의 특수한 복지와 관련된 문제를 찾아 그것을 해결할 때 가능하게 되는데, 이를 지속적으로 유지하기 위해서는 제도적 장치가 마련되어야만 한다. 이 제도적 장치가 바로 사회복지조례라고 할 수 있고, 사회복지조례가 제정된다면 지역사회복지를 공식적으로 실천하게 할 수 있다.

특히 지역사회복지에서 지방자치단체의 역할과 책임을 강화하려면 사회복지 관련 조례의 제정과 실시가 중요하다. 특히 4년마다 지역사회보장계획을 수립하게 되어 있고, 수립된 계획이 지역사회에서 실천되려면 관련 조례를 제정해야 비로소 공식적이고 제도적으로 실현될 수 있게 된다(윤찬영, 2017: 193).

지역사회보장계획 수립을 통해 지역사회문제를 적극적으로 찾아서 지역의 특성을 반영한 지역사회복지의 내용을 수립하는 공식적 장치라면, 사회복지조례는 그 내용이 권위적으로 작동되도록 하는 제도적 장치로서 조례 제정을 통해 지역사회보장계획 수립이 공식적이고 실질적으로 정책화되어 시행되게 할 수 있어 지역사회문제를 해결하고 지역사회복지를 실현시킬 수 있다.

그러나 현실은 법령에서 조례로 정하도록 되어 있는 필수조례조차 제대로 제정되지 않는 경우들도 있고, 제정을 하였더라도 중앙정부가 제시한 표준조례안을 그대로 옮기거나 약간의 자구수정만을 해서 조례 제정을 하는 경우가 많다(윤찬영, 2017: 193).

그러므로 지역사회복지가 실현되기 위해서는 기본적으로 사회복지법령에서 위임한 필수조례를 지역적 특성을 반영하여 제정할 뿐만 아니라, 사회복지법령에는

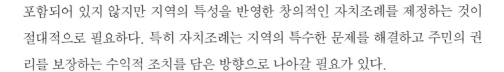

포함되어 있지 않지만 지역의 특성을 반영한 창의적인 자치조례를 제정하는 것이 절대적으로 필요하다. 특히 자치조례는 지역의 특수한 문제를 해결하고 주민의 권리를 보장하는 수익적 조치를 담은 방향으로 나아갈 필요가 있다.

6. 사회복지조례 내용 구성의 방향

사회복지조례를 통해 지역사회복지를 실현하기 위해서는 다음과 같은 방향으로 사회복지조례의 내용을 구성해야 할 것이다(김광병, 2021: 60-61).

첫째, 대상자의 권리를 명확히 규정할 필요가 있다. 사회복지조례도 사회복지법과 마찬가지로 대상자의 권리를 확보하는 것이 1차적 목적이 되어야 한다. 조례를 통해 대상자가 받을 수 있는 권리의 내용을 구체적으로 명시하고, 권리의 책임 주체인 지방자치단체장이 이 권리를 어떻게 보장할 것인지 그 책임을 명시할 필요가 있다. 그리고 그 보장이 실효성을 확보하기 위해서는 반드시 강행규정화하는 것이 필요하다. 또한 권리성을 확보하기 위해 급여 및 서비스는 신청주의와 직권주의가 모두 작동되어 대상자가 누락되지 않도록 할 필요가 있다.

둘째, 대상자를 명확히 하고 확대할 필요가 있다. 법령에서는 대상자에게 주어지는 혜택이 법령에 따라 각각 동등하게 규정되어 있는 경우가 있으므로 조례에서는 이를 반영하여 지역의 특성을 담아 우선순위 대상자를 명확히 설정할 필요가 있다. 또한 법령상의 대상자보다는 더 포괄적으로 지역의 인구학적 특성을 반영하여 대상자를 포괄할 필요가 있다.

셋째, 급여 및 서비스의 종류를 확대할 필요가 있다. 법령에서 제공되는 급여 및 서비스는 전국적으로 동일할 뿐만 아니라 국가 최소주의에 근거하여 최소한의 수준에서 제공하게 된다. 따라서 사회복지조례는 법령에서 제공되는 수준 이상이면서 지방자치단체만의 기준선을 설정하여 양과 질의 확대를 통해 주민의 복지를 증진시켜야 한다.

넷째, 재정의 책임성을 높일 필요가 있다. 사회복지조례의 성공 여부는 바로 재정에 있다. 재정이 마련되지 않는다면 유명무실해져 조례의 실효성을 확보할 수 없게 된다. 재정에 대한 내용을 포함하고 있더라도 대부분은 관성적으로 재정부담에 대해 임의규정화하고 있다. 전국적으로 유일하게 존재하는 조례와 자치조례일지라도 재정에 대해 임의규정으로 제정하는 경우가 많다. 그러나 현실적으로 조례가 제정되고 시행된다면 재정을 마련하고 실질적으로 지원하고 있으므로 강행규정화해도 부담이 없을 것이다.

다섯째, 조례가 실효성을 확보하기 위해 전달체계를 구체적으로 명시하여 필요한 조직과 일을 담당하는 전문가가 실제 실천할 수 있도록 해야 한다. 나아가 사회복지조례도 법이라는 측면에서 권리구제 절차를 마련할 필요가 있다. 이의신청 등 최소한의 절차를 규정하여 권리가 침해되었을 때 이를 되돌릴 수 있는 장치가 마련되게 하여 실효성을 높일 필요가 있다.

7. 사회복지조례와 실천

사회복지조례가 제대로 제정되고 작동하기 위해서는 다음과 같은 실천이 필요하다.

첫째, 의회 차원에서 상시 조례 연구회가 가동될 필요가 있다. 지방의회 사회복지 관련 위원회 소속 의원들이 해당 모든 사회복지조례를 파악하고 완벽하게 제정하는 것은 불가능하다. 따라서 해당 분야 사회복지 현장의 전문가, 조례 전문가 등 다양한 주체가 함께 소통하고 공부하여 조례가 효력을 발휘하도록 타당성과 실효성 체계를 갖춘 사회복지조례가 되도록 할 필요가 있다.

둘째, 사회복지조례에 대한 표절 및 모방하는 것을 지양해야 한다. 사회복지법령에서 위임한 사회복지조례에 대해서는 중앙정부가 표준조례안을 제시하는 경우가 있다. 그러나 이것을 해당 지방자치단체에서는 그대로 옮기거나 약간의 자구수정만을 하는 경우가 많다. 또한 다른 지방자치단체에서 제정한 창의적이고 자주적인 사회복지조례를 그대로 표절하는 수준의 사회복지조례가 제정되는 경우도 있다. 사회복지조례는 지방자치법으로서 해당 지방자치단체에만 적용되는 것이므로 표준조례안과 타 지방자치단체의 창의적 조례를 참고하더라도 그것을 해당 지방자치단체의 특성을 반영한 사회복지조례가 되도록 해야 할 것이다.

셋째, 지역사회복지를 실현하는 데 장애요소가 발생하면 사회복지조례 제·개정 운동 전개 및 주민조례청구권을 행사할 필요가 있다. 사회복지조례 제·개정 운동은 사회복지전문가, 해당 분야 전문가, 의원 등이 함께 전개하는 것이 필요하다. 특히 사회복지전문가는 해당 사회복지조례 제정을 위해서 이슈화 전략을 세울 필요가 있다. 주민조례청구권은 해당 지방자치단체에서 선거권을 가진 18세 이상의 주민(주민조례청구권자)으로서 일정 비율의 선거권을 가진 지역주민의 서명을 받아야 하므로 이를 위한 전략과 실천이 필요하다.

제**8**장
다른 영역의 법과의 관계

사회복지법도 법이기 때문에 일반적인 다른 영역의 법들과 연계되어 있거나 영향을 주고받기도 한다. 사회복지법은 법의 바다에서 고립된 섬이 아니라 다른 법들과 긴밀하게 연계되어 있다. 매우 밀접하게 영향을 받고 있거나 외형상 유사해 보이지만 질적으로 다르기도 하다. 사회복지법을 이해하기 위해서 이렇게 다른 영역의 법들과 비교하거나 관계를 따져 보는 것은 매우 의미 있고 중요하다. 여기서는 노동법, 행정법, 조세법, 민법 등과의 관련성을 알아본다.

1. 노동법과 사회복지법

사회복지법은 노동법과 함께 사회법을 이루고 있다고 할 수 있다. 즉, 사회법이라는 범주 속에 노동법과 사회복지법이 포함된다는 뜻이다.

사회법을 이해하기 위해 시민법과 사회법을 알아보자.

근대 시민사회가 형성된 이래 시민사회의 기반이 된 법질서를 시민법이라 한다. 시민사회는 경제적으로는 자본주의 사회이고, 정치적으로는 민주주의 사회이다. 이에 법치주의 질서가 자리 잡으며 헌법에 기반한 법체계와 질서가 지배하였다. 이렇게 국가와 시민사회 사이를 규율하는 법을 공법(公法)이라 하며, 공법에는 헌법, 행정법, 형법 등이 속한다.

반면에 국가로부터 자유로운 신분을 갖는 시민사회 구성원들 간의 관계와 활동을 규율하는 법을 사법(私法)이라고 한다. 사법은 민법, 상법 등을 중심으로 이루어진다. 이러한 사법적 질서와 체계를 시민법이라 부른다.

시민법은 자본주의 사회에서 자유롭게 경제활동을 하는 시민계급에 맞춰진 법질서이기 때문에 '계약 자유의 원칙'과 '소유권 절대의 원칙'이 중요하게 여겨졌다. 평균적으로 볼 때, 대개의 시민들이 이기적으로 자신의 이익을 위해 합리적으로 활동할 것이라고 전제했던 것이다. 이를 '추상적 평균인'이라고 한다. 여기에 더하여 이렇게 자유와 권리를 인정하는데도 불구하고 타인에게 손해를 입히게 되면 그 부분에 대하여 고의(故意) 또는 과실(過失)이 있을 경우 손해를 입힌 가해자가 책임을 지게 하는 자기책임의 원칙이 추가되었다.

외형적으로 또는 객관적으로 볼 때 매우 합리적으로 보이는 시민법의 원칙과 원리는 자본주의 사회의 빈부격차와 갈등, 불평등 앞에서 제대로 적용되기 어려웠다. 시민들은 평균적으로 동일하지 않았고 격차가 컸던 것이다. 그리하여 구체적인 시민들의 상황과 조건에 맞는 법질서가 필요했던 것이다. 노동자는 자본가와 자유롭게 계약을 체결할 수 없었기 때문에 계약의 자유보다는 약자인 노동자를 위한 계약의 공정성이 더욱 중요하게 되었다. 자본가나 부자들처럼 소유하지 못한 노동자에게는 소유권의 절대성이 의미가 없었다.

따라서 소유권의 사회성과 상대성이 더욱 필요해졌다. 또한 자기책임의 원칙도 가난하거나 불리한 상황에 놓인 사람들에게는 의미 없는 것이었다. 왜냐하면 빈곤과 불평등에 대해 특정한 개인의 책임을 물을 수 없기 때문이다. 이러한 것들은 자본주의 사회 구조, 즉 사회 전체의 책임이므로 고의 또는 과실을 따져 개인에게 책임을 묻는 것이 비현실적이며 불합리한 것이다. 오히려 국가가 사회 전체의 책임을 지는 집합적 책임이 더 필요해졌다. 그리하여 계약의 공정성을 추구하는 노동법, 소유권의 사회성과 상대성을 강조하는 경제법, 빈곤과 불평등에 대한 집합적 책임을 추구하는 사회보장법 내지 사회복지법을 필요로 하게 되었다. 이러한 법들은 시민법에 대응하여 '사회법'이라 부른다.

1) 개념적 비교

사회복지법과 노동법 모두 사회법 영역에 속한다. 두 법 모두 사회적 약자를 보호하고 지원하려는 규범적 목적에서 일치점을 갖는다. 노동법적으로 정해지는 임금이 사회보험법상 사회보험료 결정의 근거가 되고, 사회보험법상 보험급여의 요건인 산업재해, 실업 등은 노동관계에 기초한 것들이고, 그 밖에 질병이나 노령 등도 노동관계를 근거로 하는 것이어서 노동법과 사회복지법은 범주적 유사성이 강한 것도 사실이다. 그러나 양자는 차이점이 있다. 노동법은 노동자 개인은 물론 개인이 아닌 노동조합도 법률행위의 주체로 인정한다. 반면에 사회복지법은 노동자 개인과 그 가족(피부양자)을 법의 적용대상자로 본다. 피용자로서 생산과 노동의 현장에 종사하는 노동자 개인과 그들의 조직인 노동조합은 노동법의 규율 대상이고, 가구주이거나 가족 구성원이자 소비자인 노동자와 그의 가족은 사회복지법의 적용대상자이다.

노동법은 시민법의 원칙 중에서 계약 자유의 원칙을 수정하여 개인이 아닌 단체(노동조합)도 계약의 주체가 되도록 인정하고 계약 내용의 한계를 설정하는 등 계약의 공정성을 강조하는 법이다. 사회복지법은 시민법의 원칙 중에서 자기책임의 원칙을 수정하여 집합적 책임의 원칙을 추구하는 법이다. 양자 모두 사회적 약자를 위하려는 규범적 목적을 가지면서도 방법상의 강조점이 약간 다른 측면을 보인다.

결론적으로, 국가와 노동자 개인(가족 포함) 사이의 관계를 규율하는 법은 사회복지법이고, 사용자와 노동자 사이의 관계를 규율하는 법은 노동법이다.

2) 실정법상 비교

노동자를 대상으로 한다고 해서 다양한 사회보험법을 노동법으로 분류하는 것
이나 노동자의 생활 안전을 도모한다고 해서 최저임금법을 사회복지법으로 분류
하는 것은 사회복지법과 노동법의 개념과 방법 등을 착각한 것으로 개념적 오류이
다. 현재 우리나라 실정법 중에서 사회복지법으로 분류할 수도 있으면서 동시에 노
동법으로 분류할 수 있는 법은 「근로복지기본법」과 「장애인고용촉진 및 직업재활
법」「남녀고용평등과 일·가정 양립 지원에 관한 법률」 등이라 할 수 있다. 이 법들
은 노동자와 장애인, 여성 등에 대한 국가의 복지정책이나 사업을 규정하는 사회복
지법이면서 동시에 사용자와 노동자 사이에 필요한 정책을 규정하고 있어서 노동
법적 성격을 띠고 있다.

 노동법: 「근로기준법」 「노동조합 및 노동관계조정법」 「최저임금법」 등
사회복지법: 「사회보장기본법」 「국민연금법」 「국민건강보험법」 「고용보험법」 「산업재
　　해보상보험법」 등
사회복지법∩노동법: 「근로복지기본법」 「장애인고용촉진 및 직업재활법」 「남녀고용
　　평등과 일·가정 양립 지원에 관한 법률」 등

2. 행정법과 사회복지법

사회복지법은 기본적으로 국가가 사회복지에 대한 책임을 이행하는 차원에서
제정된 법이기 때문에 국가의 행정작용의 일부분을 포함하고 있어 대부분의 사회
복지법은 그 자체로 이미 행정법이다. 행정법학에서도 행정작용법의 한 분야로 급
부행정법을 다루고, 급부행정법의 대상으로 사회보장행정을 포함한다. 19세기 법
치국가가 20세기에 들어와 행정국가화 현상이 강해지면서 복지국가가 등장하였
다. 적극적인 국가 개입을 특징으로 하는 복지국가에서 사회복지법이란 기본적으

로 행정법일 수밖에 없는 것이다. 포괄적인 행정법 입장에서 볼 때, 다양한 행정법 중에 사회복지(사회보장) 행정법 영역이 존재한다고 할 수 있다. 그러므로 이러한 관점에서 보면, 사회복지법은 사회복지행정법이다. 사회복지법을 행정법적 관점에서 보더라도 사회복지행정을 수행하는 국가조직이나 관리운영체계 또는 전달체계 관련 법으로만 보는 것은 매우 부족하고 제한적이다. 행정법적 속성을 갖는 사회복지법이라 하더라도 그 중심적인 지향은 사회복지 대상자의 권리성과 국가의 책임성에 있는 것이다. 이것이 사회복지법이 행정법에 대하여 갖는 특성이라 하겠다. 즉, 적극적 국가 개입을 나타내는 사회복지법이기 때문에 행정법적 속성을 갖는 것은 필연적이다. 그러나 사회복지법의 본질적 특성상 규제 중심의 행정법과 차별적이며 급부행정법으로서 성격을 띠게 된다. 그렇다 하더라도 사회복지법은 일반 국민은 물론 취약계층의 인간다운 생존권에 기여하는 법이기 때문에 사회복지법을 시행하는 공무원에게 행정법의 원칙보다 사회복지법의 원칙을 따르도록 해야 할 것이다. 사회복지행정행위의 확정력은 일반 행정행위보다 강하게 인정해야 할 것이다(윤찬영, 2017: 119).

3. 조세법과 사회복지법

조세법과 사회복지법은 본래의 규범적 목적은 다르지만 유사한 기능을 수행하는 것으로 보이기도 한다. 조세법상 소득공제나 세액공제 및 감면제도 등은 소득재분배 또는 소득보장이라는 면에서 사회복지법상 급여와 유사한 기능을 담당한다. 또한 사회보험법상 기여금(보험료)의 징수와 납입은 조세법상 소득세 같은 직접세와 유사해 보이는 면이 있다. 사회보험료의 체납 시 국세 체납 처분의 예를 따르도록 규정한 것(「국민연금법」 제95조 제4항, 「국민건강보험법」 제81조 제3항 등) 등을 보면 조세법과 사회복지법이 밀접하게 보인다. 사회보험료가 의무가입에 따른 강제 납입으로 보이는 것이 조세 납부와 동일하게 보이는 측면이 있다. 보험료의 의무적 또는 강제 납입이 조세와 동일하게 보이게 하는 측면이 있으나, 이는 사회보험법이 갖는 공익성을 위한 것이기 때문에 헌법재판소도 사회보험이 조세법률주의에 위배되는 것이 아니라고 본다(99헌마365). 또한 조세는 일방적 이전에 해당되기 때문에 납세자가 납세에 따를 구체적인 반대급부를 요구할 수 없다. 그러나 사회보험은 쌍방적 교환체계에 따르는 것으로 보험료 납입을 전제로 보험급여라는 반대급부를 청구할 수 있는 권리, 즉 수급권을 갖게 된다. 이것이 조세와 사회보험료의 차이이다. 소득이 있는 곳에 조세가 있다는 세법의 원칙을 적용하면 사회복지급여 또는 사회보장급여 같은 이전소득도 소득이므로 조세를 부과해야 한다. 그러나 소득세법 등 조세법에서 과세하지 않는 비과세 항목에 이전소득을 규정한다면 사회복지 이전소득에는 과세하지 않는 것이 될 수 있다. 이것은 입법정책상의 문제이다. 국가적 차원에서 연금급여 같은 이전소득에 과세를 할 것인지 비과세로 할 것인지 정책적 선택의 문제이다(윤찬영, 2017: 126). 공공부조법상의 이전소득은 과세하지 않는 것이 당연하고 적절하다. 문제는 사회보험법상 연금 같은 현금급여에 대한 것이다. 이러한 면에서 조세법을 사회복지법의 관점에서 이해하고 적용할 필요가 있다고 본다.

4. 민법과 사회복지법

사회복지법은 공법(公法)적 속성이 강한 사회법이지만 사법(私法)의 영향도 많이 받고 있다. 예컨대, 사회보험법은 사법상의 제도를 공법적으로 수정하여 실시하는 법으로 계약이나 보험 같은 사법적 원리에 영향을 받는다. 사회보험법상 급여는 일종의 채권·채무관계로 파악하여 이에 관한 특별한 규정이 없을 때에는 민법의 규정을 준용(準用)할 수 있다. 사회보험법 관계는 단순히 재산권적 관계가 아니라 수급권자의 보호라는 공익적 규범 목적을 가지기 때문에 사법관계(私法關係)의 적용을 매우 제한적으로 해야 한다. 민법은 가장 기본적인 일반법이자 기본법이기 때문에 인간의 사회적 관계와 사회적 생활과 관련하여 상당히 많은 관련성을 가지고 있다. 민법을 사회복지법에 직접 적용할 수 있느냐 하는 점에 대하여는 매우 구체적으로 치밀하게 따져 보아야 할 점들이 있다.

대략적으로 민법이 사회복지법에 반영되거나 영향을 미치는 기본적인 몇 가지 개념 범주를 정리해 보면, 법인(法人), 부양(扶養), 구상권(求償權) 등 제3자 관계, 고의, 과실, 후견(後見), 입양(入養) 등이다. 민간사회복지사업의 주체로서 사회복지법인, 공공부조법에서 친족과 부양의무자 관계, 사회보험법 등에서 구상권이나 대위권(代位權), 사회복지 급여를 제한하는 불법행위(고의·과실), 성년후견, 입양특례제도 등이 민법과 직결되는 사항들이다. 따라서 사회복지법의 이해를 위해서 민법에 대해서 최소한의 지식이나마 필요로 할 것이다.

1) 법인의 이해: 사회복지법인

사람(人)은 법률행위의 주체가 된다. 민법상 사람은 자연인(自然人)과 법인(法人)이 있다. 법인은 법적인 차원에서 특별히 인정하는 사람이다. 법인은 법률의 규정에 의함이 아니면 성립하지 못한다(「민법」 제31조). 이것이 법인 설립의 준칙주의이다. 자연인은 생존한 동안 권리와 의무의 주체가 되기 때문에(「민법」 제3조) 탄생과 죽음에 대하여 법적인 효력이 부여된다. 이에 반하여 법인은 법에 의해 설립되고 법에 의해 소멸한다. 사회적 존재인 인간은 다양한 집단활동을 할 수밖에 없다. 이러한 각종 조직과 집단에 대하여 법률행위를 할 수 있도록 그 범위 내에서 법적으로 사람으로 인정해 준 것이 법인이다. 그러므로 법인은 법률의 규정에 좇아 정관으로 정한 목적의 범위 내에서 권리와 의무의 주체가 된다(「민법」 제34조). 법인의 명칭과 주소, 목적, 사업내용 등을 규정해 놓은 법인의 법이 정관이다. 법인은 설립 목적에 따라 영리 법인과 비영리 법인으로 구분할 수 있다. 형태에 따라 사단법인과 재단법인으로 구분한다. 자연인들의 모임이나 단체가 법인격을 취득하면 사단법인이고, 부동산 등 재물이 법인격을 취득한 것이 재단법인이다. 즉, 사람들의 결합체가 사단법인이고, 재산의 결합체가 재단법인인 것이다. 비영리를 목적으로 하는 사단 또는 재단은 주무관청의 허가를 얻어 법인으로 할 수 있다(「민법」 제32조).

허가는 법령에 의해 일반적으로 금지된 행위를 특정한 경우에 한하여 해제하여 적법하게 행할 수 있게 하는 행정처분이다. 그러므로 행정청으로부터 허가를 받는다는 것은 원래 금지된 것을 특별히 해제받는다는 뜻이다. 법인은 일반적으로 영리를 도모하는 것으로 보고 비영리를 금지한다는 뜻이다. 그래서 비영리를 선택하려면 주무관청의 허가를 받아야 한다.

사회복지법인은 기본적으로 재단법인이다. '사회복지'라는 비영리를 도모하기 위하여 출연(出捐)된 재산의 결합체가 법인격을 취득한 것이다. '출연'은 개인의 사유재산을 기부하는 행위이다. 출연된 재산은 출연을 완료하면 기부자의 것이 아니라 스스로 법인이 되는 것이며, 재산은 법인의 소유인 것이다.

대개 비영리는 공익을 도모하는 것으로서 「공익법인의 설립·운영에 관한 법률」에 따른다. 이 법은 재단법인이나 사단법인으로서 사회 일반의 이익에 이바지하기 위하여 학자금·장학금 또는 연구비의 보조나 지급, 학술, 자선(慈善)에 관한 사업을 목적으로 하는 법인(이하 '공익법인'이라 한다)에 대하여 적용한다(제2조).

사회복지법인은 재단법인이면서 비영리법인이고 공익법인이다. 시·도지사의 허가를 받아 설립한다(「사회복지사업법」 제16조).

이와 같은 관계들을 망라해 보면, 법인에 관하여 일반법은 「민법」이고, 그중에서 비영리 법인에 관하여는 「공익법인의 설립·운영에 관한 법률」이 특별법이 된다. 이러한 공익법인 중에서 사회복지법인에 관하여는 「사회복지사업법」이 특별법이 된다.

그러므로 특별법 우선 적용의 원칙에 따라 사회복지법인에 대하여는 우선 「사회복지사업법」을 적용하고, 이를 보충하기 위해 「공익법인의 설립·운영에 관한 법률」을 적용할 것이며, 더욱 필요한 사항이나 보충은 「민법」을 준용(準用)한다. 사회복지법인에 관하여 「사회복지사업법」에서 규정한 사항을 제외하고는 「민법」과 「공익법인의 설립·운영에 관한 법률」을 준용한다(「사회복지사업법」 제32조).

2) 친족과 부양 등: 사적 부양 우선

「민법」의 구성을 보면, 제1편 총칙, 제2편 물권, 제3편 채권, 제4편 친족, 제5편 상속 등으로 이루어져 있다. '제4편 친족'편에서 입양, 후견, 부양 등을 다루고 있어 사회복지 및 사회복지법과 밀접하게 연계되어 있다. 우리나라 법 전체에서 부양을 규정하는 법은 「민법」이다. 직계혈족 및 그 배우자 간에 서로 부양의무가 있다(「민법」 제974조). 「민법」상 부양자와 피부양자의 관계는 채권·채무관계이다. 이러한 부양의무자가 없거나 있어도 부양능력이 없거나 부양받을 수 없을 때 국가로부터 부양받을 수 있는 대상이 된다(「국민기초생활 보장법」 제8조 제2항). 「민법」에 의한 부양은 사적 부양(私的扶養)이다. 우리나라는 사적 부양을 우선하는 법체계를 유지하고 있기 때문에 사적 부양이 불가능한 경우 비로소 국가에 의한 공적 부양(公的扶養)이 제공되는 것이다. 이것은 우리나라가 부양의 사회화보다는 부양의 개인책임주의에 머물러 있기 때문이다. 「국민기초생활 보장법」상 부양의무자는 수급권자의 1촌의 직계혈족 및 그 배우자를 말하며, 사망한 1촌의 직계혈족의 배우자는 제외한다(제2조 제5호). 사적 부양을 우선하기 때문에 공적 부양은 부양에 있어 보조적이다. 사적 부양의 범위를 넓게 정할수록 공적 부양의 범위는 줄어든다. 공적 부양을 우선하는 것이 사회복지의 가치와 이념에 부합할 것이다. 이 경우, 사적 부양은 보충적이게 된다. 또한 사적 부양과 무관하게 공적 부양을 제공하는 것도 생각해 볼 수 있는 대안이다. 이 경우, 공적 부양법에서 사적 부양의 조건을 삭제하면 된다.

3) 제3자관계

「민법」에는 양자 사이의 계약이나 권리·의무관계 외에 제3자관계에서 벌어지는 거래나 채권·채무관계를 규정하는 내용들이 있다. 구상(求償)과 대위(代位)가 그런 것이다. 구상권이란 타인의 채무를 갚아 준 사람이 그 사람에 대하여 갖는 반환 청구의 권리이며, 대위권이란 제3자가 다른 사람의 법률적 지위를 대신하여 그가 가진 권리를 얻거나 행사할 수 있는 권리이다. 채권·채무관계에서 제3자와 연루

되어 생기는 복잡한 상황들에 대한 법적인 적용에 관한 내용들이다. 거래와 채권·
채무에서 발생하는 이러한 일이 사회복지법에서도 발생하기 때문에 「민법」의 제3자
관계 관련 규정들을 적용한다. 예를 들어 보자.

「국민연금법」

제114조(대위권 등) ① 공단은 제3자의 행위로 장애연금이나 유족연금의 지급 사유가 발생하여
장애연금이나 유족연금을 지급한 때에는 그 급여액의 범위에서 제3자에 대한 수급권자의 손
해배상청구권에 관하여 수급권자를 대위(代位)한다.

② 제3자의 행위로 장애연금이나 유족연금의 지급 사유가 발생한 경우 그와 같은 사유로 제3자
로부터 손해배상을 받았으면 공단은 그 배상액의 범위에서 제1항에 따른 장애연금이나 유족
연금을 지급하지 아니한다.

「국민건강보험법」

제58조(구상권) ① 공단은 제3자의 행위로 보험급여사유가 생겨 가입자 또는 피부양자에게 보
험급여를 한 경우에는 그 급여에 들어간 비용 한도에서 그 제3자에게 손해배상을 청구할 권
리를 얻는다.

② 제1항에 따라 보험급여를 받은 사람이 제3자로부터 이미 손해배상을 받은 경우에는 공단은
그 배상액 한도에서 보험급여를 하지 아니한다.

「산업재해보상보험법」

제89조(수급권의 대위) 보험가입자(보험료징수법 제2조 제5호에 따른 하수급인을 포함한다. 이
하 이 조에서 같다)가 소속 근로자의 업무상의 재해에 관하여 이 법에 따른 보험급여의 지급
사유와 동일한 사유로 「민법」이나 그 밖의 법령에 따라 보험급여에 상당하는 금품을 수급권
자에게 미리 지급한 경우로서 그 금품이 보험급여에 대체하여 지급한 것으로 인정되는 경우

에 보험가입자는 대통령령으로 정하는 바에 따라 그 수급권자의 보험급여를 받을 권리를 대위한다.

「노인장기요양보험법」

제44조(구상권) ① 공단은 제3자의 행위로 인한 장기요양급여의 제공사유가 발생하여 수급자에게 장기요양급여를 행한 때 그 급여에 사용된 비용의 한도 안에서 그 제3자에 대한 손해배상의 권리를 얻는다.

② 공단은 제1항의 경우 장기요양급여를 받은 자가 제3자로부터 이미 손해배상을 받은 때 그 손해배상액의 한도 안에서 장기요양급여를 행하지 아니한다.

「국민기초생활 보장법」

제46조(비용의 징수) ① 수급자에게 부양능력을 가진 부양의무자가 있음이 확인된 경우에는 보장비용을 지급한 보장기관은 제20조에 따른 생활보장위원회의 심의·의결을 거쳐 그 비용의 전부 또는 일부를 그 부양의무자로부터 부양의무의 범위에서 징수할 수 있다.

② 속임수나 그 밖의 부정한 방법으로 급여를 받거나 타인으로 하여금 급여를 받게 한 경우에는 보장비용을 지급한 보장기관은 그 비용의 전부 또는 일부를 그 급여를 받은 사람 또는 급여를 받게 한 자(이하 "부정수급자"라 한다)로부터 징수할 수 있다.

③ 제1항 또는 제2항에 따라 징수할 금액은 각각 부양의무자 또는 부정수급자에게 통지하여 징수하고, 부양의무자 또는 부정수급자가 이에 응하지 아니하는 경우 국세 또는 지방세 체납처분의 예에 따라 징수한다.

*「국민기초생활 보장법」 제46조는 용어를 명기하지 않았지만 구상권을 규정한 것이다.

4) 성년후견

후견은 법률행위능력이 미약한 미성년자를 위한 제도로서 「민법」에 다음과 같이 규정되어 있다.

제928조(미성년자에 대한 후견의 개시) 미성년자에게 친권자가 없거나 친권자가 제924조, 제924조의2, 제925조 또는 제927조 제1항에 따라 친권의 전부 또는 일부를 행사할 수 없는 경우에는 미성년후견인을 두어야 한다.

성년에 이르렀지만 장애 또는 노령 등으로 후견인을 필요로 하는 경우가 있다. 이에 「민법」은 다음과 같이 규정하고 있다.

제9조(성년후견개시의 심판) ① 가정법원은 질병, 장애, 노령, 그 밖의 사유로 인한 정신적 제약으로 사무를 처리할 능력이 지속적으로 결여된 사람에 대하여 본인, 배우자, 4촌 이내의 친족, 미성년후견인, 미성년후견감독인, 한정후견인, 한정후견감독인, 특정후견인, 특정후견감독인, 검사 또는 지방자치단체의 장의 청구에 의하여 성년후견개시의 심판을 한다.
② 가정법원은 성년후견개시의 심판을 할 때 본인의 의사를 고려하여야 한다.

제929조(성년후견심판에 의한 후견의 개시) 가정법원의 성년후견개시심판이 있는 경우에는 그 심판을 받은 사람의 성년후견인을 두어야 한다.

이 밖에도 성년후견에 대한 규정들을 두고 있는데, 이는 일반법인 「민법」상의 규정이지만 그 자체로 사회복지법의 역할과 기능을 수행하고 있어 「민법」의 규정이 그 자체로 사회복지법이라 할 수 있는 특수한 예가 된다고 하겠다.

중요한 사회복지제도로 기능하고 있는 성년후견제도가 사회복지법에 규정되지 않고 「민법」에서 규정하다 보니 일반적인 사회복지제도와 다르게 운영되는 점이 있다. 일단 전달체계 또는 관리운영체계에서 검사, 지방자치단체장, 가정법원 등이 관여하고 있어 일반적인 사회복지제도에 비해 매우 낯선 형태이다. 또한 행정법의 성격을 갖는 사회복지법은 그 시행을 위해 시행령과 시행규칙 같은 명령규범을 제 정하여 시행한다. 그러나 「민법」은 일반법으로서 모든 법들의 전제가 되는 일반적 인 사항을 규율하기 때문에 특정 행정청의 명령규범을 작동하기 어려운 문제가 있 다. 그럼에도 불구하고 성년후견에 관하여 시행령 또는 시행규칙(법무부령)을 제정 하여 운영할 필요가 있다. 필요하다면 일부 내용은 조례에 위임할 수도 있겠다. 향 후 사회복지학과 법학의 상호 논의가 필요한 영역이라 하겠다.

제9장
사회복지사의 법적 지위 및 권리, 의무

1. 사회복지사의 의의 및 자격

1) 사회복지사의 의의

사회복지사란 사회복지에 관한 전문지식을 자진 자로서, 「사회복지사업법」 제11조 제1항에 의하여 보건복지부장관으로부터 자격증을 교부받은 자를 말한다. 사회복지사는 문제나 욕구를 가진 개인이나 집단을 대상으로 그들의 문제를 해결하거나 욕구를 충족시키기 위하여 구체적인 실천계획을 체계적으로 수립·집행·평가·환류하고, 사회복지 프로그램을 개발·운영하며, 개별적·집단적 상담 등을 통하여 정신적·육체적·경제적 원조를 제공하는 역할을 수행한다.

2) 사회복지사의 자격

(1) 자격증 제도

사회복지사에 대한 자격증 제도는 사회복지에 관한 전문지식과 기술을 가진 자에게 사회복지사 자격을 부여하고, 이들로 하여금 사회복지에 관한 업무를 담당하게 함으로써 아동, 청소년, 노인, 장애인 등 보호가 필요한 사람들에게 전문적이고 체계적인 사회복지서비스를 제공하기 위하여 마련되었다.

(2) 결격사유

보건복지부장관은 사회복지에 관한 전문지식과 기술을 가진 자로서 「사회복지사업법」 제11조의2 각 호의 결격사유에 해당하지 아니한 자에게 사회복지사의 자격증을 교부할 수 있다. 이러한 결격사유는 다음과 같다. 결격사유에 해당하지 않을 것을 사회복지사의 소극적 요건이라고도 한다.

사회복지사의 결격사유(「사회복지사업법」 제11조의2)
1. 피성년후견인 또는 피한정후견인
2. 금고 이상의 형을 선고받고 그 집행이 끝나지 아니하였거나 그 집행을 받지 아니하기로 확정되지 아니한 사람
3. 법원의 판결에 따라 자격이 상실되거나 정지된 사람
4. 마약 · 대마 또는 향정신성의약품의 중독자
5. 「정신건강증진 및 정신질환자 복지서비스 지원에 관한 법률」 제3조 제1호에 따른 정신질환자. 다만, 전문의가 사회복지사로서 적합하다고 인정하는 사람은 그러하지 아니하다.

(3) 등급별 사회복지사

사회복지사 자격은 1급과 2급으로 나누어진다. 사회복지사 1급은 응시자격을 갖춘 자 중에 「사회복지사업법」 제11조 제3항에 따른 국가시험에 합격한 사람에게 부

여한다. 사회복지사 2급은 일정 학점의 수업이수와 현장실습 등 요건을 충족하면
무시험으로 취득 가능하다. 사회복지사의 등급별 자격기준은 〈표 9-1〉과 같다.

표 9-1 사회복지사의 등급별 자격기준(「사회복지사업법 시행령」 제2조 제1항)

등급	자격기준
사회복지사 1급	법 제11조 제3항에 따른 국가시험에 합격한 사람
사회복지사 2급	가. 「고등교육법」에 따른 대학원에서 사회복지학 또는 사회사업학을 전공하고 석사학위 또는 박사학위를 취득한 사람. 다만, 사회복지학 또는 사회사업학이 아닌 분야의 학사학위를 취득하고 사회복지학 또는 사회사업학 석사학위를 취득한 사람은 보건복지부령으로 정하는 사회복지학 전공교과목과 사회복지 관련 교과목 중 사회복지현장실습을 포함한 필수과목 6과목 이상(대학에서 이수한 교과목을 포함하되, 대학원에서 4과목 이상을 이수해야 한다), 선택과목 2과목 이상을 각각 이수한 경우에만 사회복지사 자격을 인정한다. 나. 「고등교육법」에 따른 대학에서 보건복지부령으로 정하는 사회복지학 전공교과목과 사회복지 관련 교과목을 이수하고 학사학위를 취득한 사람 다. 법령에서 「고등교육법」에 따른 대학을 졸업한 사람과 동등 이상의 학력이 있다고 인정하는 사람으로서 보건복지부령으로 정하는 사회복지학 전공과목과 사회복지 관련 교과목을 이수한 사람 라. 「고등교육법」에 따른 전문대학에서 보건복지부령으로 정하는 사회복지학 전공교과목과 사회복지 관련 교과목을 이수하고 졸업한 사람 마. 법령에서 「고등교육법」에 따른 전문대학을 졸업한 사람과 동등 이상의 학력이 있다고 인정하는 사람으로서 보건복지부령으로 정하는 사회복지학 전공교과목과 사회복지 관련 교과목을 이수한 사람 바. 종전의 「사회복지사업법」(법률 제14923호로 개정되기 전의 것을 말한다)에 따라 사회복지사 3급 자격증을 취득한 이후 3년 이상 사회복지사업의 실무 경험이 있는 사람

* 비고: 외국의 대학 또는 대학원에서 사회복지학 또는 사회사업학을 전공하고 학사학위 이상의 학위를 취득한
　　사람으로서 등급별 자격기준과 동등한 학력이 있다고 보건복지부장관이 인정하는 경우에는 해당 등급의
　　사회복지사 자격증을 교부할 수 있다.

(4) 영역별 사회복지사

정신건강사회복지사, 의료사회복지사, 학교사회복지사의 자격은 1급 사회복지사 자격이 있는 사람 중에서 보건복지부령으로 정하는 수련기관에서 수련을 받은 사람에게 부여한다.

표 9-2 영역별 사회복지사 자격기준(「사회복지사업법 시행령」 제2조 제1항)

영역	자격기준
가. 정신건강사회복지사	「정신건강증진 및 정신질환자 복지서비스 지원에 관한 법률 시행령」 별표 1에 따른 정신건강사회복지사의 자격기준을 갖춘 사람
나. 의료사회복지사 또는 학교사회복지사	사회복지사 1급 자격을 취득한 후 법 제11조 제3항에 따른 수련기관에서 1년 이상 보건복지부령으로 정하는 수련과정을 이수한 사람

표 9-3 정신건강사회복지사의 자격기준 (「정신건강증진 및 정신질환자 복지서비스 지원에 관한 법률 시행령」 별표 1)

등급	자격기준
1급	1. 사회복지학 또는 사회사업학에 대한 석사학위 이상을 소지한 사람으로서 보건복지부장관이 지정한 수련기관에서 3년(2급 자격 취득을 위한 기간은 포함하지 아니한다) 이상 수련을 마친 사람 2. 2급 정신건강사회복지사 자격을 취득한 후 정신건강증진시설, 보건소 또는 국가나 지방자치단체로부터 정신건강증진사업등을 위탁받은 기관이나 단체에서 5년 이상 근무한 경력(단순 행정업무 등 보건복지부장관이 정하는 업무는 제외한다)이 있는 사람
2급	「사회복지사업법」 제11조 제2항에 따른 사회복지사 1급 자격을 소지한 사람으로서 수련기관에서 1년(1급 자격취득을 위한 기간을 포함한다) 이상 수련을 마친 사람

(5) 사회복지사의 자격취소 등

보건복지부장관은 사회복지사가 다음 각 호의 어느 하나에 해당하는 경우 그 자격을 취소하거나 1년의 범위에서 정지시킬 수 있다. 다만, 제1호부터 제3호까지에 해당하면 그 자격을 취소하여야 한다(「사회복지사업법」 제11조의3 제1항).

1. 거짓이나 그 밖의 부정한 방법으로 자격을 취득한 경우

2. 제11조의2 각 호의 어느 하나에 해당하게 된 경우

3. 자격증을 대여·양도 또는 위조·변조한 경우

4. 사회복지사의 업무수행 중 그 자격과 관련하여 고의나 중대한 과실로 다른 사람에게 손해를 입힌 경우

5. 자격정지 처분을 3회 이상 받았거나, 정지 기간 종료 후 3년 이내에 다시 자격 정지 처분에 해당하는 행위를 한 경우

6. 자격정지 처분 기간에 자격증을 사용하여 자격 관련 업무를 수행한 경우

자격이 취소된 사람은 취소된 날부터 15일 내에 자격증을 보건복지부장관에게 반납하여야 한다. 보건복지부장관은 자격이 취소된 사람에게는 그 취소된 날부터 2년 이내에 자격증을 재교부하지 못한다(「사회복지사업법」 제11조의3 제3항∼제4항).

또한 「사회복지사업법」에 따른 사회복지사가 아니면 사회복지사 또는 이와 유사한 명칭을 사용하지 못한다(「사회복지사업법」 제11조의4).

2. 사회복지사의 법적 지위

1) 공공사회복지 분야의 사회복지사(사회복지전담공무원)

(1) 임의채용

사회복지사업에 관한 업무를 담당하게 하기 위하여 시·도, 시·군·구 및 읍·면·동 또는 사회보장사무 전담기구에 사회복지전담공무원을 둘 수 있다(「사회보장급여의 이용·제공 및 수급권자 발굴에 관한 법률」 제43조 제1항).

사회복지전담공무원은 「사회복지사업법」 제11조에 따른 사회복지사의 자격을 가진 사람으로 하며, 그 임용 등에 필요한 사항은 대통령령이 정하는 바에 따라 「지방공무원 임용령」에서 정하는 바에 따른다(「사회보장급여의 이용·제공 및 수급권자

발굴에 관한 법률」제43조 제2항, 「사회보장급여의 이용·제공 및 수급권자 발굴에 관한 법률 시행령」제23조).

(2) 사회복지전담공무원의 지위와 담당 업무

현행법에는 사회복지전담공무원의 법적 지위에 관한 직접적인 규정은 없다.

다만, 공무원은 임용자격, 신분보장, 전문성, 정치성 등을 기준으로 하여 경력직 공무원과 특수경력직 공무원으로 분류할 수 있는데, 사회복지전담공무원은 경력직 공무원 중 일반직 공무원으로서 사회복지직렬에 속하는 공무원이다(「국가공무원법」제2조, 「지방공무원법」제2조). 또한 일반직 공무원 중 중앙공무원이 아닌 지방직 공무원이다.

그러므로 사회복지전담공무원은 당연히 경력직 공무원 중 일반직 공무원으로서의 법적 지위를 누릴 수 있다.

사회복지전담공무원은 ① 취약계층 발굴 및 상담과 지도, 사회복지에 대한 욕구조사, 서비스 제공 계획의 수립, 서비스 제공 및 점검, 사후관리 등 통합사례관리에 관한 업무, ② 사회복지사업 수행을 위한 취약계층의 소득·재산 등 생활실태의 조사 및 가정환경 등 파악 업무, ③ 사회복지에 대한 종합적인 정보제공, 안내, 상담 업무를 담당한다(「사회보장급여의 이용·제공 및 수급권자 발굴에 관한 법률 시행규칙」제8조).

(3) 사회복지전담공무원의 권리와 의무

① 권리

사회복지전담공무원도 공무원이라는 신분 이외에 한 사람의 국민이며, 한 사람의 근로자로서 「헌법」이 보장하는 기본권을 향유한다. 이에 더하여 공무원은 개별법상 여러 가지 권리를 보유하는데, 이에는 신분상의 권리와 재산상의 권리가 있다.

사회복지전담공무원은 경력직 공무원으로서의 권리를 가진다. 신분상의 권리로는 (a) 형의 선고, 징계처분 또는 법이 정하는 사유에 의하지 아니하고는 휴직, 강임 또는 면직을 당하지 아니할 신분보유권, (b) 법이 정한 사유가 있는 경우가 아니고는 직위를 해제당하지 아니할 직위보유권, (c) 자신이 담당하는 직무를 방해받지 아니하고 수행할 수 있는 직무수행권, (d) 직명을 사용할 수 있는 직명사용권, (e) 위법 및 부당하게 신분상 불이익을 입은 경우에 소청·행정소송 등을 통하여 그 시정을 구할 수 있는 행정쟁송권 등이 있다.

사회복지전담공무원이 사용주인 지방자치단체에 대하여 가지는 재산상 권리로는 (a) 근로의 대가로서 임금 등 보수를 청구할 수 있는 보수청수권, (b) 공무원의 퇴직·사망과 공무로 인한 부상·질병·발병의 경우에 청구할 수 있는 연금청구권, (c) 보수 외에 직무에 소요되는 실비를 변상받을 실비변상수령권, (d) 소속기관장의 허가를 받아 특수한 연구과제를 위탁받아 처리한 경우에 보상을 지급받을 수 있는 보상수령권 등이 있다.

② 의무

사회복지전담공무원은 당연히 공무원으로서의 의무를 부담한다. 성실 의무(「국가공무원법」 제56조), 복종 의무(「국가공무원법」 제57조), 친절·공정의 의무(「국가공무원법」 제59조), 비밀 엄수 의무(「국가공무원법」 제60조), 청렴 의무(「국가공무원법」 제61조), 품위 유지 의무(「국가공무원법」 제63조) 등이 있다.

2) 민간사회복지 분야의 사회복지사

(1) 의무채용

사회복지법인 및 사회복지시설을 설치·운영하는 자가 당해 법인 또는 시설에서 사회복지 프로그램의 개발 및 운영업무, 시설거주자의 생활지도업무 및 사회복지를 필요로 하는 사람에 대한 상담업무를 영위하는 경우에는 사회복지사를 반드시 채용하여야 한다(「사회복지사업법」 제13조). 다만, 「사회복지사업법」 제2조 제1호 각 목의 법률에서 따로 정하고 있는 사회복지시설의 경우에는 그러하지 아니하다(「사회복지사업법 시행령」 제6조).

위 제13조 의무채용규정을 위반한 자는 300만 원 이하의 벌금에 처한다(「사회복지사업법」 제55조).

(2) 사회복지사의 지위

민간사회복지 분야의 법인 또는 시설 등에서 활동하는 사회복지사는 민간인으로서 사용자인 법인 또는 시설 등에 대한 관계에서 근로자의 지위를 갖는다. 따라서 일정한 법인 또는 시설이 사회복지사를 의무적으로 채용하여야 하는 경우에 있어서도 사회복지사는 법적으로 대등한 당사자의 지위에서 근로조건 등에 관한 근로계약을 체결함으로써 노사관계를 형성하게 되는 것이다.

그러나 사회복지사를 단순히 사용자에 대한 근로자로만 파악하여서는 아니 될 것이다. 사회복지사는 사회복지에 관한 전문지식과 기술을 가진 전문가이면서 사회복지서비스 등 공익적 업무를 수행하는 자이기 때문이다.

(3) 사회복지사의 권리와 의무

① 권리

민간사회복지사의 권리는 사회복지사가 근무하게 되는 법인 또는 시설의 근로자로서 그 법인 또는 시설의 내부규칙과 근로계약을 통해 확정될 것이다. 또한 사회복지사가 국민의 한 사람이며 근로자의 한 사람으로서 「헌법」이 보장하는 사생활의 비밀과 자유, 근로3권 등의 기본권을 향유할 수 있음은 물론이다. 사회복지사의 민간사회복지법인 또는 시설에 대하여 가지는 재산상 권리로는, 자신이 제공한 노무에 대한 대가로 보수를 받을 권리가 있으며, 직무수행에 소요되는 실비를 변상받을 권리가 있다.

주지하다시피, 아직도 사회복지사에 대한 일반 국민의 인식은 부족하고 자원봉사자에 준하는 것으로 보는 경향이 많다. 그러나 현대국가가 자유주의적 자본주의에 대한 국가의 간섭과 제한을 정당화하는 사회복지국가원리에 근거한다고 한다면, 이러한 공익적 업무를 수행하는 사회복지사의 신분을 단순히 계약 자유의 원칙에 맡겨 둘 수만은 없다고 본다. 일정한 법인 시설에 대한 사회복지사의 의무채용

규정과 무차별 · 최대봉사의무, 비밀누설 금지의무 규정을 두는 입법 취지에 상응하여 사회복지사의 신분상의 지위를 보장하는 규정이 필요하다고 판단된다.

② 의무

민간사회복지사의 민간사회복지법인 또는 시설에 대한 구체적인 의무의 내용은 당해 법인 또는 시설의 내부규칙이나 근로계약에 따라 달라질 것이다.

한국사회복지사협회는 '사회복지사 윤리강령'을 제정하여 사회복지사의 기본적 윤리기준 외에 클라이언트에 대한 윤리기준, 동료에 대한 윤리기준, 사회에 대한 윤리기준과 기관에 대한 윤리기준을 제시하고 있다.

표 9-4 한국사회복지사협회 사회복지사 윤리강령

전문

사회복지사는 인본주의 · 평등주의 사상에 기초하여, 모든 인간의 존엄성과 가치를 존중하고 천부의 자유권과 생존권의 보장 활동에 헌신한다.

특히 사회적 · 경제적 약자들의 편에 서서 사회정의와 평등 · 자유와 민주주의 가치를 실현하는 데 앞장선다. 또한 도움을 필요로 하는 사람들의 사회적 지위와 기능을 향상시키기 위해 저들과 함께 일하며, 사회제도 개선과 관련된 제반 활동에 주도적으로 참여한다. 사회복지사는 개인의 주체성과 자기 결정권을 보장하는 데 최선을 다하고, 어떠한 여건에서도 개인이 부당하게 희생되는 일이 없도록 한다.

이러한 사명을 실천하기 위하여 전문적 지식과 기술을 개발하고, 사회적 가치를 실현하는 전문가로서의 능력과 품위를 유지하기 위해 노력한다. 이에 우리는 클라이언트 · 동료 · 기관 그리고 지역사회 및 전체 사회와 관련된 사회복지사의 행위와 활동을 판단 · 평가하며 인도하는 윤리기준을 다음과 같이 선언하고 이를 준수할 것을 다짐한다.

윤리기준

I. 사회복지사의 기본적 윤리기준

1. 전문가로서의 자세
  1) 사회복지사는 전문가로서의 품위와 자질을 유지하고, 자신이 맡고 있는 업무에 대해 책임을 진다.

2) 사회복지사는 클라이언트의 종교, 인종, 성, 연령, 국적, 결혼상태, 성적 지향, 경제적 지위, 정치적 신념, 정신·신체적 장애, 기타 개인적 선호, 특징, 조건, 지위를 이유로 차별대우를 하지 않는다.

3) 사회복지사는 전문가로서 성실하고 공정하게 업무를 수행하며, 이 과정에서 어떠한 부당한 압력에도 타협하지 않는다.

4) 사회복지사는 사회정의 실현과 클라이언트의 복지증진에 헌신하며, 이를 위한 환경 조성을 국가와 사회에 요구해야 한다.

5) 사회복지사는 전문적 가치와 판단에 따라 업무를 수행함에 있어 기관 내외로부터 부당한 간섭이나 압력을 받지 않는다.

6) 사회복지사는 자신의 이익을 위해 사회복지 전문직의 가치와 권위를 훼손해서는 안 된다.

7) 사회복지사는 한국사회복지사협회 등 전문가단체 활동에 적극 참여하여 사회정의 실현과 사회복지사의 권익 옹호를 위해 노력해야 한다.

2. 전문성 개발을 위한 노력

1) 사회복지사는 클라이언트에게 최상의 서비스를 제공하기 위해 지식과 기술을 개발하는 데 최선을 다하며 이를 활용하고 전파할 책임이 있다.

2) 클라이언트를 대상으로 연구하는 사회복지사는 저들의 권리를 보장하기 위해 자발적이고 고지된 동의를 얻어야 한다.

3) 연구 과정에서 얻은 정보는 비밀보장의 원칙에서 다루어져야 하고, 이 과정에서 클라이언트는 신체적·정신적 불편이나 위험·위해 등으로부터 보호되어야 한다.

4) 사회복지사는 전문성을 개발하기 위해 노력하되, 이를 이유로 서비스의 제공을 소홀히 해서는 안 된다.

5) 사회복지사는 한국사회복지사협회 등이 실시하는 제반 교육에 적극 참여하여야 한다.

3. 경제적 이득에 대한 태도

1) 사회복지사는 클라이언트의 지불능력에 상관없이 서비스를 제공해야 하며, 이를 이유로 차별대우를 해서는 안 된다.

2) 사회복지사는 필요한 경우에 제공된 서비스에 대해 공정하고 합리적으로 이용료를 책정해야 한다.

3) 사회복지사는 업무와 관련하여 정당하지 않은 방법으로 경제적 이득을 취하여서는 안 된다.

Ⅱ. 사회복지사의 클라이언트에 대한 윤리기준

1. 클라이언트와의 관계

1) 사회복지사는 클라이언트의 권익 옹호를 최우선의 가치로 삼고 행동한다.

2) 사회복지사는 클라이언트에 대하여 인간으로서의 존엄성을 존중해야 하며, 전문적 기술
과 능력을 최대한 발휘한다.

3) 사회복지사는 클라이언트가 자기 결정권을 최대한 행사할 수 있도록 도와야 하며, 저들
의 이익을 최대한 대변해야 한다.

4) 사회복지사는 클라이언트의 사생활을 존중하고 보호하며, 직무 수행과정에서 얻은 정보
에 대해 철저하게 비밀을 유지해야 한다.

5) 사회복지사는 클라이언트가 받는 서비스의 범위와 내용에 대해 정확하고 충분한 정보를
제공함으로써 알 권리를 인정하고 존중해야 한다.

6) 사회복지사는 문서 · 사진 · 컴퓨터 파일 등의 형태로 된 클라이언트의 정보에 대해 비밀
보장의 한계, 정보를 얻어야 하는 목적 및 활용에 대해 구체적으로 알려야 하며, 정보 공
개 시에는 동의를 얻어야 한다.

7) 사회복지사는 개인적 이익을 위해 클라이언트와의 전문적 관계를 이용하여서는 안 된다.

8) 사회복지사는 어떠한 상황에서도 클라이언트와 부적절한 성적 관계를 가져서는 안 된다.

9) 사회복지사는 사회복지증진을 위한 환경 조성에 클라이언트를 동반자로 인정하고 함께
일해야 한다.

2. 동료의 클라이언트와의 관계

1) 사회복지사는 적법하고도 적절한 논의 없이 동료 혹은 다른 기관의 클라이언트와 전문
적 관계를 맺어서는 안 된다.

2) 사회복지사는 긴급한 사정으로 인해 동료의 클라이언트를 맡게 된 경우, 자신의 의뢰인
처럼 관심을 갖고 서비스를 제공한다.

Ⅲ. 사회복지사의 동료에 대한 윤리기준

1. 동료

1) 사회복지사는 존중과 신뢰로서 동료를 대하며, 전문가로서의 지위와 인격을 훼손하는
언행을 하지 않는다.

2) 사회복지사는 사회복지 전문직의 이익과 권익을 증진시키기 위해 동료와 협력해야 한다.

3) 사회복지사는 동료의 윤리적이고 전문적인 행위를 촉진시켜야 하며, 이에 반하는 경우
에는 제반 법률규정이나 윤리기준에 따라 대처해야 한다.

4) 사회복지사가 전문적인 판단과 실천이 미흡하여 문제를 야기시켰을 때에는 적절한 조치를 취하여 클라이언트의 이익을 보호해야 한다.

5) 사회복지사는 전문직 내 다른 구성원이 행한 비윤리적 행위에 대해 제반 법률규정이나 윤리기준에 따라 조치를 취해야 한다.

6) 사회복지사는 동료 및 타 전문직 동료의 직무 가치와 내용을 인정·이해하며, 상호 간에 민주적인 직무관계를 이루도록 노력해야 한다.

2. 수퍼바이저

1) 수퍼바이저는 개인적인 이익의 추구를 위해 자신의 지위를 이용해서는 안 된다.

2) 수퍼바이저는 전문적 기준에 의해 공정하게 책임을 수행하며, 사회복지사·수련생 및 실습생에 대한 평가는 저들과 공유해야 한다.

3) 사회복지사는 수퍼바이저의 전문적 지도와 조언을 존중해야 하며, 수퍼바이저는 사회복지사의 전문적 업무수행을 도와야 한다.

4) 수퍼바이저는 사회복지사·수련생 및 실습생에 대해 인격적·성적으로 수치심을 주는 행위를 해서는 안 된다.

Ⅳ. 사회복지사의 사회에 대한 윤리기준

1) 사회복지사는 인권존중과 인간 평등을 위해 헌신해야 하며, 사회적 약자를 옹호하고 대변하는 일을 주도해야 한다.

2) 사회복지사는 필요한 사회서비스를 개발하기 위한 사회정책의 수립·발전·입법·집행에 적극적으로 참여하고 지원해야 한다.

3) 사회복지사는 사회환경을 개선하고 사회정의를 증진시키기 위한 사회정책의 수립·발전·입법·집행을 요구하고 옹호해야 한다.

4) 사회복지사는 자신이 일하는 지역사회의 문제를 이해하고, 그것을 해결하는 일에 적극적으로 참여해야 한다.

Ⅴ. 사회복지사의 기관에 대한 윤리기준

1) 사회복지사는 기관의 정책과 사업 목표의 달성, 서비스의 효율성과 효과성의 증진을 위해 노력함으로써 클라이언트에게 이익이 되도록 해야 한다.

2) 사회복지사는 기관의 부당한 정책이나 요구에 대하여 전문직의 가치와 지식을 근거로 이에 대응하고 즉시 사회복지윤리위원회에 보고해야 한다.

3) 사회복지사는 소속기관 활동에 적극 참여함으로써 기관의 성장 발전을 위해 노력해야
한다.

Ⅵ. 사회복지윤리위원회의 구성과 운영

1) 한국사회복지사협회는 사회복지윤리위원회를 구성하여 사회복지윤리실천의 질적인 향
상을 도모하여야 한다.
2) 사회복지윤리위원회는 윤리강령을 위배하거나 침해하는 행위를 접수받아 공식적인 절
차를 통해 대처하여야 한다.
3) 사회복지사는 한국사회복지사협회의 윤리적 권고와 결정을 존중하여야 한다.

3. 사회복지사의 일반적 의무

1) 사회복지사의 보수교육

　보건복지부장관은 사회복지사의 자질 향상을 위하여 필요하다고 인정하면 사회
복지사에게 교육을 받도록 명할 수 있다. 다만, 사회복지법인 또는 사회복지시설에
종사하는 사회복지사는 정기적으로 인권에 관한 내용이 포함된 보수교육을 받아야
한다.

2) 인권 존중

　복지업무에 종사하는 사회복지사는 그 업무를 수행할 때에 사회복지를 필요로
하는 사람을 위하여 인권을 존중하고 차별 없이 최대로 봉사하여야 한다(「사회복지
사업법」 제5조 제1항).

3) 비밀 유지 의무

사회복지사업 또는 사회복지업무에 종사하였거나 종사하고 있는 사람은 그 업무 수행 과정에서 알게 된 다른 사람의 비밀을 누설하여서는 아니 된다(「사회복지사업법」 제47조).

제10장
·········
사회복지 판례의 이해

1. 실질적인 법원(法源)으로서 판례의 의의

판례(precedents, 判例)란 법원의 재판을 통하여 형성된 규범으로서 특정 당사자가 법원에 제기한 특정한 소송사건에 관하여 담당 법관이 법을 해석·적용하여 내린 판단을 말한다. 이처럼 법원의 재판은 그 재판에서 밝혀진 구체적 사실에 대한 법률적 판단으로서 구속력을 가진다. 그러나 이후 비슷한 사건에 관한 재판이 쌓이게 되면서 점차적으로 일반적인 법칙이 도출되는데, 이를 판례의 법리(法理)라고 할 수 있고, 여기서 더 나아가 추상적 규범으로서 성립되면 이를 이른바 판례법이라고 부른다.

이와 같은 판례법이 법의 존재 형식으로서 법원(法源)에 해당하는지에 대해서는 법철학에서 논의되는 기본 문제로서 학자들 사이에 견해가 일치하는 것은 아니지만, 대륙법계로서 성문법주의를 취하는 우리나라의 경우 상급법원의 판례가 하급법원을 법률상 구속한다는 원칙이 인정된다고 보기는 어렵다. 물론 「법원조직법」

제8조에 "상급법원 재판에서의 판단은 해당 사건에 관하여 하급심을 기속한다."라는 규정이 있는데, 여기서 상급법원의 판단이 하급심을 구속한다는 것은 법의 문언대로 오로지 특정 사건에 한정하여 적용되는 것이고, 일반적으로 모든 하급심을 구속하는 효력이 있다는 것을 의미하는 것은 아니다.

그러나 상급법원, 특히 최고법원인 대법원의 판례는 어떠한 사건에 대한 최종적인 법률적 판단으로서 「법원조직법」에 따라 최소한 당해 사건에 대한 구속력을 가지게 되므로, 당해 법원은 대법원 판례에서 도출된 법리를 적용하게 된다. 마찬가지로 다른 하급심 법원이 대법원 판례와 다른 판단을 내리면 그것이 상급법원에 의하여 파기될 수 있으므로 담당 법관은 어떠한 법 규정을 해석함에 있어 대법원 판례에서 도출된 법리를 적용하게 되는데, 그 과정에서 최고법원인 대법원의 판례는 사실상의 구속력을 가지게 된다. 그 결과 판례가 실질적인 법원(法源)으로서 기능하는 것이다.

사회복지법과 관련된 판례라고 부를 수 있는 것은 앞과 같은 대법원 판례 외에도 헌법재판소의 결정이 있는데, 그중 위헌결정, 헌법불합치결정은 사회복지정책 전반에 영향을 미치고 있다고 볼 수 있다. 이와 관련된 다양한 논의가 있지만 사회복지제도는 「헌법」 제34조가 규정하고 있는 인간다운 생활을 할 권리에서 도출되는 사회적 기본권에 근거하는 것으로서 이는 법률로서 형성되는 것이므로, 어떠한 사회복지법이 헌법의 이념에 합치하는지 여부는 그 법의 효력 및 범위에 영향을 미치기 때문이다.

이것이 우리 사회복지학도가 판례를 공부하는 이유이다. 이 장에서는 우리나라 사회복지법과 관련된 대법원과 헌법재판소의 일부 판례를 살펴봄으로써 실질적인 법원(法源)으로서 판례를 간략하게 검토하고자 한다.

2. 관련 판례

1) 국민연금법 관련 판례

헌법재판소 2020. 5. 27. 선고 2018헌바129 전원재판부 결정[구「국민연금법」 제85조 제2호 위헌소원]

> 국민연금제도는 자기 기여를 전제로 하지 않고 국가로부터 소득을 보장받는 순수한 사회부조형 사회보장제도가 아니라, 가입자의 보험료를 재원으로 하여 가입기간, 기여도 및 소득수준 등을 고려하여 소득을 보장받는 사회보험제도이므로(헌재 2001. 4. 26. 2000헌마390 참조), 일정 기간 재정적 기여를 하지 않은 사람을 급여 대상에서 제외하는 것은 연금 재정의 안정과 지속가능한 연금제도의 운용을 위하여 불가피한 조치라고 할 것이다. 특히 유족연금은 전체 가입자가 불행을 당한 가입자의 가족을 원조하는 형태로서 전체 가입자 간 상호원조 및 소득재분배를 위한 급여라고 할 수 있으므로(헌재 2019. 2. 28. 2017헌마432 참조), 장기체납으로 상호원조의 정신에 위배된 사람의 유족을 배제하는 것이 불합리하다고 볼 수 없다.
>
> 또한 연금수급권의 구체적 내용, 즉 수급요건, 수급권자의 범위, 급여금액 등을 법률로 형성함에 있어 입법자는 광범위한 형성의 자유를 누리므로(헌재 1997. 5. 29. 94헌마33; 헌재 1999. 4. 29. 97헌마333; 헌재 2001. 4. 26. 2000헌마390 참조), 입법자가 가입기간의 상당 부분을 성실하게 납부한 사람의 유족만을 유족연금 지급 대상에 포함시키기 위하여 연금보험료 납입비율을 다소 높은 3분의 2 이상으로 설정하였다고 하여 이를 입법재량의 한계를 일탈하였을 정도로 불합리하다고 볼 수 없다.

2) 국민건강보험법 관련 판례

헌법재판소 2020. 4. 23. 선고 2017헌바244 전원재판부 결정[「국민건강보험법」 제53조 제3항 제1호 위헌소원]

건강보험제도는 가입자인 국민이 납부하는 기여금 형태의 보험료와 국고 부담을 재원으로 하여 국민의 질병·부상에 대한 예방·진단·치료·재활과 출산·사망 및 건강증진에 대하여 보험급여를 실시함으로써 국민보건을 향상시키고 사회보장을 증진하기 위한 제도로서(「국민건강보험법」 제1조 참조), 국민에게 발생하는 사회적 위험을 보험의 방식으로 대처하는 일종의 사회보험제도이다.

사보험에서는 상업적·경제적 관점이 보험재정 운영의 결정적인 기준이 되지만, 사회보험에서는 사회정책적 관점이 우선하는데, 이러한 성격은 특히 보험료의 산정에 있어서 뚜렷하다. 사보험에서는 성별, 연령, 가입연령, 건강상태 등의 피보험자 개인이 지니는 보험위험, 즉 위험 발생의 정도나 개연성에 따라 보험료가 산정되지만, 사회보험에서의 보험료는 피보험자의 경제적 부담 능력(소득 등)에 비례하여 정해진다. 이는 사회보험이 사회연대의 원칙을 기반으로 하고 소득재분배 기능을 포함하고 있기 때문이다(헌재 2000. 6. 29. 99헌마289; 헌재 2003. 10. 30. 2000헌마801 참조).

3) 산업재해보상보험법 관련 판례

대법원 2014. 2. 27. 선고 2013두17817 판결[유족급여및장의비부지급처분취소]

근로자의 출퇴근은 일반적으로 출퇴근 방법과 경로의 선택이 근로자에게 유보되어 있어 통상 사업주의 지배·관리하에 있다고 할 수 없고, 「산업재해보상보험법」에서 근로자가 통상적인 방법과 경로에 의하여 출퇴근하는 중에 발생한 사고를 업무상 재해로 인정한다는 특별한 규정을 따로 두고 있지 않은 이상, 근로자가 선택한 출퇴근 방법과 경로의 선택이 통상적이라는 이유만으로 출퇴근 중에 발생한 재해가 업무상의 재해로 될 수는 없다. 따라서 출퇴근 중에 발생한 재해가 업무상의 재해로 되기 위해서는 사업주가 제공한 교통수단을 근로자가 이용하거나 또는 사업주가 이에 준하는 교통수단을 이용하도록 하는 경우, 외형상으로는 출퇴근의 방법과 그 경로의 선택이 근로자에게 맡겨진 것으로 보이지만 출퇴근 도중에 업무를 행하였다거나 통상적인 출퇴근시간 이전 혹은 이후에 업무와 관련한 긴급한 사무처리나 그 밖에 업무의 특성이나 근무지의 특수성 등으로 출퇴근의 방법 등에 선택의 여지가 없어 실제로는 그것이 근로자에게 유보된 것이라고 볼 수 없고 사회통념상 아주 긴밀한 정도로 업무와 밀접·불가분의 관계에 있다고 판단되는 경우 등 근로자의 출퇴근 과정이 사업주의 지배·관리하에 있다고 볼 수 있는 경우라야 한다(대법원 2007. 9. 28. 선고 2005두12572 전원합의체 판결; 대법원 2010. 4. 29. 선고 2010두184 판결 등 참조).

4) 국가유공자 등 예우 및 지원에 관한 법률(약칭: 국가유공자법) 관련 판례

대법원 2019. 5. 10. 선고 2017두53620 판결[국가유공자등록거부처분취소]

「국가유공자법」 제4조 제1항 제5호는 '군인이나 경찰·소방 공무원으로서 국가의 수호·안전보장 또는 국민의 생명·재산 보호와 직접적인 관련이 있는 직무수행이나 교육훈련 중 사망한 사람(질병으로 사망한 사람을 포함한다)'을 국가유공자 중 하나인 '순직군경'으로 정하고 있다. 이와 달리 '군인이나 경찰·소방 공무원으로서 국가의 수호·안전보장 또는 국민의 생명·재산 보호와 직접적인 관련이 없는 직무수행이나 교육훈련 중 사망한 사람'은 「보훈보상자법」* 제2조 제1항 제1호에 따라 보훈보상대상자 중 하나인 '재해사망군경'으로 정하고 있다. 이와 같이 국가유공자와 보훈보상대상자를 나누어 규정한 취지는 국가를 위하여 희생하고 공헌한 정도에 따라 보훈의 대상을 구분하여 그에 합당한 예우와 지원을 함으로써 보훈의 정체성 강화를 도모하려는 데 있다. 한편, 「국가유공자법」 제4조 제2항은 국가유공자 요건에 해당하는지에 관한 구체적인 기준과 범위를 대통령령으로 정하도록 위임하였다. 그 위임에 따라 「국가유공자법 시행령」 제3조 [별표 1] 제2-8호는 '국가의 수호 등과 직접적인 관련이 있는 직무수행 또는 교육훈련이 직접적인 원인이 되어 급성으로 질병이 발생하였다고 의학적으로 인정된 질병'(나목) 또는 '화학물질·발암물질·감염병 등 유해물질을 취급하거나 이에 준하는 유해환경에서의 직무수행 중 이들 유해물질 또는 유해환경에 상당한 기간 직접적이고 반복적으로 노출되어 질병이 발생하였다고 의학적으로 인정된 질병'(라목)으로 인하여 사망한 사람을 국가유공자 중의 하나로 정하면서 '기존의 질병이 원인이 되거나 악화된 경우는 제외한다'고 규정하고 있다. 반면, 「보훈보상자법」 제2조 제2항, 같은 법 시행령 제2조 [별표 1] 제11호는 종래 국가유공자로 인정되었던 '해당 질병의 발생 또는 악화(자연경과적인 진행 속도 이상의 급격한 악화를 말한다)가 직무수행 또는 교육훈련과 상당한 인과관계가 있다고 의학적으로 인정된 질병에 의하여 사망하거나 상이를 입은 사람'을 보훈보상대상자 중의 하나로 규정하고 있다.

이와 같은 법령 규정의 내용과 입법 경위 및 취지, 「국가유공자법」과 「보훈보상자법」 관련 규정의 차이 등을 종합해 보면, 「국가유공자법 시행령」 제3조 [별표 1]에서 규정한 바와 같이 직무수행 또는 교육훈련이 질병 발생의 '직접적인 원인'이 되었다거나 직무수행 또는 교육훈련 중 '유해물질 또는 유해환경에 상당한 기간 직접적이고 반복적으로 노출'되어 질병이 발생하였다고 인정하기 위해서는 그 사망 또는 상이가 국가의 수호 · 안전보장 또는 국민의 생명 · 재산 보호와 직접적인 관련이 있는 직무수행 또는 교육훈련을 주된 원인으로 하는 것이어야 한다고 봄이 타당하다. 따라서 사망 또는 상이에 직무수행이나 교육훈련이 일부 영향을 미쳤더라도 그것이 주로 본인의 체질적 소인이나 생활습관에 기인한 경우 또는 기존 질병이 직무수행이나 교육훈련으로 인하여 일부 악화된 것에 불과한 경우 등과 같이 직무수행이나 교육훈련이 그 사망이나 상이의 주된 원인이 되었다고 볼 수 없는 경우에는 국가유공자법령에서 정한 국가유공자 요건의 인정 범위에 해당한다고 할 수 없다(대법원 2016. 7. 27. 선고 2015두46994 판결; 대법원 2016. 8. 18. 선고 2014두42896 판결 등 참조).

* 정식 명칭은 「보훈보상대상자 지원에 관한 법률」이다.

5) 국민기초생활 보장법 관련 판례

헌법재판소 2012. 2. 23. 선고 2009헌바47 전원재판부[「국민기초생활 보장법」 제2조 제8호 등 위헌소원]

　(1) 「헌법」 제34조 제1항이 보장하는 인간다운 생활을 할 권리는 사회권적 기본권의 일종으로서 인간의 존엄에 상응하는 최소한의 물질적인 생활의 유지에 필요한 급부를 요구할 수 있는 권리를 의미한다(헌재 2000. 6. 1. 98헌마216, 판례집 12-1, 622, 646-647; 헌재 2003. 5. 15. 2002헌마90, 판례집 15-1, 581, 600-601 등 참조).

　그리고 국가가 인간다운 생활을 보장하기 위한 생계급여의 수준을 구체적으로 결정함에 있어서는 국민 전체의 소득수준과 생활수준, 국가의 재정규모와 정책, 국민 각 계층의 상충하는 갖가지 이해관계 등 복잡하고 다양한 요소를 함께 고려하여야 하며, 국가가 행하는 최저생활보장수준이 그 재량의 범위를 명백히 일탈하였는지 여부, 즉 인간다운 생활을 보장하기 위한 객관적인 내용의 최소한을 보장하고 있는지 여부는 특정한 법률에 의한 생계급여만을 가지고 판단하여서는 안 되고, 다른 법령에 의거하여 국가가 최저생활보장을 위하여 지급하는 각종 급여나 각종 부담의 감면 등을 총괄한 수준으로 판단하여야 한다(헌재 2004. 10. 28. 2002헌마328, 판례집 16-2하, 195, 207 참조).

　(2) 「기초생활보장법」*은 생활이 어려운 자에게 필요한 급여를 행하여 이들의 최저생활을 보장함과 동시에 그 자활을 조성함에 목적이 있는 것으로(「기초생활보장법」 제1조), 「기초생활보장법」상 급여는 어디까지나 보충적인 것이다(헌재 2005. 11. 24. 2005헌마112, 공보 110, 1246, 1248 참조).

　이러한 점을 고려할 때 일정한 재산을 소유하고 있고, 이러한 재산의 처분이나 사용·수익을 통하여 생계유지를 도모할 가능성이 있는 자를 수급권자의 범위에서 제외하기 위하여, 자활을 위한 노력에 활용될 수 있는 재산이 존재하는 경우 이를 소득으로 환산하여 소득인정액에 포함시키는 것이 「헌법」상 용인될 수 있는 재량의 범위를 일탈한 것으로 보이지는 아니한다.

　또한 기초적인 생활을 영위함에 있어 필수적인 비용 중 가장 규모가 큰 것이 주거비용임을 고려할 때, 주거용 소형 주택을 소유하고 있어 생계의 가장 기초적인 근거를 가지고 있는 자를 특별히 보호하는 내용의 규정을 두고 있지 않다고 하여 이것을 현저히 불합리한 것으로 볼 수는 없다. 한편, 이 사건 조항들을 구체적으로 시행하기 위하여 「기초생활보장법 시행규칙」이 기초생활의 유지에 필요하다고 보건복지부장관이 정하여 고시하는 기본재산액을 공제하도록 하고(「기초생활보장법 시행규칙」 제4조 제1항 제1호), 소득환산율을 정함에 있어 이자율, 물가상승률, 부동산 및 전세가격 상승률 등을 고려하는 등(「기초생활보장법 시행규칙」 제4조 제2항) 최소한의 보호조치를 취하고 있는 점을 고려하면, 이 사건 조항들이 인간다운 생활을 위한 객관적인 내용의 최소한조차 보장하지 못한다고 볼 수도 없다.

뿐만 아니라 주택을 소유하고 있는 국민은 한국주택금융공사에서 시행하고 있는 주택연금 제도 등을 통하여 일정액을 종신으로 지급받을 수 있는 등 다른 복지제도도 활용할 수 있어 더욱 그러하다.

따라서 이 사건 조항들은 「헌법」 제34조의 인간다운 생활을 할 권리를 침해하지 아니한다.

* 정식 명칭은 「국민기초생활 보장법」이다.

6) 사회복지사업법 관련 판례

대법원 2015. 10. 15. 선고 2015도9569 판결[「사회복지사업법」 위반, 업무상배임]

구 「사회복지사업법」(2011. 8. 4. 법률 제10997호로 개정되기 전의 것, 이하 같다)은 사회복지법인이 기본재산을 임대하고자 할 때에는 보건복지부장관의 허가를 받아야 하고(제23조 제3항 제1호), 위 규정을 위반한 경우에는 형사처벌을 받는다고 규정하고 있다(제53조 제1호). 그런데 구 「사회복지사업법」은 위 '임대'의 정의에 관하여 아무런 규정을 두고 있지 아니하므로 같은 법 제23조 제3항 제1호(이하 '이 사건 규정'이라고 한다)에 규정된 '임대'의 의미는 그에 관한 일반 규정인 「민법」에 의하여 정하여진다고 보아야 한다. 한편, 「민법」상 임대차는 당사자 일방이 상대방에게 목적물을 사용, 수익하게 할 것을 약정하고 상대방이 이에 대하여 차임을 지급할 것을 약정함으로써 그 효력이 생기므로(「민법」 제618조), 차임지급의무는 임대차의 요소에 해당한다. 결국 이 사건 규정에서 보건복지부장관의 허가사항으로 정하고 있는 '사회복지법인의 기본재산 임대행위'는 차임을 지급받기로 하고 사회복지법인의 기본재산을 사용, 수익하게 하는 것을 의미하고, 차임의 지급 약정 없이 무상으로 그 기본재산을 사용, 수익하게 하는 경우는 이에 포함되지 않는다고 할 것이다.

헌법재판소 2005. 2. 3. 선고 2004헌바10 전원재판부[「사회복지사업법」 제23조 제2항 등 위헌소원]

「사회복지사업법」제23조 제3항 제1호는 사회복지법인의 특수성을 고려하여 그 재산의 원활한 관리 및 유지 보호와 재정의 적정을 기함으로써 사회복지법인의 건전한 발달을 도모하고 사회복지법인으로 하여금 그 본래의 사업목적사업에 충실하게 하려는 데 그 목적이 있으므로 그 입법목적은 정당하고, 법인의 기본재산을 처분함에 있어 사회복지법인이 설립자나 법인 운영자의 사익이나 자의적 경영을 방지하기 위하여 보건복지부장관의 허가를 받도록 하는 것은 그 목적을 달성하는데 적절한 수단이라 하지 않을 수 없다. 또한 사회복지법인의 모든 재산에 대하여 보건복지부장관의 허가를 요하는 것이 아니라 정관에 등재된 기본재산만을 허가의 대상으로 제한하고 있고, 파산법에 의한 파산절차를 통한 채권변제절차를 막고 있는 것도 아니므로, 위 법률규정은 피해의 최소성이라는 요건을 갖춘 것이다. 아울러 입법자가 위 법률조항의 입법을 통하여 사회복지법인의 운영자유와 거래의 안전이나 거래의 상대방의 재산권보다 사회복지법인의 재정의 건전화에 대한 공익적 요구를 더욱 중요한 가치로 선택한 것을 두고 합리적인 근거가 없는 기본권의 침해라 할 수 없다.

7) 노인복지법 관련 판례

헌법재판소 2016. 6. 30. 선고 2015헌바46 결정[「노인복지법」제32조 제1항 제1호 위헌소원]

(1) 노인주거복지시설에 대한 국가의 의무

「헌법」제34조 제1항은 모든 국민은 인간다운 생활을 할 권리를 가진다고 하여 인간다운 생활을 할 권리를 보장하고, 동조 제4항은 국가는 노인과 청소년의 복지 향상을 위하여 정책을 실시할 의무를 진다고 하고 있다. 한편, 「헌법」은 제35조 제3항에서 국가는 주택정책개발을 통하여 모든 국민이 쾌적한 주거생활을 할 수 있도록 노력해야 한다고 규정한다. 따라서 국가는 노인의 특성에 적합한 주택정책을 복지 향상 차원에서 개발하여 노인으로 하여금 쾌적한 주거활동을 할 수 있도록 노력하여야 할 의무를 부담한다. 이에 따라 「노인복지법」제8조는 국가 또는 지방자치단체는 노인의 주거에 적합한 기능 및 설비를 갖춘 주거용 시설의 공급을 조장하여야 하며, 그 주거용 시설의 공급자에 대하여 적절한 지원을 할 수 있다고 규정하고 있다.

(2) 노인주거복지시설에 대한 관리·감독의 필요성

양로시설 등 노인주거복지시설의 주거복지는 개인의 독립성을 유지하면서 안전하고 안락한 일상생활의 유지를 위한 공간을 확보하고 주택의 건설과 공급, 그리고 이에 관련되는 서비스를 통하여 지원해 주는 것을 목적으로 한다.

이러한 노인주거복지시설 중 양로시설의 입소대상자는 ①「국민기초생활 보장법」에 의한 생계급여 수급자 또는 의료급여 수급자로서 65세 이상의 자, ② 부양의무자로부터 적절한 부양을 받지 못하는 65세 이상의 자, ③ 본인 및 본인과 생계를 같이하고 있는 부양의무자의 월평균 소득액이 전년의 도시근로자가구 월평균 소득을 전년도의 평균 가구원 수로 나누어 얻은 1인당 월평균 소득액 이하인 자로서 65세 이상의 자, ④ 자기부담으로 입소하는 60세 이상의 자 등이다. 위 ①과 ②의 경우는 입소비용 전부를 국가와 지방자치단체가 부담하고, ③의 경우는 일부를 부담한다(「노인복지법 시행규칙」 제14조, 제15조의2).

그런데 노인들이 입소하여 집단생활을 하게 되는 위와 같은 양로시설은 외부와 단절되거나 고립되기 쉬워, 문제가 발생하더라도 그 발견이 어렵고 은폐의 가능성이 높다. 더구나 양로시설에 입주하는 노인들은 대부분 신체적·정신적·정서적·성적으로 보호의 사각지대에 내몰리기 쉬워, 폭력과 착취의 대상이 되거나 안전사고에 노출될 위험도 있다. 그러므로 노인복지를 책임져야 할 국가와 지방자치단체는 양로시설 등 노인복지시설에서 노인들이 위와 같은 보호의 사각지대에 놓이지 않도록 이들을 보호하기 위한 제도를 마련하여야 한다. 즉, 국가와 지방자치단체는 해당 시설이 적정한 시설기준과 인력기준 등을 충족하는 쾌적한 주거생활을 제공하여 노인들이 안전하고 안락한 생활을 하고 있는지를 관리·감독할 의무가 있다.

8) 장애인복지법 관련 판례

대법원 2016. 1. 14. 선고 2015다218075 판결[부당이득금]

「장애인복지법」 제32조 제1항에 따른 장애인 등록결정은, 등록을 신청한 장애인이 「장애인복지법」 제2조에 규정된 장애인에 해당함(장애 인정)과 그 장애의 정도가 어떠한 장애등급에 해당하는지(장애등급 사정)를 공적으로 확인하고, 장차 등록장애인으로서 그 장애등급 등에 따라 장애인복지법령에 근거하여 실시되는 각종 복지 혜택을 누릴 수 있는 지위를 부여하는 효력이 있다. 따라서 「장애인복지법」 제32조 제1항에 따라 장애인 등록을 하면 그 장애등급에 따라 장애인복지를 위하여 마련된 각종 사회보장급여를 받을 권리를 가진다고 볼 수 있으므로, 장애인 등록을 받은 자는 원칙적으로 국가 등으로부터 받은 급여를 보유할 자격 내지 권한이 있다고 보아야 한다.

(생략)

이상과 같은 여러 사정을 종합하여 보면, 「장애인복지법」 제39조 제2항 및 시행규칙의 각 해당 규정에 정한 정당한 절차에 따라 장애인자동차표지를 발급받은 후 해당 장애인이 사망하거나 장애인의 가족이 그 장애인과 주민등록표상의 주소를 같이하지 않고 함께 거주하지 않게 된 경우에는 더 이상 법령이 정한 지원 대상에 속하지 아니하므로 급여를 수령하여 이를 보유할 자격 내지 권한이 없다고 보아야 한다.

3. 판례를 쉽게 검색하는 방법

1) 사건번호 확인

(1) 대법원 판결

대법원에서 2022년 9월 19일에 「의료법」 위반과 관련하여 선고된 2022도4063 판결이 있었다고 한다면, 이를 축약하여 "대법원 2022. 9. 19. 선고 2022도4063 판결 [의료법위반]"이라고 표현되는데, 이를 사건번호라고 한다. 이러한 표현은 대법원이 2022년 9월 19일에 2022도4063호 사건에 대하여 「의료법」 위반과 관련하여 판결을 선고했다는 의미가 된다. 다시 말해, 이 표현은 순서대로 판결을 선고한 법원명, 선고날짜, 사건접수번호(접수연도/소송 종류/접수번호)를 의미하는데, 실무상으로는 사건접수번호를 사건번호라고 부르고 있다.

　여기서 사건접수번호에서 가운데의 '도'는 형사사건의 제3심을 의미하는데, 형사사건의 제1심 단독사건은 '고단', 제1심 합의사건은 '고합', 제2심은 '노'로 표기된다. 한편, 민사사건의 제1심 단독사건은 '가단', 제2심의 합의사건은 '가합', 소액사건의 경우에는 '가소', 제2심은 '나', 제3심은 '다'로 표기한다.

(2) 헌법재판소 결정

　마찬가지로 헌법재판소가 2022년 8월 30일에 2022헌마1203호 사건에 대하여 위헌확인에 대한 결정을 내렸다면, 이를 축약하여 "헌법재판소 2022. 8. 30.자 2022헌마1203 결정[헌법재판소 결정 위헌확인]"이라고 표현되는데, 이를 사건번호라고 한다.

　여기서 사건번호는 헌법재판소 규칙에 따라 정해지는데, 사건번호는 연도구분, 사건부호 및 진행번호로 구성된다. 사건부호로는 위헌법률심판 사건은 '헌가', 탄핵심판 사건은 '헌나', 정당해산심판 사건은 '헌다', 권한쟁의심판 사건은 '헌라', 「헌법재판소법」 제68조 제1항에 따른 이른바 권리구제형 헌법소원은 '헌마', 「헌법재판소법」 제68조 제2항에 따른 이른바 법령소원(또는 위헌소원)은 '헌바'를 사용한다.

2) 법원 판결 및 헌법재판소 결정 검색 방법

　법원이 내린 판결문은 공식적으로는 법제처 국가법령정보센터 홈페이지(https://www.law.go.kr) 또는 대한민국 법원 종합법률정보 홈페이지(https://glaw.scourt.go.kr)에서 검색이 가능하다.

　이 홈페이지들의 검색창에 검색이 필요한 주제어를 입력하거나 앞서 살펴본 사건번호를 입력하면 판결문이 검색된다. 그러나 대법원의 판결 이외의 판결에 대해서는 개인정보보호를 문제로 특별한 사정이 없는 한 검색이 되지 않는다는 점을 유의해야 한다.

　물론 2019년 1월 1일부터 '판결서 인터넷 통합열람 · 검색 서비스'를 개시함에 따라 종전과는 달리 대한민국 법원 홈페이지(https://www.scourt.go.kr)에 접속하여, 특정 사건의 사건번호, 주제어, 당사자명 등을 입력할 수 있는 경우에는 전국 모든 법원의 판결서 열람·검색이 제한적으로 가능해졌다.

마찬가지로 헌법재판소의 결정문은 헌법재판소 홈페이지(https://www.ccourt. go.kr)에 접속하여 검색창에 검색이 필요한 주제어를 입력하거나 앞서 살펴본 사건번호를 입력하면 결정문에 대한 검색이 가능하다.

제**11**장

사회복지와 법적 실천[1]

거시사회복지실천이란 사회복지 전문가가 사회보장사업 수행체계 내의 한 주체로서 사회보장권이라는 추상적 권리를 구체적인 급여로 전환하는 정책 수행 과정(법, 행정, 재정)에 참여하여 펼치는 노력이라고 할 수 있다(유태균, 2020: 17). 즉, 거시사회복지실천은 사회복지 목적을 달성하기 위한 계획으로서 정책을 수립하고 그 정책이 실행되도록 정당성을 부여해 주는 법을 제정 또는 개정한 후, 법에 근거하여 효과적으로 정책이 집행되도록 관리해야 하는 행정의 수행과 필요한 재정이 확보될 수 있도록 전 과정 또는 단계별 과정에 참여하는 것이라고 할 수 있다(유태균, 2020: 16-17). 그러므로 사회복지에서 법적 접근은 거시사회복지실천의 한 단계에 해당하는 접근 방식이라고 볼 수 있다.

---

1) 이 장은 "김광병(2022). 사회복지의 법적 실천에 관한 탐색적 연구. 사회복지법제연구, 13(3), 3-22."와 "김광병(2021). 「사회복지법제와 실천」 교과목에서 '실천'에 관한 교육 방향. 법과인권교육연구, 14(3), 125-139."의 내용을 요약 정리한 것이다.

따라서 이 장에서는 실질적으로 사회복지사가 현장에서 활용하고 적용할 수 있는 사회복지의 법적 실천에 대해 살펴보도록 한다. 사회복지사가 현장에서 모든 법적 실천을 수행하는 것은 불가능하며 그럴 필요도 없다. 사회복지사는 법 전문가가 아니기 때문에 사회복지 전문가로서 사회복지가 추구하는 목적을 보다 효과적으로 달성시킬 수 있는 수준에서만 법을 활용하면 된다.

1. 사회복지와 법

법치국가에서 사회복지는 반드시 법이 제정되어 법에 근거하여 실천될 수밖에 없다. 사회복지법이 존재한다는 것은 사회복지가 공식적이고 제도화되었다는 것이며, 국가와 지방자치단체의 책임하에 모든 국민에게 적용된다는 것을 의미한다.

사회복지는 사람을 둘러싼 각종 사회문제를 해결하고 사회적 요인으로 발생되는 욕구를 충족하여 모든 사람이 사람답게 살아갈 수 있도록 삶의 질을 향상하는 데 그 목적을 두고 있어 기본적으로 실천의 행위를 하게 한다.

사회복지가 실천된다고 하는 것은 사람의 복지가 증진되도록 계획을 세워 그것을 달성하기 위한 행위를 한다는 점에서 반드시 정책적일 수밖에 없다. 사회복지정책이란 사회복지의 목적을 달성하기 위한 계획된 행동, 지침 등을 일컫는 것으로, 사회복지가 실천되기 위해서는 사회복지의 정책이 반드시 앞서 존재하게 된다. 그리고 사회복지정책이 현장에서 효과적으로 실천되기 위해서는 잘 관리되어야 하는데, 이것이 바로 사회복지행정이라고 한다. 그러므로 사회복지가 정상적으로 작동되기 위해서는 정책 결정을 한 후 행정의 행위를 통해 실천으로 나아가게 되는 과정을 거치게 된다.

지금까지 거시적 사회복지학에서는 이러한 정책, 행정, 실천의 관계성을 설명하면서 과거처럼 정책과 실천이 분리되어 있지 않고 실천의 전문성이 나타나려면 정책과 행정을 바로 이해하고 있을 때 가능하다고 보았다.

하지만 법치국가에서 이러한 모든 상호작용이 가능하게 하려면 법적 장치가 마런되지 않는다면 불가능하게 된다. 관련 법이 없다면 근거도 없고, 권한도 없으며 권위적이지도 못하므로 아예 사회복지가 작동될 수 없게 된다.

사회복지에 있어서 법은 계획된 사회복지정책이 실행될 수 있도록 정당성을 부여하여 책임 주체로서 국가 및 지방자치단체가 역할을 할 수 있도록 한다. 그리고 정책을 구체화하여 현실 사회에서 집행될 수 있도록 국가와 지방자치단체 간 그리고 광역지방자치단체와 기초지방자치단체 간에 권한과 책임을 나누고 조정하여 각 주체가 수행해야 할 업무가 성공적으로 진행될 수 있도록 관리하는 행정행위를 하게 하고 이를 통해 효과적으로 정책 내용이 집행될 수 있도록, 즉 실천되도록 재원을 마련하여 투입하는 실효적 힘을 발휘하게 된다. 또한 일선에서 사회복지사 등 전문가가 정책의 목적 달성을 위해 직접적인 실천행위를 어떻게 해야 할지를 안내하는 역할도 한다.

이상과 같이 사회복지법이 제정된다면 사회복지는 공식적으로 제도화되어 실제 작동하게 된다. 그리고 사회복지법에 따라 사회복지 대상자의 권리가 보장되고, 국가와 지방자치단체의 책임을 명확히 하며, 책임 주체 간에 행정행위가 이루어지도록 한다. 또한 필요한 예산을 확보하여 집행되도록 하며, 사회복지사의 실천행위 근거를 제공한다. 따라서 법은 사회복지가 작동되고 실천되는 근거이자 원동력이며 전 과정이라고 할 수 있다. 그러므로 법을 통한 사회복지 접근은 사회복지사가 갖추어야 할 새로운 전략이라고 할 수 있다.

2. 법학에서의 '법 실천'과 사회복지학에서의 '실천'

법학에서 '법 실천'은 넓은 의미의 법 실천과 좁은 의미의 법 실천으로 구분하여 이해할 수 있다. 넓은 의미의 법 실천은 법 전문가에 의한 법 실무를 비롯하여 행위 근거로서 법에 근거한 자신의 행위를 정당화하거나 설명할 수 있는 모든 법적 활동을 말한다. 좁은 의미의 법 실천은 법 전문가에 의한 법 실무로서 법조 실무와 법제 실무를 의미한다. 법조 실무는 사법 절차와 관련된 소송 실무라 할 수 있고, 법제

실무는 법 입안을 위한 실무라고 할 수 있다.

사회복지사가 법 전문가는 아니라는 점에서 법학의 좁은 의미의 법적인 실천이 될 수는 없고, 행위 근거로서 법에 근거한 사회복지사의 행위를 정당화하거나 설명할 수 있는 모든 법적 활동으로 이해하는 것이 타당하다.

한편, 전통적으로 사회복지실천에는 두 가지 관점이 있다(신명호, 2012: 74-76). 기능(function)으로서의 사회복지실천과 운동(cause)으로서의 사회복지실천이 있다. 기능으로서의 사회복지실천은 개인과 가정에 초점을 맞추고 어떤 사람의 욕구와 그가 맺고 있는 관계의 특성을 파악해서 그에 맞는 서비스를 제공하는 미시적 접근의 실천을 말한다. 반면, 운동으로서의 사회복지실천은 개인이 필요로 하는 서비스도 제공하지만, 그와 동시에 빈민을 둘러싸고 있는 환경의 문제를 특히 강조하면서 사회문제를 널리 알리고 입법운동도 벌이며 정치적 행동을 통해 사회 전체의 제도적 환경을 바꾸고자 하는 거시적 접근의 실천을 말한다.

따라서 '법적 실천'은 사회복지의 거시적 접근의 실천에서 이해될 수 있고, 사회문제와 사회적 욕구 등을 해결하기 위해서는 관련 사회복지법의 제정이나 개정을 통해 달성될 수 있으며, 사회복지사의 모든 행위는 관련 사회복지법에 근거하고 있다는 점에서 기본적으로 '법적 실천'은 사회복지법의 제·개정과 관련한 활동, 사회복지법의 내용을 이해하고 해석하여 적용시킬 수 있는 능력으로서의 실천이라고 할 수 있다.

3. 사회복지의 법적 실천에 관한 관점

1) 최승원 등의 관점

최승원 등(2018: 58-59)은 사회복지사에게 필요한 법적인 실천능력을 네 가지 측면에서 설명하고 있다.

첫째, 사회복지실천과 법적 기법의 통합 필요성을 제시한다. 사회복지사가 필요로 하는 법적 기법은 법, 법률 제도 및 절차에 관한 일반적 지식, 조사, 인터뷰, 법률 문서 조사 방법, 법률 문서 작성, 판결 자료의 준비, 공식적 · 비공식적 옹호 방법 및 의사결정의 재량과 기속 개념 이해 등이 필요하다.

둘째, 법리적 이론 습득이 필요하다. 즉, 판례와 법령이 규칙, 절차 및 행동을 통제하고 영향을 주는 정도, 법률 조직 간의 관계와 그 관계가 법의 집행 방식에 미치는 효과 등을 습득해야 한다.

셋째, 사회복지실천에 필요한 법적인 지식과 기법의 교육이 필요하다. 사회복지실천 개입에 대한 클라이언트의 동의, 부모와 아동의 법적 권리에 대한 이해, 판례에 나타난 증거와 평가의 고증, 실천에서 법적 권위의 활용, 법정에서의 기본적이고 사실적인 증언 방법, 전문적 실천에서 함축된 법적인 의무 등을 알아야 한다.

넷째, 입법 과정, 행정 과정 및 사법 과정의 이해가 필요하다. 입법 과정에서 사회복지 대상자의 보호에 필요한 입법이 되도록 감시, 평가 및 개입에 관한 기법이 필요하고, 행정 과정에서 사회복지서비스의 제공을 입법 목적 및 목표와 연결시키는 법적 기법이 필요하며, 사법 과정에서 법원에서 계류된 사건들을 다룰 수 있는 법적 기법을 숙지해야 한다.

최승원 등의 관점은 사회복지실천에 있어서 법적인 기본지식과 법리 그리고 관련 법률의 내용을 이해하고 이를 실천에서 활용 및 적용하는 데 있다. 그리고 법에 근거한 사회복지사의 역할, 클라이언트의 권리를 파악하는 등 사회복지 입법을 통해 문제를 해결하는 데 있다. 여기서 주의할 점은 사회복지사가 법조인이거나 법전문가가 아니라는 측면을 고려해서 법적인 기법들의 사용 범위를 한정할 필요가 있다는 것이다.

2) 김수정의 관점

김수정(2017: 26-27)은 사회복지법과 관련한 사회복지사의 역할을 세 가지 측면에서 설명하고 있다.

첫째, 사회복지법 제정 및 개정 등의 입법 과정에 참여자로 활동한다. 사회복지사는 클라이언트의 삶을 가까이에서 보면서 보완해 주고 반드시 필요한 법 내의 사각지대를 파악할 수 있는 존재이다. 더욱이 사회복지사가 옹호해야 하는 클라이언트는 스스로 사회에 목소리를 내기에는 어려운 사람들이 많으므로 사회복지사가 사회적 분위기를 주도하는 것과 함께 입법과 개정에 대한 필요성 제기, 서명운동, 집회 등을 전개함으로써 사회복지법의 입법 및 개정에 있어서 중심적 역할을 해야 한다.

둘째, 법의 안내자 역할을 한다. 법에 명시된 대로 사람들은 사회에서 권리를 보장받을 수 있고 또한 이에 불응할 경우 처벌을 받을 수도 있다. 따라서 사회복지사는 법으로 보장받을 수 있는 것이 무엇인지 소개하고 안내하여 클라이언트가 스스로 자신의 권리를 찾도록 도와주는 역할을 해야 한다. 그러기 위해서는 사회복지법의 기본적인 내용을 사회복지사가 숙지하고 있어야 한다.

셋째, 클라이언트와 함께 법에 맞서 싸울 수 있는 협력자의 역할이다. 사회복지사는 사람들이 스스로 권리를 찾을 수 있도록 안내하는 동시에 함께 그 권리를 찾는 싸움에 동행하고 참여해야 한다. 이렇게 함께 싸워 가는 것이 인권 실천가인 사회복지사의 역할 및 영역의 확대뿐 아니라 전문성에 더 가까이 다가갈 수 있다.

김수정의 관점은 문제를 해결하기 위해 사회복지 입법이 중요하므로 입법 과정에서의 역할, 입법 후 법률에 근거한 문제해결 또는 권리의 내용을 보장하기 위해 법의 내용 파악 및 안내, 권리를 보장하기 위한 직접적 역할을 제시하고 있다. 즉, 입법을 통한 권리보장 또는 문제해결과 권리보장을 위한 직접적 행동을 제시하고 있다.

3) 김훈의 관점

김훈(2012: 163-171)은 법적 과정에서 사회복지사에게 필요한 역할을 네 가지 측면에서 설명하고 있다.

첫째, 입법 과정에 참여해야 한다. 사회문제 해결을 위한 정책 형성은 입법으로 귀결되므로 기본적으로 옹호자의 역할을 수행하면서 정치인들에게 쟁점에 대한 관심을 일으키고, 그 중요성을 인식케 하고, 문제해결을 위한 법안이 제출되도록 하며, 법이나 규정의 통과를 위한 압력행사 등의 로비활동(의원 접촉, 편지 발송, 전화 통화, 위원회 증언 등), 법이나 규정을 실천하도록 한다.

둘째, 행정부의 위임입법과 법의 집행 단계에 관여해야 한다. 행정부의 규칙을 분석하는 능력과 의견서 작성능력이 필요하며, 행정부의 행정행위인 법의 집행 단계에 관여해야 한다. 행정부는 법률상의 맥락 속에서 작용하게 되는데, 이 과정이 법의 집행 단계이다. 행정행위는 공법 영역에 속하는 구체적 사실을 규율하는 행위이며, 공권력의 행사로 명령 또는 강제하는 권력적 단독행위이다. 그 결과 행정행위는 국민에 대해서 직접적인 법적 효과에 의해서 국민의 권리와 의무가 창설 또는 박탈되거나 그 범위가 확정되는 등 기존의 권리 상태의 변동이나 일반적 법 상태의 구체화가 직접 야기된다. 읍면동 단위의 사회복지전담공무원은 법적 근거에 의해 급여대상자의 조사, 급여신청의 접수, 자산 및 소득 조사, 급여의 결정, 수급자에 대한 서비스 제공, 직업훈련 및 취업알선의 복지 업무를 담당한다. 따라서 사회복지전담공무원은 관련 법령을 해석하고, 그 법령에 따라 집행하며, 법 시행상의 문제점을 파악하고 개선을 제안하는 역할을 할 수 있어야 한다.

셋째, 행정구제제도에 참여해야 한다. 행정구제란 행정작용으로 권리 또는 이익을 침해당한 자가 국가기관에 원상회복, 손해전보를 구하거나 당해 행정작용의 취소 또는 변경의 청구, 기타 피해구제를 청구하는 모든 제도를 말한다. 우리나라의 행정구제제도에는 손해전보제도(행정상 손해배상과 행정상 손실보상)와 행정쟁송제도(행정심판과 행정소송)가 있다. 행정구제제도는 행정청의 사회복지행정의 적법성 또는 타당성의 보장과 사회복지급여 대상자의 권익침해에 대한 구제라는 측면에서 볼 때, 행정상의 쟁송이 의미가 있다. 여기서는 행정심판과 관련한 참여를 다룬다. 행정심판은 행정청의 위법 또는 부당한 처분, 그 밖의 공권력의 행사 또는 불행사 등으로 인한 국민의 권리 또는 이익의 침해를 구제하고, 아울러 행정의 적정한 운영을 기함을 목적으로 하는데, 심판의 과정에는 당사자로서 심판 결과로 법률상 이익이 있는 자가 참여하지만, 행정심판위원회에서 필요하다고 인정할 때에는 그 요구에 의해 이해관계자가 참여할 수 있으므로 사회복지사가 복지대상자와 관런된 행정심판에 참가할 수 있다. 이 경우 전문가 차원의 견해를 증언한다거나, 담당하는 사례에 클라이언트가 관련되어 있을 경우 그 클라이언트의 안내자, 촉매자, 정보제공자의 지위에서 참가할 수 있다.

넷째, 행정소송과 더불어 사법제도에서의 역할이다. 소송이 발생했을 때 법원에서의 역할로는 클라이언트의 권익 침해를 주장하고 권익 보호를 추구하면서 이익을 대변, 클라이언트를 옹호하는 차원에서 증인의 역할, 법원으로부터 전문가적 판단을 증언하도록 요청받을 수 있는 전문가 증인이 될 수도 있다.

김훈의 관점은 사회문제를 해결하기 위한 사회복지 입법의 중요성과 그에 따른 역할, 입법 후 사회문제 해결을 위한 올바른 법 해석과 집행을 위한 역할, 권리침해 시 권리구제를 위한 역할 및 소송에서의 역할 등을 제시하고 있다.

4) 신복기의 관점

신복기(2014: 63-67)는 사회복지사가 법률과 법률 시스템에 관한 지식이 없으면 이용자의 인권과 이익보호는 물론 효과적으로 실천에 임할 수도 없게 된다는 점을 들어 두 가지 차원에서 설명하고 있다.

첫째, 법률 및 법률 시스템에 관한 지식이 필요하다. 불합리한 법률의 비판과 개정, 새로운 법령의 입법 청원, 소외계층의 권익 강화를 위한 집단소송에 참여할 수 있어야 하며, 이와 관련된 법률 및 법률 시스템에 관한 지식이 필요하다.

둘째, 법령을 해석하고 적용할 수 있어야 한다. 각종 사회복지법령은 사회복지사들이 수급자 선정 및 복지서비스 제공 형태 등의 내용을 결정하고, 사회복지사의 직무수행 시 필요한 권한(권리)과 의무 등을 부여하고 있으며, 이용자들의 권리보장과 의무 및 책임 등을 규정하고 있으므로 사회복지법령을 해석하고 적용할 수 있어야 한다.

신복기의 관점은 권리보장 및 문제해결을 위해 입법의 필요성과 관련 법률 및 시스템에 관한 지식을 알아야 하며, 이를 위한 법령을 해석하고 적용할 수 있는 능력 등을 제시하고 있다.

5) 정진경의 관점

법 기반 사회복지실천은 다양한 사회복지 분야에서 클라이언트를 옹호하며 효과적인 문제해결을 위해 필요하다. 정진경(2016: 173-195)은 법 기반 사회복지실천은 입법·사법체계에서의 사회복지실천기술의 활용과 사회복지실천현장에서의 법 기반 의사결정 및 법 전문가와의 상호작용을 기반으로 이루어지는 사회복지 개입 활동으로 보고 있다.

(1) 법 기반 사회복지실천을 위한 지식과 기술

첫째, 관계법령 내용에 대한 지식이 필요하다. 사회복지사 자신의 주된 업무가 직접적으로 도출되는 사회복지법령에 대한 상세한 내용을 알아야 한다. 법령에서 규정하는 개입의 절차와 범위, 관계기관과의 협력, 조치의 판단기준 등 사회복지사의 실천 권한이 무엇이며, 해야 할 의무의 내용이 어디까지인지에 대한 지식이 필요하다.

둘째, 법조문 해석 기술이 필요하다. 법조문의 정확한 의미를 파악할 수 있어야 한다.

셋째, 법체계에 대한 지식이 필요하다. 일반법과 특별법의 적용 우선순위와 효력의 우선순위, 법률에서 위임한 명령과 행정규칙 등의 제정, 행정지침 등의 내용이 상위법에 근거하고 있는지 등을 살피기 위해 수직적 체계와 수평적 분류에 따른 성격을 알아야 한다.

넷째, 피해자 인터뷰 기술이 필요하다. 피해자와 관련한 진술의 확보는 증거로 채택될 수 있으므로 피해자 기반 인터뷰 기술이 필요하다.

다섯째, 경찰 및 법 전문가와의 협업기술이 필요하다.

여섯째, 법률서비스 안내 및 제공이 필요하다. 사회복지 이용자가 권리구제에 대한 욕구가 있을 경우 이에 대한 절차와 도움을 받을 수 있는 기관을 소개할 수 있으며, 진술 조력인·법률 조력인 제도에 대한 안내, 변호사 선임에 관한 무료법률서비스 안내, 장애인을 위한 사법지원서비스 안내, 경우에 따라 수사 및 재판의 절차와 단계 등에 대한 필요한 정보 제공을 해야 한다.

일곱째, 사례관리 및 필요한 서비스 제공을 해야 한다. 관계법령에 규정된 역할 및 의무를 비롯하여 사회복지기관의 전문적 판단에 따라 필요한 서비스를 제공해야 한다.

(2) 입법체계에서의 역할

입법 절차에 대한 기본 지식을 바탕으로 직간접적인 법 제정 요청 및 실질적인 법 제정 과정에 참여한다.

첫째, 입법 청원자로서 입법 관계자들의 관심을 환기시키고 주목하게 하는 이슈화 과정, 사회복지 대상자들로부터 입법을 위한 탄원서 첨부 등을 할 수 있다.

둘째, 정보 제공자로서 정부 또는 국회의 법률 입법자에게 필요한 자료와 정보를 제공하여 문제의 심각성, 사례 등을 정리하고 관련 해외 입법례 등과 같은 지식 정보를 제공한다.

셋째, 조직·행동가로서 입법을 위해 필요한 여론의 환기와 집합적 행동을 통해 입법에 대한 강력한 의지를 표출한다.

넷째, 로비스트로서 국회상임위원회 의원, 지역구 의원, 정당 전문위원 등 핵심적인 입법 전문가에게 정당한 영향력을 행사한다.

다섯째, 입법 감시자로서 입법 과정 및 입법자의 활동을 면밀히 살피고 감시하는 역할로 입법안에 대한 보이콧이나 반대 의사 전달 등의 역할을 한다.

(3) 입법체계에서의 기술

법적 지식을 갖추어야 한다. 즉, 입법 절차, 법률제도 및 절차에 관한 일반적 지식, 조사와 인터뷰를 통한 자료의 확보, 법률문서 검색 방법, 법률문서 작성 등에 대해 알아야 하며, 실제 이를 수행할 수 있는 기술이 필요하다.

첫째, 문제의 분석 기술이 필요하다. 특정 법 규정으로 인해 발생하는 문제가 무엇인지를 밝혀내고, 해당 문제의 해결을 위해서는 무엇보다 법규 개정이 필요하다는 근거를 객관적이고 타당하게 제시할 수 있는 문제의 분석기술이 필요하다.

둘째, 법률을 조각할 수 있는 기술이 필요하다. 법률안, 혹은 법률 개정안의 예를 제시할 수 있는 기술이 필요하다. 현재의 법률 규정과 개정안을 비교해서 설명할 수 있어야 하며, 이를 위해서 사회복지법률의 내용 구조, 사용하는 법률 용어, 법률 조항 서술에 친숙할 필요가 있다.

셋째, 영향력을 행사할 수 있는 기술이 필요하다. 해당 사회복지법을 지지할 입법가들을 다수 섭외하거나 혹은 가장 큰 영향력을 행사할 수 있는 입법가를 확보하여 이들로 하여금 법안 검토 기간, 공청회 개최 등 입법이 추진될 수 있도록 지속적인 계획을 함께 수립한다.

넷째, 여론 형성을 위한 기술이 필요하다. 사회복지법 관련 토론회를 직접 개최하거나 언론매체를 통한 보도자료 배표, 피케팅 등 다양한 방식으로 여론을 형성할 수 있어야 한다.

(4) 사법체계에서의 역할

첫째, 사회복지사는 아동학대나 가정폭력의 가해자, 장애인 인권유린 시설의 장 등을 상대로 법원에 직접 사건을 소송하는 원고가 될 수 있다.

둘째, 사회복지사는 전문가로서 증인으로 법정에 설 수 있다. 또한 사건과 관련된 정보와 자료의 제공을 요청받으면 이를 제출하는 증거 제공자의 역할을 한다.

셋째, 사회복지사는 재판 절차에서 법정으로부터 일정한 양식에 따른 보고서를 제출할 것을 명령받게 되면 보고자가 된다.

넷째, 사회복지사는 취약한 대상자들을 대변하는 옹호자가 된다.

다섯째, 사회복지사는 법원의 심리 과정에서 약자들을 위한 보호자로서의 역할을 한다.

여섯째, 사회복지사는 변호사 등 법 전문가와의 협업을 통해 클라이언트의 인터뷰, 클라이언트의 심리사회적 욕구 사정, 전문서비스 알선 의뢰 등을 할 수 있다.

일곱째, 법적 쟁송의 외부에 있는 문제들에 대한 다양한 시각을 제공하고, 클라이언트가 필요한 법적 과정에 참여할 수 있도록 지속적으로 영향을 미칠 수 있다.

(5) 사법체계에서의 기술

법령에 대한 법리적 해석능력, 법령이 정한 규칙과 절차를 찾아 해석하고 이러한 적법 절차에 대한 준수 여부 등을 판단할 수 있어야 한다. 그리고 판례와 서비스 실천 과정에서 나타난 증거의 수집, 클라이언트에 대한 공식적·비공식적 옹호 방법, 판결자료의 준비, 법정에서의 기본적인 증언 방법 등이 있다.

정진경의 관점은 법 기반 사회복지실천의 중요성을 제시하면서 사회복지법에 근거한 사회복지사의 행위와 클라이언트의 권리를 보장하기 위해서 관계법령 내용에 대한 지식과 법조문 해석 기술, 권리구제 안내 등의 역할을 제시하고 있다. 그리고 입법 과정과 체계에서의 역할과 기술, 사법체계에서의 역할과 기술을 제시하고 있다.

이상의 사회복지(사)의 '법적인 실천'에 관한 다양한 관점에서 공통적으로 나타나는 것은 사회문제를 해결하거나 클라이언트의 권리를 보장하기 위해서는 법 기반 사회복지실천의 실현이라는 측면에서 우선 기본적으로 관련 사회복지 입법을 통해서 가능하므로 입법을 위한 역할이 필요하며, 행위적 측면에서 입법된 사회복지법의 내용을 파악하고 해석하여 적용할 수 있는 역량이 필요하다는 것이다.

그러나 사회복지사는 법 전문가나 법조인이 아니라는 점에서 '법적인 실천'을 위한 범위가 설정될 필요가 있다. 앞의 다양한 관점에서는 법 전문가가 해야 할 역할까지 제시되는 경우가 있어 한계가 있다. 사회복지사와 법조인 두 집단 간의 협업이 가능하겠지만 각각 고유의 업무를 가지고 있어 서로 교차하여 업무를 수행한다는 것은 비효율적일 수 있다.

따라서 사회복지사로서 '법적인 실천'을 한다는 것은 법조인이 수행하는 법조실무나 법제실무와는 차별화된 '법적인 실천'이 필요하다.

이러한 맥락에서 법학에서의 넓은 의미의 '법 실천' 중 좁은 의미를 제외한 관점을 사회복지학에 도입할 필요가 있다. 즉, 사회복지사의 행위 근거인 사회복지법에 근거하여 사회복지사의 행위를 설명하고 정당화할 수 있는 모든 법적 활동을 사회복지의 '법적인 실천'이라고 할 수 있다.

4. 사회복지의 법적 실천 방법

사회복지현장에서 사회복지사가 접근할 수 있는 법적 실천은 크게 세 가지 측면에서 가능하다. 하나는 국민(클라이언트)의 권리보장을 위한 실천적 측면과 다른 하나는 사회복지사의 책임과 의무를 위한 실천적 측면, 마지막으로 사회복지제도 변화를 위한 실천적 측면이 그것이다(김광병, 2021, 2022).

1) 클라이언트의 권리보장을 위한 법적 실천

사회복지가 권리라는 것은 누구도 부인하지 못한다. 사회복지가 권리라는 의미는 국가 및 지방자치단체가 국민의 사회복지를 책임지고, 국민은 그에 대한 권리를 주장할 수 있다는 것이며, 이는 관련 사회복지법에서 대상자의 권리 내용이 규정되어 있다는 것이다.

사회복지사의 활동은 클라이언트의 문제를 해결하고 욕구를 충족시키는 데 있는데, 이것을 법적인 관점에서 본다면 관련 사회복지법에서 클라이언트에게 필요한 급여 및 서비스 등을 명시하고 그것을 제공할 수 있도록 규정하고 있으므로 가능하게 된다.

하지만 권리의 주체인 당사자가 자신에게 주어진 사회복지에 대한 권리가 무엇인지 모르거나 그를 돕는 사회복지사가 그들이 가지고 있는 권리의 내용을 모른다면 권리를 보장해 줄 수 없을 뿐만 아니라 사회복지를 실천할 수도 없게 된다. 따라서 사회복지사는 기본적으로 클라이언트 등이 가지게 되는 사회복지에 관한 권리가 무엇인지 알고 있어야 하며, 당사자에게 그 권리가 무엇인지 알려 스스로 주장하도록 할 필요가 있다.

사회복지법에 나타난 권리 내용의 실체는 주로 급여, 복지조치, 보호조치 등으로 나타나고 있다(김광병, 김수정, 2012: 64-68). 급여의 내용으로는 법에 따라 다르기는 하지만 현금급여, 현물급여, 서비스, 사회복지시설 이용 등이며, 복지조치의 내용으로는 사회참여지원, 관련 기관 설치·운영, 실태조사, 대상자 등록, 전문가 배치, 상담, 자금 대여, 생산품 구매 등 다양하게 제시되고 있다. 법에 따라서는 복지조치의 내용으로 현금급여도 포함시키는 법도 있다. 보호조치의 내용으로는 상담, 지도, 시설 입소, 치료, 교육 등으로 나타나고 있다. 그러나 이러한 사회복지에 대한 권리의 내용은 법에 따라 다르게 구분하고 있지만, 그 내용은 현금급여 제공, 현물급여 제공, 서비스 제공, 기회 제공, 시설 이용 등으로 요약될 수 있다.

이상과 같은 사회복지의 권리가 침해되었을 때는 권리구제를 통해 회복시킬 수 있다. 그러나 관련 사회복지법에서 권리침해 시 권리구제 장치가 마련되어 있는 법도 있지만 그렇지 못한 법도 존재하고 있다(김광병, 김수정, 2012: 69-72).

권리구제에는 행정적 권리구제와 사법적 권리구제로 나눌 수 있다. 행정적 권리구제는 처분청의 처분이 부당할 때 처분청에 이의신청 또는 심사청구 등을 하는 불복절차로서 일반적으로 사회복지법에서는 2차까지 신청할 수 있도록 규정되어 있다. 그리고 처분청의 부당성 및 위법성 행정행위로 권익이 침해되었을 때 행정심판위원회를 통해 구제받는 행정심판도 존재한다. 행정심판은 행정소송의 전심절차에 해당한다. 사법적 권리구제는 법원에서 소송을 통해 구제받는 것으로, 3심제가 적용되고 있다. 소송에는 민사소송, 행정소송, 형사소송이 있는데, 사회복지는 주로 행정소송의 대상이 된다. 행정소송은 행정기관의 위법한 처분이나 공법상 권리관계의 다툼이 있을 때 그 해결 및 구제를 위한 소송 절차라고 할 수 있다.

그러므로 사회복지사는 클라이언트의 사회복지에 관한 권리가 무엇인지 알고, 클라이언트에게 그 권리를 주장할 수 있도록 안내하고, 권리가 침해되었을 때 절차에 따라 구제받을 수 있도록 도울 필요가 있다. 그리고 사회복지사가 클라이언트를 위해 행위하는 것들은 클라이언트의 권리보장을 위한 것이며, 이는 관련 사회복지법에서 그 행위의 정당성을 부여하고 있다는 것을 지각할 필요가 있다.

2) 사회복지사의 책임과 의무를 위한 법적 실천

사회복지사는 사회문제를 해결하고 사회적 욕구를 충족하는 전문가이다. 이를 달성하기 위해 사회복지실천을 수행하게 되는데, 기본적으로 전문성에 기반한 실천 기술과 기법이 필요하며 동시에 사회복지법에서 규정한 절차를 준용하여 수행하게 된다.

그러나 그동안 사회복지(학)계에서는 전문성에 기반한 실천 기술과 기법에만 치우쳐 실천을 강조하였다. 즉, 사회복지사는 미시적 사회복지실천 기술과 기법 등에 대한 지식과 이론을 현장에 적용 및 응용하여 클라이언트의 문제를 해결하고 욕구를 충족할 수 있다고 보았다.

이러한 현실에서 대학은 사회복지현장을 반영하지 못한 교육이 이루어지고 있다는 비판을 받아 왔다. 흔히 이론과 현실의 차이, 현장을 반영하지 못한 학교 교육 등으로 제시되는 상황이다. 이러한 비판의 면모를 살펴보면 이론과 지식이 현장을 반영하지 못한 것도 있지만, 많은 경우 사회복지법에서 제시되고 있는 사회복지사의 역할과 기능을 이해하지 못해서 비롯된 것이라고도 볼 수 있다.

제도화된, 즉 법으로 규정되어 있는 사회복지는 해당 사회복지법에서 사회복지사의 책임과 의무 등이 무엇인지 제시되어 있다. 다시 말해, 직무 내용, 직무 수행절차, 권한과 책임, 한계, 벌칙 등에 대해 규정하고 있다(김광병, 2021: 135). 따라서 사회복지사는 사회복지법에서 규정된 사회복지사의 책임과 의무를 정확히 알고 있어야 한다. 그러므로 사회복지사는 일반적으로 강조되고 있는 실천적인 전문성 향상을 위한 노력뿐만 아니라 법적인 책임과 의무 그리고 그에 따른 역할 수행을 어떻게 해야 하는지를 알 필요가 있다.[2]

사회복지서비스법 분야의 일반법이라고 할 수 있는 「사회복지사업법」을 중심으로 이 법에서 명시된 사회복지사의 책임과 의무 등을 살펴보면 다음과 같다.

---

2) 사회복지사의 노동자성 등과 관련한 권리를 확보하기 위한 법적 실천은 다루지 않았다. 사회복지사도 노동자이므로 노동자로서의 권리, 처우 및 지위 향상에 대한 권리 등을 가지고 있어서 사회복지사는 「근로기준법」 「노동조합 및 노동관계조정법」 「기간제 및 단시간근로자 보호 등에 관한 법률」 등의 노동관계법과 「사회복지사 등의 처우 및 지위 향상을 위한 법률」(약칭: 「사회복지사법」) 및 관련 광역 및 기초 자치단체의 조례 등 해당 법에 대한 지식과 관련된 지식 이해가 필요하다. 이와 관련한 논의는 김광병(2016); 김광병(2018a); 김광병, 박소영(2009); 김수정, 김광병(2021) 등의 논문을 참고하기를 바란다.

(1) 사회복지사의 기능과 역할

첫째, 사회복지사업을 하는 자는 사회복지를 필요로 하는 사람에 대하여 그 사업과 관련한 상담, 작업치료, 직업훈련 등을 실시한다(「사회복지사업법」 제4조 제3항).

둘째, 필요한 경우에는 주민의 복지 욕구를 조사할 수 있다(「사회복지사업법」 제4조 제3항).

셋째, 시설 운영자는 보건복지부장관이 마련한 서비스 최저기준 이상으로 서비스 수준을 유지해야 하는데, 시설 이용자의 인권, 시설의 환경, 시설의 운영, 시설의 안전관리, 시설의 인력관리, 지역사회 연계, 서비스의 과정 및 결과, 그 밖에 서비스 최저기준 유지에 필요한 사항이 포함된 최저기준이어야 한다(「사회복지사업법」 제43조 및 「사회복지사업법 시행규칙」 제27조 제1항).

이상과 같이 사회복지사업을 하는 자, 시설 운영자는 사회복지법상 그리고 현실적으로 사회복지사라는 점에서 이들을 사회복지사로 볼 수 있다. 사회복지사는 사회복지와 관련한 상담 및 최저기준 이상의 서비스를 제공하며, 욕구를 파악하기 위한 조사 활동 등을 수행하게 된다. 이러한 사회복지사의 역할은 전통적으로 강조하는 사회복지실천 기술과 기법에 근거하여 수행할 때 효과적일 수밖에 없다.

「사회복지사업법」은 사회복지실천 또는 사회복지사업 분야에 일반법으로서 작용하기 때문에 상위법으로서 사회복지실천 또는 사회복지사업에 해당하는 개별 사회복지법을 지도하므로 「사회복지사업법」에 나타난 사회복지사의 기능과 역할은 개별 사회복지법에서도 적용될 수 있고, 개별 사회복지법의 특성에 따른 역할과 기능 등이 추가로 개별 사회복지법에서 제시될 수 있으므로 해당 사회복지법에 나타난 사회복지사의 역할 등이 무엇인지 자세히 파악하고 그에 따른 실천을 하는 것이 필요하다.

(2) 사회복지사의 책임과 의무

첫째, 복지업무에 종사하는 사람은 그 업무를 수행할 때에 사회복지를 필요로 하는 사람을 위하여 인권을 존중하고 차별 없이 최대로 봉사하여야 한다(「사회복지사업법」 제5조 제1항).

둘째, 사회복지법인의 대표이사와 사회복지시설의 장은 국가와 지방자치단체가 실시하는 사회복지업무의 전자화 시책에 협력하여야 한다(「사회복지사업법」 제6조 의2 제4항).

셋째, 보건복지부장관은 사회복지사업에 종사하는 사람의 자질 향상을 위하여 인권교육 등 필요한 지도와 훈련을 할 수 있으므로(「사회복지사업법」 제10조 제1항) 이에 따라야 한다.

넷째, 사회복지사는 거짓이나 그 밖의 부정한 방법으로 자격을 취득해서는 안 되고, 자격증을 대여·양도 또는 위조·변조해서도 안 되며, 사회복지사의 업무수행 중 그 자격과 관련하여 고의나 중대한 과실로 다른 사람에게 손해를 입혀서도 안 되며, 자격정지 처분을 3회 이상 받았거나, 정지 기간 종료 후 3년 이내에 다시 자격정지 처분에 해당하는 행위를 해서도 안 되며, 자격정지 처분 기간에 자격증을 사용하여 자격 관련 업무를 수행해서도 안 된다(「사회복지사업법」 제11조의3 제1항). 만일 사회복지사 자격증을 다른 사람에게 빌려주거나 빌린 사람, 사회복지사 자격증을 빌려주거나 빌리는 것을 알선한 사람은 1년 이하의 징역 또는 1천만 원 이하의 벌금에 처하게 된다(「사회복지사업법」 제54조 제1의2호 및 제1의3호)

다섯째, 사회복지법인 및 사회복지시설을 설치·운영하는 자는 사회복지사를 그 종사자로 채용하고, 특별시장·광역시장·특별자치시장·도지사·특별자치도 지사 또는 시장·군수·구청장에게 사회복지사의 임면에 관한 사항을 보고하여야 한다(「사회복지사업법」 제13조 제1항). 만일 이를 위반한 자는 300만 원 이하의 벌금에 처하게 된다(「사회복지사업법」 제55조).

여섯째, 의료사회복지사 또는 학교사회복지사의 자격을 가지고 해당 자격과 관련된 업무에 종사하는 사람은 연간 12시간 이상의 보수교육을 받아야 한다(「사회복지사업법」 제13조 제2항 및 「사회복지사업법 시행규칙」 제5조 제2항). 만일 이를 위반한 자는 300만 원 이하의 벌금에 처하게 된다(「사회복지사업법」 제55조).

일곱째, 사회복지법인 또는 사회복지시설에 종사하는 사회복지사는 연간 8시간 이상 인권에 관한 내용이 포함된 보수교육을 받아야 한다(「사회복지사업법」 제13조 제2항 단서 및 「사회복지사업법 시행규칙」 제5조 제3항). 만일 이를 위반한 자는 300만

원 이하의 벌금에 처하게 된다(「사회복지사업법」 제55조). 또는 300만 원 이하의 과태료를 부과하게 된다(「사회복지사업법」 제58조 제2항).

여덟째, 시설을 설치·운영하는 자는 보건복지부령으로 정하는 재무·회계에 관한 기준에 따라 시설을 투명하게 운영하여야 한다(「사회복지사업법」 제34조 제4항).

아홉째, 시설의 운영자는 화재 및 안전사고에 따른 손해배상책임을 이행하기 위하여 손해보험회사의 책임보험에 가입하거나 「사회복지사 등의 처우 및 지위 향상을 위한 법률」 제4조에 따른 한국사회복지공제회의 책임공제에 가입하여야 한다(「사회복지사업법」 제34조의3 제1항). 만일 이를 위반하면 300만 원 이하의 과태료를 부과하게 된다(「사회복지사업법」 제58조 제2항).

열째, 시설의 장은 시설에 대하여 정기 및 수시 안전점검을 실시한 후 그 결과를 시장·군수·구청장에게 제출해야 하며, 시장·군수·구청장이 시설의 보완 또는 개수·보수를 요구할 경우 시설의 운영자는 그 요구에 따라야 한다(「사회복지사업법」 제34조의4 제1항부터 제3항). 만일 이를 위반하면 300만 원 이하의 과태료를 부과하게 된다(「사회복지사업법」 제58조 제2항).

열한째, 시설의 장은 상근하여야 한다(「사회복지사업법」 제35조 제1항).

열둘째, 사회복지법인과 사회복지시설을 설치·운영하는 자는 해당 법인 또는 시설의 종사자를 채용할 때 정당한 사유 없이 채용광고의 내용을 종사자가 되려는 사람에게 불리하게 변경하여 채용하여서는 안 되며, 종사자를 채용한 후에 정당한 사유 없이 채용광고에서 제시한 근로조건을 종사자에게 불리하게 변경하여 적용해서는 안 된다(「사회복지사업법」 제35조의3). 만일 이를 위반하면 500만 원 이하의 과태료를 부과하게 된다(「사회복지사업법」 제58조 제1항).

열셋째, 시설의 장은 시설의 운영에 관한 사항을 심의하기 위하여 시설에 운영위원회를 두어야 한다(「사회복지사업법」 제36조 제1항).

열넷째, 시설의 장은 법인의 정관(법인에 한함), 법인설립허가증사본(법인에 한함), 사회복지시설신고증, 시설거주자 및 퇴소자의 명부, 시설거주자 및 퇴소자의 상담기록부, 시설의 운영계획서 및 예산·결산서, 후원금품대장, 시설의 건축물관리대장, 시설의 장과 종사자의 명부 이상의 서류를 시설에 갖추어 두어야 한다

(「사회복지사업법」 제37조 및 「사회복지사업법 시행규칙」 제25조). 만일 이를 위반하면 300만 원 이하의 과태료를 부과하게 된다(「사회복지사업법」 제58조 제2항).

열다섯째, 신고를 한 자는 지체 없이 시설의 운영을 시작하여야 한다(「사회복지사업법」 제38조 제1항). 또한 시설의 운영자는 그 운영을 일정 기간 중단하거나 다시 시작하거나 시설을 폐지하려는 경우에는 시장·군수·구청장에게 신고해야 하며, 시설운영을 재개하려고 할 때에는 시설 거주자의 권익을 보호하기 위하여 운영 중단 사유의 해소, 향후 안정적 운영계획의 수립, 그 밖에 시설 거주자의 권익 보호를 위하여 보건복지부장관이 필요하다고 인정하는 조치를 하여야 한다(「사회복지사업법」 제38조 제2항 및 제4항). 만일 이를 위반하면 300만 원 이하의 과태료를 부과하게 된다(「사회복지사업법」 제58조 제2항). 그리고 시설 운영이 중단되거나 시설이 폐지되는 경우에는 시장·군수·구청장이 시설 거주자의 권익을 보호하기 위한 조치를 하는데, 정당한 이유 없이 시설 거주자 권익 보호조치를 기피하거나 거부한 자는 1년 이하의 징역 또는 1천만 원 이하의 벌금에 처한다(「사회복지사업법」 제54조 제4호).

열여섯째, 사회복지사업을 하는 자는 보조금을 그 목적 외의 용도에 사용할 수 없고, 거짓이나 그 밖의 부정한 방법으로 보조금을 받아서도 안 되며, 사업 목적 외의 용도에 보조금을 사용해서도 안 되며, 이 법 또는 이 법에 따른 명령을 위반해서도 안 되는데, 만일 이에 해당할 때에는 지급한 보조금의 전부 또는 일부의 반환 명령에 따라야 한다(「사회복지사업법」 제42조). 또한 보조금을 그 목적 외의 용도로 사용한 자는 5년 이하의 징역 또는 5천만 원 이하의 벌금에 처하게 된다(「사회복지사업법」 제53조 제2호).

열일곱째, 복지조치에 필요한 시설을 운영하는 자는 그 혜택을 받은 본인 또는 그 부양의무자로부터 그가 부담한 비용의 전부 또는 일부를 징수할 수 있다(「사회복지사업법」 제44조).

열여덟째, 사회복지법인의 대표이사와 시설의 장은 아무런 대가 없이 무상으로 받은 금품이나 그 밖의 자산(후원금)의 수입·지출 내용을 공개하여야 하며 그 관리에 명확성이 확보되도록 하여야 한다(「사회복지사업법」 제45조). 만일 이를 위반하면 300만 원 이하의 과태료를 부과하게 된다(「사회복지사업법」 제58조 제2항).

열아홉째, 시설을 설치·운영하는 자는 그 시설에 입소 중인 사람이 사망하고 그 상속인의 존부가 분명하지 아니한 때에는 「민법」 제1053조부터 제1059조까지의 규정에 따라 사망한 사람의 재산을 처리해야 하는데, 사망한 사람의 잔여재산이 500만 원 이하인 경우에는 관할 시장·군수·구청장에게 잔여재산 목록을 작성하여 보고하는 것으로 그 재산의 처리를 갈음할 수 있다(「사회복지사업법」 제45조의2).

스무째, 사회복지사업 또는 사회복지업무에 종사하였거나 종사하고 있는 사람은 그 업무 수행 과정에서 알게 된 다른 사람의 비밀을 누설하여서는 아니 된다(「사회복지사업법」 제47조). 만일 이를 위반한 자는 1년 이하의 징역 또는 1천만 원 이하의 벌금에 처한다(「사회복지사업법」 제54조 제6호).

스물한째, 보건복지부장관, 시·도지사 또는 시장·군수·구청장은 사회복지사업을 운영하는 자의 소관 업무에 관하여 지도·감독을 하며, 필요한 경우 그 업무에 관하여 보고 또는 관계 서류의 제출을 명하거나, 소속 공무원으로 하여금 사회복지법인의 사무소 또는 시설에 출입하여 검사 또는 질문을 하게 할 수 있는데, 이에 따라야 한다(「사회복지사업법」 제51조 제1항). 만일 정당한 이유 없이 보고를 하지 아니하거나 거짓으로 보고한 자, 자료를 제출하지 아니하거나 거짓 자료를 제출한 자, 검사·질문·회계감사를 거부·방해 또는 기피한 자는 1년 이하의 징역 또는 1천만 원 이하의 벌금에 처하게 된다(「사회복지사업법」 제54조 제7호).

이상과 같이 사회복지사의 책임과 의무는 인권을 존중하고 차별 없이 최대로 봉사해야 한다는 가치적 측면과 국가 및 지방자치단체로부터 지도·감독을 받고 따르며 협조해야 한다는 관계적 측면, 사회복지사가 전문가로서 훈련·교육 및 보수교육 등을 받아야 한다는 전문성 향상 측면, 사회복지조직의 운영 및 관리적 측면 그리고 책임과 의무를 이행하지 않거나 위반하게 되면 받게 되는 벌칙 등이 제시되고 있다. 개별 사회복지법에서도 이러한 내용과 함께 개별 사회복지법의 특성이 담긴 내용이 나타날 수 있으므로 사회복지사는 이를 파악하여 준용해야 한다.

특히 사회복지사의 책임과 의무에 관한 규정은 주로 규제의 형태로 나타나고 있다. 일반적으로 규제의 방식은 최소 허용 규제(positive) 방식과 최소 규제(negative)

방식이 있는데, 법률에서 금지한 행위가 아니면 모두 허용하는 방식으로 할 수 없는 것을 규정한 것이 최소 규제이고, 금지를 원칙으로 하여 예외적으로 허용하는 방식으로 할 수 있는 것을 규정한 것이 최소 허용 규제이다.

그리고 규제에 따른 행위 위반에 대해서는 벌칙이 적용되고 있으므로 사회복지사는 이를 주의할 필요가 있다. 벌칙에는 형을 부과하는 행정형벌과 과태료를 부과하는 행정질서벌로 나뉘고 있는데, 사회복지법에서는 과태료도 있지만 많은 경우 벌칙은 행정형벌로 제재를 가하고 있다. 흔히 전과가 기록되는 것이 행정형벌이다.

또한 사회복지법에는 의무가 이행되지 않는 경우 그 의무자에게 심리적 압박을 통해 의무 이행을 확보하기 위해 이행강제금을 부과하는 집행벌이 규정되어 있기도 하다. 법인 대표자(기관장)나 사회복지사가 그 법인 또는 사회복지사의 업무와 관련하여 법률을 위반하였을 때, 법인 또는 사회복지사가 상당한 주의와 감독을 하지 않을 경우 그 행위자를 처벌하는 것 외에 그 업무의 주체인 법인 또는 사회복지사도 동시에 처벌하는 양벌규정도 있으므로 주의할 필요가 있다.

3) 사회복지제도 변화를 위한 법적 실천

사회복지제도의 변화 또는 발전은 위로부터의 접근과 아래로부터의 접근이 있을 수 있다. 위로부터의 접근은 대통령, 보건복지부장관, 국회의원, 지방자치단체장 등 정책 결정 권한을 가진 자들에 의해서 주어지는 것이라면, 아래로부터의 접근은 클라이언트, 국민, 사회복지사 등 현장에서 직접적 관련자들에 의해 당사자들의 필요와 욕구에 부합한 제도 변화를 추구하는 것이다.

두 가지 모두 제도화된 사회복지에서의 변화는 결국 사회복지 관련 법의 제정 또는 개정이 필요한 사항이다. 사회복지 대상자의 요구에 알맞은 사회복지 관련 법의 제 · 개정이 쉽게 이루어진다면 상관없겠지만, 그렇지 못한 경우에는 사회복지 법적 실천 접근으로서 법제 · 개정 운동과 소송 전략이 필요하다.

따라서 사회복지제도 변화를 위해 사회복지사가 실천할 수 있는 측면은 두 가지가 있을 수 있는데, 하나는 입법의 미비로 새롭거나 기존의 사회적 문제와 욕구를 해결할 수 없는 경우에 대하여 사회복지법 제정 및 개정 운동을 통해 사회복지제도의 발전을 가져오도록 하는 것과 다른 하나는 기존의 사회복지제도를 변화시키기 위한 소송 전략이 바로 그것이다(김광병, 2021: 135).

(1) 사회복지법의 제·개정 운동

사회복지가 지속적으로 유지되고 제공되기 위해서는 법적으로 그 근거가 마련되어 있을 때 가능하다. 법치주의 또는 법치국가가 법에 근거하여 다스려지고 운영된다고 할 때, 사회복지 분야 역시 법적 근거에 의해 운영되고 제공되어야 공식적인 사회복지제도가 된다. 그러므로 사회복지제도는 기본적으로 법에 의해 유지되어야 하며, 법치국가에서 사회복지제도의 시작과 발전은 사회복지법에 의해서 가능하게 된다.

한편, 사회 변동에 따라 국민의 사회복지 욕구, 새로운 사회적 문제 등이 발생하여 그것들에 즉각 대응할 수 있도록 사회복지법이 존재해야 하는데, 법이 존재하지 않거나 존재하더라도 그것들을 해결할 수 없는 수준이라면 당사자들을 위험에 빠뜨릴 수밖에 없다. 또한 사회복지실천현장에서 발생하는 문제가 사회복지법의 미비나 부존재에 의한다면 역시 현장에서의 사회복지는 제대로 작동될 수 없다.

이런 맥락에서 사회복지제도의 발전과 사회복지가 제대로 작동되도록 하기 위해서는 사회복지법의 제정 및 개정은 매우 중요한 전략이며 접근이라고 할 수 있다.

사회복지사가 법 전문가는 아니지만, 사회복지법의 제정 및 개정이 필요할 경우 직접 입법 청원을 할 수 있는데, 다음과 같이 실천할 수 있다(김훈, 2012: 163; 정진경, 2016: 186-187). 첫째, 입법 혹은 개정이 필요한 이유에 대해 입법 관계자들에게 관심을 가지도록 입법을 위한 탄원서 제출, 집합적 행동 등의 사회행동방법을 통한 압력 행사, 토론회 개최 또는 참석과 발언, 언론 플레이 등을 통해 이슈화할 수 있어야 한다. 둘째, 문제해결을 위한 법안이 제출되도록 사회복지적 관점에서 피력하거나 법안을 직접 마련하여 제출할 수도 있다. 셋째, 마련된 법안이 국회에서 통과될 수 있도록 의원 접촉을 통한 로비활동 및 압력을 행사할 수 있다. 넷째, 통과된 사회복지법이 실천되도록 감시 및 점검할 필요가 있다.

지방자치단체 차원에서도 사회복지조례 제정 및 개정이 필요하다. 지역사회복지가 실현되기 위해서는 지방자치법인 사회복지조례가 입법되어 시행될 때 제도적으로 보장되고 실효성을 확보할 수 있게 된다.

사회복지조례 제·개정 운동을 할 때에도 사회복지사는 이러한 이슈화 방법을 활용할 수 있고, 보다 적극적으로 주민조례청구권이 행사되도록 조력할 수도 있다.

기본적으로 조례는 지방자치단체장이나 의원이 발의하지만(「지방자치법」 제76조 제1항), 주민은 지방자치단체의 조례를 제정 및 개정하거나 폐지할 것을 청구할 수 있는 주민조례청구권을 가지고 있다(「지방자치법」 제19조). 선거권을 가진 18세 이상의 주민이라면 주민조례청구권자가 될 수 있고, 일정 비율의 선거권을 가진 지역주민의 서명을 받아 지방의회에 조례를 제정, 개정, 폐지를 직접 청구할 수 있다(「주민조례발안에 관한 법률」 제2조 및 제5조). 주민조례청구가 요건에 적합하다면 지방의회의 의장 명으로 주민청구조례안이 발의되게 된다(「주민조례발안에 관한 법률」 제12조 제3항; 김광병, 2022).

 만일 주민조례를 청구하려는 경우 서명 기준은, 첫째, 특별시 및 인구 800만 이상의 광역시·도일 경우, 청구권자 총수의 200분의 1, 둘째, 인구 800만 미만의 광역시·도, 특별자치시, 특별자치도 및 인구 100만 이상의 시의 경우, 청구권자 총수의 150분의 1, 셋째, 인구 50만 이상 100만 미만의 시·군 및 자치구의 경우, 청구권자 총수의 100분의 1, 넷째, 인구 10만 이상 50만 미만의 시·군 및 자치구의 경우, 청구권자 총수의 70분의 1, 다섯째, 인구 5만 이상 10만 미만의 시·군 및 자치구의 경우, 청구권자 총수의 50분의 1, 여섯째, 인구 5만 미만의 시·군 및 자치구의 경우, 청구권자 총수의 20분의 1 이내에서 해당 지방자치단체의 조례로 정하는 청구권자 수 이상이 연대 서명해야 한다(「주민조례발안에 관한 법률」 제5조).

(2) 사회복지(법) 소송 전략

소송은 법원에서 법적인 판결을 하는 절차로서 법치주의 국가에서는 가장 효과적이고 최종적인 결정과 권한을 가져오게 하는 장치이다. 이러한 소송에서 사회복지에 유리한 판결은 사회복지제도의 개선과 국민의 사회복지에 대한 권리 확보를 가져오게 하며, 동시에 판결에 부합한 제·개정의 입법을 요구하게 된다. 따라서 소송은 사회복지제도의 변화를 위한 법적 실천의 대표적인 방법이라고 할 수 있다.

기본적으로 소송은 개인 당사자가 소를 제기한다. 사회복지법 소송 역시 소송을 하려면 개인 당사자가 소를 제기하는 것이지만, 사회복지는 사회문제로 다수의 사람에게 발생하는 공통적인 피해를 해결하고자 하는 공익적 성격을 가지고 있으므로 사회복지법 또는 사회복지 소송은 개인의 이익을 추구하거나 개인적 갈등을 처리하는 수준에 머무르지 않는 공익소송의 성격을 띠고 있다고 볼 수 있다(윤찬영, 2017: 421).

공익소송이란 공공의 이익을 위해 제기된 소송으로, 여러 가지 이유로 불특정 다수 국민에게 피해가 발생하였거나, 사회적 약자의 권리침해 등이 발생하였을 경우 정부나 공익단체 등이 피해자들을 대신해 소송을 제기하여 피해 배상을 받게 해 주거나 권리구제를 받게 하는 제도이다. 이러한 공익소송은 주로 집단소송으로 나타나고 있는데, 우리나라에서 집단소송제도는 증권 분야에서 소액주주의 권익을 보호하기 위한 소송 정도만을 인정하고 있다. 그래서 현재 우리나라에서 사용되고 있는 대부분의 집단소송은 여러 명의 당사자가 함께 문제를 해결해 나간다는 의미로서 집단소송이라고 표현할 뿐 집단소송제도가 전면적으로 확대되어 있지는 못한 상황이라고 볼 수 있다. 그러므로 사회복지 분야의 공익소송도 개인 당사자가 제기하는 공익소송과 집단소송으로 나타날 수 있다.

사회복지사는 사회복지의 공익적 소송을 위해 시민운동, 사회운동 등의 '운동'의 개념을 도입해야 한다. 왜냐하면 권리의식과 더불어 전문적 지식이 요구되는 것이고, 한 개인의 힘으로 추구될 수 있는 것이 아니라 사회복지법 대상자와 법률가 및 사회복지사를 포함하여 다양한 분야의 전문가들이 함께 조직적으로 실천하는 운동으로 나타날 때 가능하고 보다 효과적일 수 있기 때문이다(윤찬영, 2017: 421). 그리고 법원에 직접 사건을 소송하는 원고가 되거나 증인이 되어 법정 진술을 하여(김훈, 2012: 169; 정진경, 2016: 189-193) 사회복지에 유리한 판결을 이끌 필요가 있다.

한편, 사회복지법의 소송은 필연 판례를 낳게 한다. 판례란 선례가 되는 재판으로, 법원이 특정 소송사건에 대하여서 법을 해석하거나 적용하여 내린 판단을 말하는데(김기원, 2009: 747), 재판을 통해 결정되는 개별적 사례를 판결이라 하고, 동일한 사례에 대하여 동일한 판례가 반복됨으로써 일정 정도 법의 근원 또는 재판기준으로 정립된 불문법으로(최승원 외, 2018: 28) 판결들을 통해 이루어지는 이론, 법리 또는 규범을 판례라고 한다(윤찬영, 2017: 421).

　판례는 불문법으로서 영미법계 국가에서는 법원으로 인정되어 법적 구속력을 갖지만, 우리나라를 포함한 독일과 같은 대륙법계 국가에서는 성문법을 채택하고 있어 판례가 법적 구속력 없이(김기원, 2009: 747) 단지 상급법원의 판결이 당해 사건에 한하여 하급심을 기속하는 사실상의 구속력만을 갖는다(최승원 외, 2018: 28). 즉, 상급법원의 판례가 하급법원의 재판에 필요한 사실관계 및 법률관계에 대하여 사실상 구속력을 가지게 된다. 그렇다고 재판에서 판례가 반드시 원용되어야 하는 것은 아니며 원용하지 않더라도 위법은 아니다. 그럼에도 불구하고 사회복지 판례, 즉 사회복지에 대한 긍정적인 방향의 사법 해석과 판단은 해당 사회복지 부문에 대해 강제 적용시킬 수 있다는 점에서 사회복지제도의 변화를 가져와 발전시킬 수 있으므로 사회복지 소송은 매우 의미 있는 법적 실천 전략이 될 수 있다.

　법률의 규정에는 불확정적 개념, 일반조항, 재량규정 등이 많이 있어서 법률의 해석과 보충은 필연적이다. 성문법주의가 인간과 사회의 모든 사항을 빠짐없이 규율할 수 없는 근본적 한계가 있으므로 판례는 이러한 공백을 메우는 중요한 규범적 기능을 하게 된다(윤찬영, 2017: 423). 따라서 사회복지 분야에서 법적 미비로 나타나는 한계는 제·개정 운동 및 소송으로 긍정적이고 발전적인 방향으로 이끌어 내는 것이 중요하다.

5. 사회복지의 법적 실천을 위한 노력

　사회복지의 법적 실천은 우선 클라이언트의 사회복지에 관한 권리의 내용을 이해하고 클라이언트 스스로가 이를 주장할 수 있도록 하며, 만일 권리가 침해되었을 경우 이를 되돌릴 수 있도록 절차를 통해 구제받게 할 필요가 있다. 그리고 사회복지사는 법에 따른 역할과 기능을 정확히 파악하여 그 임무를 수행해야 할 것이며, 책임과 의무에 있어서 해야 할 것과 금지할 것을 구분하여 준수해야 할 것이다. 특히 벌칙 대상이 되지 않도록 주의가 요구된다. 또한 사회복지가 공식적이고 제도적으로 작동되도록 관련 법 제정을 위한 역할 수행과 소송을 통해 사회복지가 추구하는 목적으로 변화를 이끌어야 한다.

이러한 법적 접근을 위해 사회복지사는 기본적으로 해당 사회복지법의 내용을 읽고 그 의미를 파악할 수 있는 능력을 키워야 한다. 사회복지법 내용을 읽어도 무슨 의미인지 모르겠다는 학생, 사회복지사, 심지어 사회복지학 교수 등 상당수의 사례를 접하게 된다. 법조문의 기술 방식이 평이하지 않고 용어가 일상적이지 않아 어렵다면, 법률용어 사전 등을 통해 그 의미를 파악하려는 노력과 함께 반복하여 법조문을 읽어 전체 의미를 정확히 파악하려는 노력이 필요하다.

그리고 거시적 사회복지실천으로서 법적 접근은 사회복지사 혼자만의 노력으로는 역부족일 수 있으므로 본격화되는 시점에서 전문성을 강화하기 위한 법적 실천의 학습모임 등을 적극적으로 활성화할 필요가 있다.

끝으로 법적 접근은 사회복지에 대한 공식성을 부여할 뿐만 아니라 권위도 가지게 한다는 점에서 사회복지실천 시작의 근거이자 실천의 과정이며, 사회복지법의 목적을 달성하게 하는 실천의 결과라고도 할 수 있으므로 사회복지는 법을 통해 실천되고 법과 함께 실천된다고 볼 수 있다. 그러므로 사회복지의 법적 실천은 사회복지의 거시적 사회복지실천으로서 전문적으로 연구되고 실천되어야 한다.

제12장

사회보장기본법

1. 역사와 배경

우리나라는 사회보장과 관련하여 1963년에 「사회보장에관한법률」을 제정하여 법적 근거를 마련한 바 있다. 1962년에 제5차 개정 「헌법」에도 '인간다운 생활을 할 권리'와 '국가의 사회보장 증진 의무'를 제시하여 사회보장은 국가의 책임임을 법적으로 천명하였다.

하지만 법률 자체가 형식적으로 존재했을 뿐 국가의 사회보장 의무와 관련한 숙고에 따른 산물은 아니었기에 동 법률과 내용은 명백한 한계를 가지고 있었다. 경제발전과 함께 복지 정책을 표방하려고 균형을 맞추기 위한 형식적 법률이었지만 그 내용은 국가의 사회보장 의무를 담기에 턱없이 부족하였다. 하지만 상징적인 의무를 법에 명시하였다는 것 자체만으로는 의미를 가진다고 할 수 있을 것이다.

그 이후 사회보장에 관한 통합적인 법률이 마련될 필요성이 제기되면서 기존의 사회보장에 관한 법률만으로는 부족하다는 인식이 확산하였다. 국가의 사회보장제도를 공고히 하기 위해서는 제도 간 연계성과 관리의 효율성이 중요한데, 이를 총괄할 법률이 필요하게 된 것이다. 이러한 시대적 변화를 따라 1990년대 초 정부는 「사회보장기본법」의 필요성을 공고히 하고, 1995년 12월에 「사회보장기본법」을 입법화하였다.

그 후 2012년에는 「사회보장기본법」의 개정이 전면적으로 이루어졌는데, 생애주기별 맞춤형 사회보장이라는 기초하에 미래지향적인 복지국가를 지속 가능하게 할 비전을 제시하였다는 점에서 매우 의미가 크다. 2012년 전부개정은 모든 국민이 태어나서부터 죽을 때까지 국가가 다양한 제도를 통해 사회보장의 의무를 행하는 방향을 설정한 것으로 '생애주기형 맞춤형 복지'를 표방하였다.

 「헌법」상 기본권을 바탕으로 「사회보장기본법」을 제정하였고, 2012년 「사회보장기본법」 개정으로 생애주기형 맞춤형 복지를 정립하였다.

2. 목적 및 개념

1) 목적

「사회보장기본법」은 사회보장에 관한 국민의 권리와 국가 및 지방자치단체의 책임을 정하고 사회보장정책의 수립·추진과 관련 제도에 관한 기본적인 사항을 규정함으로써 국민의 복지증진에 이바지하는 것을 목적으로 한다(제1조).

2) 개념

사회보장은 모든 국민이 다양한 사회적 위험으로부터 벗어나 행복하고 인간다운 생활을 향유할 수 있도록 자립을 지원하며, 사회참여·자아실현에 필요한 제도와 여건을 조성하여 사회통합과 행복한 복지사회를 실현하는 것을 기본 이념으로 한다 (제2조). 사회보장이라는 개념을 바탕으로 시민이 주도하는 복지 사회를 실현하고자 함이다.

3. 체계 및 구조

「사회보장기본법」은 사회보장에 관한 기본 원칙을 제시하면서 국가가 어떠한 범위까지 국민에 대한 사회보장 책임을 담당하는지에 대한 일반적인 법 원리를 제시한다. 다른 여타의 사회복지 관련 법률과 마찬가지로 총칙과 각칙으로 전체적인 법이 구성되며 세부적인 사항은 시행령과 시행규칙에 위임하고 있다.

제1장에는 총칙으로 「사회보장기본법」의 목적과 기본 이념, 각 용어의 정의, 국가와 국민의 책임과 의무 등이 규정되어 있고, 제2장 이후에는 사회보장에 관한 국민의 권리, 사회보장기본계획과 사회보장위원회, 사회보장정책의 기본 방향, 사회보장제도의 운영, 사회보장 정보의 관리 등이 세부적인 내용과 함께 규정되어 있다.

4. 사회보장과 사회보장기본법

1) 사회보장이란

「사회보장기본법」을 이해하기 위해서는 사회보장의 개념을 먼저 살펴보아야 한다. 사회보장이란 국민이 다양한 사회적 위험으로부터 벗어날 수 있도록 국가가 마련하는 제도를 통칭한다. 동법에 제시된 사회보장은 출산, 양육, 실업, 노령, 장애, 질병, 빈곤 및 사망 등의 사회적 위험으로부터 모든 국민을 보호하고 국민 삶의 질을 향상시키는 데 필요한 소득·서비스를 보장하는 사회보험, 공공부조, 사회서비스를 말한다(제3조 제1호). 즉, 사회보장은 사회보험제도와 공공부조제도, 사회서비스 제도를 모두 포괄하는 광의의 의미를 가진다. 출산부터 사망에 이르기까지의 모든 제도를 총괄하며, 사회복지 영역에서의 큰 축을 담당하는 모든 제도를 포괄하는 의미를 가진다고 하여도 과언이 아닐 것이다. 「사회보장기본법」의 기본 개념을 아우르는 개념의 정의는 동법 제3조 제1호부터 제6호까지 규정되어 있다.

우선 사회보장의 가장 중요한 영역 중 하나인 사회보험은 국민에게 발생하는 사회적 위험을 보험의 방식으로 대처함으로써 국민의 건강과 소득을 보장하는 제도를 말한다(제3조 제2호). 현재 우리나라는 국민연금, 건강보험, 고용보험, 산재보험, 노인장기요양보험의 5대 사회보험제도를 마련하고 있다. 큰 틀에서 사회보장은 소득보장과 의료보장으로 구분되며, 「사회보장기본법」은 이러한 사회보장제도를 세분화하여 구분하고 그 근거를 마련하고 있다. 기본법으로서의 역할을 충실히 하고 있는 부분이라고 하겠다. 「사회보장기본법」에 포괄적 근거를 마련하고 있음과 동시에 각 개별 사회보험제도는 각각의 법률에 의하여 세부적인 내용을 정하고 있기 때문이다.

다음으로 공공부조란 국가와 지방자치단체의 책임하에 생활 유지 능력이 없거나 생활이 어려운 국민의 최저생활을 보장하고 자립을 지원하는 제도를 말한다(제3조 제3호). 「사회보장기본법」에 사회보장제도에 대한 기본적 근거가 마련되어 있고 「국민기초생활 보장법」과 「의료급여법」 등에서 공공부조제도를 구체화하고 있다. 「사회보장기본법」에는 사회서비스도 규정되어 있다. 동법 제3조 제4호는 사회서비스에 관해 국가·지방자치단체 및 민간부문의 도움이 필요한 모든 국민에게 복지, 보건의료, 교육, 고용, 주거, 문화, 환경 등의 분야에서 인간다운 생활을 보장하고 상담, 재활, 돌봄, 정보의 제공, 관련 시설의 이용, 역량 개발, 사회참여 지원 등을 통하여 국민의 삶의 질이 향상되도록 지원하는 제도로 규정하고 있다. 사회복지 영역의 모든 제도를 아우를 수 있는 근거를 「사회보장기본법」에 마련하고 있다고 할 수 있다.

그 외에 평생사회안전망과 사회보장행정데이터에 대하여 규정하고 있다. 평생사회안전망은 「사회보장기본법」상의 사회보장의 개념을 국가 책임이라는 명목하에 구체화하고 있고, 사회보장행정데이터는 사회보장과 관련한 데이터 처리에 대한 것을 의미한다. 법에 규정되어 있는 각 정의는 다음과 같다. 평생사회안전망이 란 생애주기에 걸쳐 보편적으로 충족되어야 하는 기본욕구와 특정한 사회적 위험 에 의하여 발생하는 특수욕구를 동시에 고려하여 소득·서비스를 보장하는 맞춤형 사회보장제도를 말하고, 사회보장 행정데이터란 국가, 지방자치단체, 공공기관 및 법인이 법령에 따라 생성 또는 취득하여 관리하고 있는 자료 또는 정보로서 사회보 장 정책 수행에 필요한 자료 또는 정보를 말한다.

 사회보장과 사회보험, 사회복지서비스의 의미를 숙지하는 것이 중요하다.

2) 사회보장기본법에서의 사회보장 정책의 구현

「사회보장기본법」은 사회보장과 관련한 기본법적 역할을 한다. 즉, 국가의 모든 사회보장 의무는 사회보장법을 기본 틀로 하여 발생한다. 동법 제4조는 사회보장 에 관한 다른 법률들을 제정하거나 개정하는 경우에는 「사회보장기본법」에 부합되 도록 하여야 한다고 의무 규정으로 적시하고 있다.

사회보장정책은 세 가지 기본 방향을 중심으로 구현된다. 첫째, 평생사회안전망 의 구축 및 운영이다. 국가와 지방자치단체는 모든 국민이 생애 동안 삶의 질을 유 지·증진할 수 있도록 평생사회안전망을 구축하여야 하고, 평생사회안전망을 구 축·운영함에 있어 사회적 취약계층을 위한 공공부조를 마련하여 최저생활을 보 장하여야 한다(제22조). 둘째, 사회서비스 보장이다(제23조). 국가와 지방자치단체는 모든 국민의 인간다운 생활과 자립, 사회참여, 자아실현 등을 지원하여 삶의 질이 향상될 수 있도록 사회서비스에 관한 시책을 마련하여야 하고, 사회서비스 보장과 제24조에 따른 소득보장이 효과적이고 균형적으로 연계되도록 하여야 한다. 셋째, 소득보장이다(제24조). 국가와 지방자치단체는 다양한 사회적 위험하에서도 모든 국민이 인간다운 생활을 할 수 있도록 소득을 보장하는 제도를 마련하여야 하고, 공공부문과 민간부문의 소득보장제도가 효과적으로 연계되도록 하여야 한다. 요약하면, 전 소득 계층의 최소한의 생활 보장, 전국적 균형발전, 공공과 민간의 조화 등의 이념이 사회보장 정책의 기본 방향에 내재되어 있다고 할 것이다.

동법에 의하여 국가와 지방자치단체는 사회보장의 주체로서 책임을 진다. 동법 제5조 이하는 국가와 지방자치단체의 책임을 명시하고 있다. 국가와 지방자치단체는 모든 국민의 인간다운 생활을 유지 및 증진하는 책임을 가지며, 사회보장에 관한 책임과 역할을 합리적으로 분담하여야 한다. 그 외에 국가와 지방자치단체는 국가 발전 수준에 부응하고 사회 환경의 변화에 선제적으로 대응하며 지속 가능한 사회보장제도를 확립하고 매년 이에 필요한 재원을 조달하여야 하는 의무를 진다. 이를 위해 사회보장제도를 안정적으로 운영하여야 하며, 중장기 사회보장 재정추계를 격년으로 실시하고 이를 공표하여야 한다. 재정의 안정적 운영을 위한 법률상 근거를 마련해 놓은 것이다.

「사회보장기본법」은 국가의 가정에의 개입 근거를 법에 마련해 놓았다. 국가와 지방자치단체는 가정이 건전하게 유지되고 그 기능이 향상되도록 노력하여야 하며, 사회보장제도를 시행할 때에 가정과 지역공동체의 자발적인 복지활동을 촉진하여야 한다(제6조). 즉, 사회의 가장 작은 단위인 가정이 제 역할을 하기 위해 국가는 노력을 다하여야 하며, 가정과 지역공동체가 자발적으로 활동할 수 있도록 적극적으로 협조하여야 한다는 의미를 가진다. 국가의 책임을 강력하게 제시한 조항이라고 할 수 있다. 하지만 국가의 책임만을 강조하지는 않는다. 국민의 자립 및 자활 책임 또한 함께 명시하여 국가의 강력한 개입과 더불어 궁극적으로 모든 국민이 자신의 능력을 최대한 발휘할 수 있는 여건을 만들어 주는 것이 국가의 의무임을 제시한 것으로 보인다. 모든 국민은 자립 및 자활을 위한 노력 외에도 사회 공동체의 유지를 위하여 경제적·사회적·문화적·정신적·신체적으로 보호가 필요하다고 인정되는 사람에게 지속적인 관심을 가지고 이들이 보다 나은 삶을 누릴 수 있는 사회 환경 조성에 서로 협력하고 노력하여야 한다(제7조 제1항 및 제2항). 또한 공동체의 유지와 공존을 위한 철학이 동법에 담겨 있는데, 모든 국민은 관계 법령에서 정하는 바에 따라 사회보장급여에 필요한 비용의 부담, 정보의 제공 등 국가의 사회보장정책에 협력하여야 한다(제7조). 국내에 거주하는 외국인에게 사회보장제도를 적용할 때에는 상호주의의 원칙에 따르되, 관계 법령에서 정하는 바에 따른다(제8조).

국가와 지방자치단체는 사회보장제도의 급여 수준과 비용 부담 등에서 형평성을 유지하여야 하고(형평성 유지 원칙), 사회보장제도의 정책 결정 및 시행 과정에 공익의 대표자 및 이해관계인 등을 참여시켜 이를 민주적으로 결정하고 시행하여야 하며(민주적 의사결정 원칙), 사회보장제도를 운영할 때는 국민의 다양한 복지 욕구를 효율적으로 충족시키기 위하여 연계성과 전문성을 높여야 한다(전문성의 원칙). 세부적으로 사회보험은 국가의 책임으로 시행하고, 공공부조와 사회서비스는 국가와 지방자치단체의 책임으로 시행하는 것을 원칙으로 한다. 다만, 국가와 지방자치단체의 재정 형편 등을 고려하여 이를 협의·조정할 수 있다(제25조 제5항).

그 외에 국가와 지방자치단체는 사회보장제도의 발전을 위하여 전문인력의 양성, 학술 조사 및 연구, 국제 교류의 증진 등에 노력하여야 하고, 효과적인 사회보장정책의 수립·시행을 위하여 사회보장에 관한 통계를 작성·관리하여야 한다(제31조와 제32조). 사회보장통계는 민간 기관에 위탁할 수 있다(제32조의2).

이러한 사회보장제도는 국민이 필요한 사항을 알 수 있도록 정보를 공개하여야 하고, 관계 법령에서 규정한 권리나 의무를 해당 국민에게 설명하도록 노력하여야 하며, 국가와 지방자치단체는 사회보장에 관한 상담에 응하여야 한다. 또한 사회보장 관계 법령에서 정하는 바에 따라 사회보장에 관한 사항을 해당 국민에게 알려야 한다(제33조 이하).

한편, 국민의 사회보장정보는 국가 및 지방자치단체가 사회보장정보시스템을 구축 및 운영함으로써 관리되고 있다. 국가는 관계 중앙행정기관과 지방자치단체에서 시행하는 사회보장수급권자 선정 및 급여 관리 등에 관한 정보를 통합·연계하여 처리·기록 및 관리하는 시스템, 즉 사회보장정보시스템을 구축·운영할 수 있다(제37조 제2항). 보건복지부장관은 사회보장정보시스템의 구축·운영을 총괄한다(제37조 제3항). 사회보장 업무와 관련한 것은 철저하게 개인정보로 보장된다. 사회보장 업무에 종사하거나 종사하였던 자는 사회보장업무 수행과 관련하여 알게 된 개인·법인 또는 단체의 정보를 관계 법령에서 정하는 바에 따라 보호하여야 하고, 국가와 지방자치단체, 공공기관, 법인·단체, 개인이 조사하거나 제공받은 개인·법인 또는 단체의 정보는 이 법과 관련 법률에 근거하지 아니하고 보유, 이

용, 제공되어서는 아니 된다(제38조). 별도로 사회보장행정데이터의 제공을 사회보
장위원회를 통해 각 해당 기관에 요청할 수 있는 근거가 마련되어 있는데(제42조),
「개인정보 보호법」상 처리에 따라야 할 것이며, 이를 통해 제공받은 사회보장행정
데이터의 원활한 분석, 활용 등을 위하여 보건복지부장관은 사회보장행정데이터
분석센터를 설치 · 운영할 수 있다(제43조).

또한 국가와 지방자치단체는 국민생활에 중대한 영향을 미치는 사회보장 계획
및 정책을 수립하려는 경우 공청회 및 정보통신망 등을 통하여 국민과 관계 전문가
의 의견을 충분히 수렴하여야 한다(제40조). 사회보장제도는 국민의 생활과 밀접히
관련이 있으므로 당연하다고 할 수 있다.

5. 적용 대상

「사회보장기본법」이 적용되는 대상은 이 제도를 필요로 하는 모든 국민이다
(제25조). 즉, 대한민국 국내에 거주하는 모든 국민과 상호주의 원칙에 따르는 국내
거주 외국인이다.

6. 사회보장 관련 권리(사회보장수급권)

1) 사회보장수급권의 주체

모든 국민은 사회보장 관계 법령에서 정하는 바에 따라 사회보장급여를 받을 권
리를 가진다(제9조). 즉, 모든 국민은 사회보장수급권의 주체가 된다. 이는 모든 국민
이 「헌법」 제34조 제1항의 인간다운 생활을 할 권리를 구체적으로 실현하기 위한
권리의 주체가 된다는 것을 의미하며, 다른 한편으로는 「사회보장기본법」상의 사
회보험, 공공부조, 사회서비스와 관련한 권리를 주체적으로 주장할 수 있다는 것을

의미한다. 상호주의 원칙에 의하여 「사회보장기본법」의 적용을 받는 외국인 또한 우리나라 국민과 마찬가지로 사회보장수급권의 주체가 된다.

2) 사회보장급여

국가와 지방자치단체는 모든 국민이 건강하고 문화적인 생활을 유지할 수 있도록 사회보장급여의 수준 향상을 위하여 노력하여야 한다(제10조 제1항). 사회보장급여는 사회보장수급권의 실현으로 달성되는 목적물을 의미하며, 사회보장급여의 최저한의 수준은 「헌법」상 인간다운 생활을 할 권리와 밀접한 연관성을 가진다. 「헌법」에서 보장하고 있는 인간다운 생활을 할 권리의 수준을 「사회보장기본법」에서는 더 구체화하고 있는데, '건강하고 문화적인 생활을 유지할 수 있는 정도'가 최저한의 수준이 됨을 의미한다고 할 수 있다(제10조 제1항). 국가는 관계 법령에서 정하는 바에 따라 최저보장수준과 최저임금을 매년 공표하여야 하며, 국가와 지방자치단체는 최저보장수준과 최저임금 등을 고려하여 사회보장급여의 수준을 결정하여야 한다(제10조 제2항 및 제3항). 최저임금은 별도로 「최저임금법」에 의하여 매년 공표하여야 한다.

 사회보장급여의 최저보장수준은 건강하고 문화적인 생활을 유지할 수 있는 정도를 의미한다.

사회보장급여는 신청주의 원칙을 따른다. 사회보장급여를 받으려는 사람은 관계 법령에서 정하는 바에 따라 국가나 지방자치단체에 신청하여야 하지만 관계 법령에서 따로 정하는 경우에는 국가나 지방자치단체가 신청을 대신할 수 있다(제11조 제1항). 사회보장급여를 신청하는 사람이 다른 기관에 신청한 경우에는 그 기관은 지체 없이 이를 정당한 권한이 있는 기관에 이송하여야 한다. 이 경우 정당한 권한이 있는 기관에 이송된 날을 사회보장급여의 신청일로 본다(제11조 제2항).

사회보장급여는 신청주의 원칙을 따른다.

    이러한 사회보장수급권은 관계법령에서 정하는 바에 따라 다른 사람에게 양도하거나 담보로 제공할 수 없으며, 이를 압류할 수도 없다(제12조). 사회보장수급권 자체가 인간다운 생활을 위한 최소한의 권리로 인식되기에 이를 다른 일반 재산과 동등하게 취급할 수 없다는 것을 의미한다고 할 수 있다. 즉, 사회보장수급권을 보호함으로써 최소한의 인간다운 생활을 보장하고자 하는 국가의 사회보장에 대한 방향성을 알 수 있다. 마찬가지로 사회보장수급권은 일반적으로 제한되거나 정지될 수 없지만 관계 법령에서 따로 정하고 있는 경우에는 관계 법령을 따른다. 하지만 다른 관계 법령에 의하여 제한되거나 정지될 경우에도 그 목적에 필요한 최소한의 범위에 그쳐야 한다(제13조). 「민법」상 재산과 온전히 똑같이 취급할 수는 없다는 사회보장과 관련한 권리의 특성에 기인한다고 할 것이다. 동 권리는 권리의 주체가 포기의 의사를 밝힐 경우 정당한 권한이 있는 기관에 서면으로 통지하여 포기할 수 있고, 그 포기를 다시 취소할 수도 있다. 하지만 이러한 권리의 포기가 본인 자신에게만 연관된 것이 아니라 그 이외 다른 사람에게 피해를 주거나 사회보장에 관한 관계 법령에 위반되는 경우에는 포기할 수 없다(제14조 제1항~제3항)

    사회보장수급권은 구상권[1]의 대상이 된다. 즉, 제3자의 불법행위로 피해를 입은 국민이 그로 인하여 사회보장수급권을 가지게 된 경우 사회보장제도를 운영하는 자는 그 불법행위의 책임이 있는 자에 대하여 관계 법령에서 정하는 바에 따라 구상권을 행사할 수 있다(제15조).

 「사회보장기본법」상 사회보장수급권은 양도 및 담보 제공, 압류 불가능, 포기가 가능하고 포기를 취소하는 것도 가능하다.

---

1) 구상권이라는 것을 쉽게 설명하면, 불법행위를 저지른 당사자가 그 불법행위로 인해 손해를 입은 피해자에게 손해를 배상할 여력이 안 되는 경우 가해자를 대신해서 손해 배상에 갈음할 수 있는 금액 또는 물건으로 대신 그 권리를 보존할 수 있도록 하여 피해자에게 손해의 발생을 막도록 하는 「민법」상의 제도이다.

7. 전달체계와 사회보장위원회

「사회보장기본법」의 전달체계는 해당 제도별로 근거가 되는 각 법령에 의하는 것이 원칙이다. 하지만 동법에 의하면, 국가와 지방자치단체가 주체가 되어 이를 효율적으로 운영하여야 함을 알 수 있다. 국가와 지방자치단체는 모든 국민이 쉽게 이용할 수 있고 사회보장급여가 적시에 제공되도록 지역적·기능적으로 균형 잡힌 사회보장 전달체계를 구축하여야 하고, 사회보장 전달체계의 효율적 운영에 필요한 조직, 인력, 예산 등을 갖추어야 하며, 공공부문과 민간부문의 사회보장 전달체계가 효율적으로 연계되도록 노력하여야 한다(제29조).

또한 동법은 사회보장위원회를 설치하여 일관성 있는 국가 계획을 바탕으로 지방자치단체까지 사회보장과 관련한 세부적인 사항을 미리 계획하여 효율적이고 효과적인 방향으로 운영할 수 있도록 하고 있다. 즉, 「사회보장기본법」상의 전달체계는 국가 및 지방자치단체와 그 유관기관이지만, 이 절에서는 이러한 기관의 사회보장법에 근거한 행위와 깊은 연관성을 가지는 사회보장위원회를 함께 살펴보도록 한다.

사회보장위원회는 사회보장에 관한 주요 시책을 심의 및 조정하기 위하여 두는 국무총리 소속의 위원회 형식의 국가기관이다(제20조). 위원회는 위원장 1명, 부위원장 3명과 행정안전부장관, 고용노동부장관, 여성가족부장관, 국토교통부장관을 포함한 30명 이내의 위원으로 구성하며, 위원장은 국무총리가 되고, 부위원장은 기획재정부장관, 교육부장관 및 보건복지부장관이 된다(제21조 제1항 및 제2항). 사회보장위원회의 위원은 대통령이 위촉하는데, 근로자를 대표하는 사람, 사용자를 대표하는 사람, 사회보장에 관한 학식과 경험이 풍부한 사람 및 변호사 자격이 있는 사람이 대상이 되고, 임기는 2년이다(제21조 제3항 및 제4항). 위원회의 심의 및 조정 사항은 다음과 같다(제20조 제2항).

1. 사회보장 증진을 위한 기본계획

2. 사회보장 관련 주요 계획

3. 사회보장제도의 평가 및 개선

4. 사회보장제도의 신설 또는 변경에 따른 우선순위

5. 둘 이상의 중앙행정기관이 관련된 주요 사회보장정책

6. 사회보장급여 및 비용 부담

7. 국가와 지방자치단체의 역할 및 비용 분담

8. 사회보장의 재정추계 및 재원조달 방안

9. 사회보장 전달체계 운영 및 개선

10. 제32조 제1항에 따른 사회보장통계

11. 사회보장정보의 보호 및 관리

12. 제26조 제4항에 따른 조정

13. 그 밖에 위원장이 심의에 부치는 사항

국가와 지방자치단체는 협의 및 조정에 의하여 사회보장제도를 함께 운영한다. 사회보장제도를 신설하거나 변경할 경우 기존 제도와의 관계, 사회보장 전달체계에 미치는 영향, 재원의 규모·조달 방안을 포함한 재정에 미치는 영향 및 지역별 특성 등을 사전에 충분히 검토하고 상호협력하여 사회보장급여가 중복 또는 누락되지 아니하도록 하여야 한다(제26조 제1항). 중앙행정기관의 장과 지방자치단체의 장은 사회보장제도를 신설하거나 변경할 경우 신설 또는 변경의 타당성, 기존 제도와의 관계, 사회보장 전달체계에 미치는 영향, 지역복지 활성화에 미치는 영향 및 운영 방안 등에 대하여 대통령령으로 정하는 바에 따라 보건복지부장관과 협의하여야 한다(제26조 제2항). 중앙행정기관의 장과 지방자치단체의 장은 제2항에 따른 협의가 이루어지지 아니할 경우 위원회에 조정을 신청할 수 있으며, 위원회는 대통령령으로 정하는 바에 따라 이를 조정한다(제26조 제4항). 보건복지부장관은 사회보장급여 관련 업무에 공통적으로 적용되는 기준을 마련할 수 있다(제26조 제5항).

참고: 지방자치단체와 보건복지부 간의 갈등

2016년 서울시의 '청년수당'과 관련하여 서울시와 보건복지부 간에 법적 다툼이 있었다. 서울시는 지방자치단체 차원에서 청년수당을 독자적으로 시행하려 했으나 보건복지부에서 「사회보장기본법」상 협의 조항을 위반하였다는 이유로 법정에 간 사건이다. 서울시와 보건복지부는 각자 소를 취하함으로써 서울시 청년수당 시범 사업을 수행하였다. 성남시의 경우는 청년 배당을 둘러싸고 헌법재판소에 권한쟁의 심판을 청구하기도 하였고, 대법원까지 법적 다툼이 이어지기도 하였다. 소를 취하함으로써 법적인 판단은 이루어지지 않았다.

그 외에 국가와 지방자치단체는 사회보장에 대한 민간 부문의 참여를 유도할 수 있도록 정책을 개발 · 시행하고 그 여건을 조성하여야 하고, 이를 위해 자원봉사, 기부 등 나눔의 활성화를 위한 각종 지원 사업, 사회보장정책의 시행에 있어 민간 부문과의 상호협력체계 구축을 위한 지원사업 등이 포함된 시책을 수립 및 시행할 수 있다. 국가와 지방자치단체는 개인 · 법인 또는 단체가 사회보장에 참여하는 데에 드는 경비의 전부 또는 일부를 지원하거나 그 업무를 수행하기 위하여 필요한 지원을 할 수 있다(제27조).

 사회보장은 공공과 민간이 함께 참여한다.

8. 사회보장 기본계획

보건복지부장관은 관계 중앙행정기관의 장과 협의하여 사회보장 증진을 위하여 사회보장에 관한 기본계획을 5년마다 수립하여야 하고, 기본계획은 다른 법령에 따라 수립되는 사회보장에 관한 계획에 우선하며 그 계획의 기본이 된다(제16조와 제17조). 즉, 사회보장기본계획을 기본적인 뼈대로 삼아 여타 사회복지 관련 법령의 세부적이고 구체적인 국가의 행위들이 시행된다고 보아도 무방할 것이다. 사회보장 기본계획에 반드시 포함되어야 하는 사항은 다음과 같다(제16조).

1. 국내외 사회보장 환경의 변화와 전망
2. 사회보장의 기본목표 및 중장기 추진방향
3. 주요 추진과제 및 추진방법
4. 필요한 재원의 규모와 조달방안
5. 사회보장 관련 기금 운용방안
6. 사회보장 전달체계
7. 그 밖에 사회보장정책의 추진에 필요한 사항

사회보장 기본계획은 제20조에 따른 사회보장위원회와 국무회의의 심의를 거쳐 확정하고, 기본계획 중 대통령령으로 정하는 중요한 사항을 변경하려는 경우에도 같다(제16조 제3항). 보건복지부장관 및 관계 중앙행정기관의 장은 기본계획에 따라 사회보장과 관련된 소관 주요 시책의 연도별 시행계획을 매년 수립·시행하여야 한다(제18조 제1항). 즉, 사회보장 기본계획의 취지에 어긋나지 않도록 각 부처별로 정책을 구체화하여야 하고, 보건복지부장관은 이러한 시행계획을 보고받고 성과를 평가하며 그 결과를 사회보장위원회에 보고하여야 한다(제18조 제3항). 시행계획의 수립·시행 및 추진실적의 평가 등에 필요한 사항은 대통령령으로 정한다(제18조 제5항).

각 지방자치단체는 사회보장에 관한 지역계획을 수립·시행하여야 한다(제19조 제1항). 특별시장·광역시장·특별자치시장·도지사 또는 특별자치도지사·시장(「제주특별자치도 설치 및 국제자유도시 조성을 위한 특별법」 제11조 제1항에 따른 행정시장을 포함)·군수·구청장이 그 주체이다. 이러한 지역계획은 당연히 사회보장 기본계획과 연계되어야 한다(제19조 제2항).

사회보장 기본계획은 5년마다 수립, 각 지방자치단체는 지역계획을 수립하고 시행하여야 한다.

9. 재정

사회보장비용의 부담은 각각의 사회보장제도의 목적에 따라 국가, 지방자치단체 및 민간부문 간에 합리적으로 조정되어야 한다(제28조 제1항). 동법 제28조에 의하면 사회보장비용은 일원화된 주체가 부담하는 것이 아니며 국가와 지방자치단체, 서비스 이용자, 고용주 등이 합리적으로 함께 부담하는 원칙을 제시한다. 즉, 사회보험에 드는 비용은 사용자, 피용자(被傭者) 및 자영업자가 부담하는 것을 원칙으로 하되, 관계 법령에서 정하는 바에 따라 국가가 그 비용의 일부를 부담할 수 있고, 공공부조 및 관계 법령에서 정하는 일정 소득 수준 이하의 국민에 대한 사회서비스에 드는 비용의 전부 또는 일부는 국가와 지방자치단체가 부담한다. 부담 능력이 있는 국민에 대한 사회서비스에 드는 비용은 그 수익자가 부담함을 원칙으로 하되, 관계 법령에서 정하는 바에 따라 국가와 지방자치단체가 그 비용의 일부를 부담할 수 있다(제28조 제2항~제4항).

국민의 사회보장수급권은 재정의 효율적인 운영을 바탕으로 보장될 수 있으므로 사회보장수급권자 권리구제, 사회보장급여의 사각지대 발굴, 사회보장급여의 부정·오류 관리, 사회보장급여의 과오지급액의 환수 등을 관리할 수 있는 시스템이 마련되어 있다(제30조).

10. 권리구제

위법하거나 부당한 처분을 받거나 필요한 처분을 받지 못함으로써 권리 또는 이익을 침해받은 국민은 「행정심판법」에 따른 행정심판을 청구하거나 「행정소송법」에 따른 행정소송을 제기하여 그 처분의 취소 또는 변경 등을 청구할 수 있도록 「사회보장기본법」은 권리구제 절차를 별도로 명시하고 있다(동법 제39조). 「사회보장기본법」상 권리구체절차는 행정심판법과 행정소송법에 의하여 진행할 수 있도록 포괄적으로 규정되어 있으나 각 개별 법률에서는 해당 사회보장급여의 권리구제 절차를 명시함으로써 소송의 경제적 · 사회적 비용을 줄일 수 있는 방안을 제시하고 있다.

제13장
사회보장급여법

1. 역사와 배경

「사회보장기본법」이 마련되어 사회보장과 관련한 기본적인 권리를 보장하고 있다고 해도 여전히 사각지대에 놓인 사람들은 존재하게 마련이다. 생애주기별 맞춤형 사회보장제도가 도입되었고, 다양한 복지 사업이 「사회복지사업법」을 근거로 시행되고 있지만, 중앙정부와 지방자치단체 간의 연계성 부족, 지방자치단체의 복지 사업 시행에 대한 후속 조치 및 보완문제 등이 대두되면서 사회보장수급권 강화의 필요성을 뒷받침할 수 있는 제도에 대한 사회적 요구가 증가하였다. 「사회보장급여의 이용·제공 및 수급권자 발굴에 관한 법률」(약칭: 「사회보장급여법」)은 이러한 문제를 해결하기 위하여 만들어진 법률로 요약할 수 있다. 더욱이 사회복지서비스의 종류와 구성, 적용 방식 등은 사회가 발전함에 따라 더욱 복잡해지고 해석이 어려워지는 경우가 빈번해지면서 사회복지서비스 전달체계 또한 각 대상자의 편의를 고려하지 않는 경우가 늘어나 복지 사각지대 문제는 사회의 발전 및 변화와 더불어 더욱 다각화되는 양상이다. 사회보장정보시스템을 갖추어 행정 업무의 효율성을 추구하였지만 지역 간 균형발전과 전국 단위의 유기성 및 연계성 확보 등을 위해서는 국민의 복지 체감도를 더욱 높일 필요성 역시 증가하였다. 이를 위해 2014년 12월 30일에 「사회보장급여법」이 제정되기에 이르렀고, 2015년 7월 1일에 법이 시행되었다.

 「사회보장기본법」의 빈틈없는 실현을 위하여 「사회보장급여법」이 마련되었다. 「사회보장급여법」은 사회보장정보시스템을 갖추는 것과 밀접한 관련이 있다.

주요 법률 개정 내용을 살펴보면 다음과 같다. 2017년 3월 21일에 일부개정을 통해서는 사회보장급여 수준의 향상을 위해 통합사례관리를 실시할 수 있는 근거를 마련하였고, 지역사회보장협의체 조항 마련으로 지역 간의 복지 균형발전을 보장할 수 있게 되었다. 그 외에도 2018년 12월 11일에 개정을 통해 복지 사각지대 해소를 위한 대상자 발굴체계 운영 실태 점검, 개선방안 마련 등을 명시하였다. 2019년 6월 12일부터는 보장기관인 국가 및 지방자치단체가 매 분기별로 지원대상자 발굴조사를 실시하도록 하고, 보건복지부장관은 지원대상자 발굴체계의 운영 실태를 정기적으로 점검하고 개선 방안을 마련하도록 함으로써 복지 사각지대의 해소에 기여하도록 하며, 그 밖에 부정수급 신고포상제의 근거를 마련하고, 비밀 유지의무 대상에 통합사례관리에 관한 업무를 추가하며, 자살자 또는 자살시도자가 발생한 가구도 위기가구에 포함하여 보호하는 등 현행법의 미비한 점을 정비하는 법률을 시행하였다. 2020년 12월 29일에 일부개정을 통해 2022년 1월 1일부터 시행한 법률에서는 사회보장급여 신청 절차를 손쉽게 하여 복지 사각지대 해소에 기여하고자 신청 방식을 다양화하고, 주기적으로 사회보장급여의 수급 가능성을 확인하여 그 결과를 안내하는 맞춤형 급여 안내 제도를 도입하고, 국민에 대한 사회서비스의 원활한 제공 및 서비스 관리를 위하여 사회서비스정보시스템의 구축ㆍ운영 근거를 신설하는 등 현행 제도의 운영상 나타난 일부 미비점을 개선ㆍ보완하였다. 2022년 1월 28일부터 시행한 일부개정은 학대 위기아동의 재원학교 관련 정보를 학교와 연계하여 위기가정 학생에 대한 지원을 할 수 있도록 하였다. 「사회보장급여법」의 법률 내용 변화 과정을 요약하면, 사회보장급여 사각지대의 축소를 위해 지속적으로 노력해 왔다고 할 수 있겠다.

2. 목적 및 개념

「사회보장급여법」은 「사회보장기본법」에 따른 사회보장급여의 이용 및 제공에 관한 기준과 절차 등 기본적 사항을 규정하고, 지원을 받지 못하는 지원대상자를 발굴하여 지원함으로써 사회보장급여를 필요로 하는 사람의 인간다운 생활을 할 권리를 최대한 보장하고, 사회보장급여가 공정하고 효과적으로 제공되도록 하며, 사회보장제도가 지역사회에서 통합적으로 시행될 수 있도록 그 기반을 구축하는 것을 목적으로 한다(제1조).

동법 제2조에는 동법에서 언급되는 기본 개념이 제시되어 있다. '사회보장급여'란 제5호의 보장기관이 「사회보장기본법」 제3조 제1호에 따라 제공하는 현금, 현물, 서비스 및 그 이용권을 말한다. '수급권자'란 「사회보장기본법」 제9조에 따른 사회보장급여를 제공받을 권리를 가진 사람을 말한다. '수급자'란 사회보장급여를 받고 있는 사람을 말한다. '지원대상자'란 사회보장급여를 필요로 하는 사람을 말한다. '보장기관'이란 관계 법령 등에 따라 사회보장급여를 제공하는 국가기관과 지방자치단체를 말한다.

동법 제3조에 의하면 사회보장급여의 이용 및 제공에 필요한 기준, 방법, 절차와 지원대상자의 발굴 및 지원 등에 관하여는 다른 법률에 특별한 규정이 있는 경우를 제외하고는 이 법에 따르도록 되어 있다. 즉, 동법은 사회보장급여를 제공함에 있어 대상자를 발굴하고 지원하는 절차 등에 대한 기본법적 역할을 한다고 할 수 있다.

사회보장급여는 기본 원칙에 의하여 지급과 제공이 운영된다(제4조). 보장기관은 기본 원칙을 따라 사회보장급여 제공 및 사회보장정책을 운영하여야 한다. 사회보장급여가 필요한 사람은 누구든지 자신의 의사에 따라 사회보장급여를 신청할 수 있으며(자발성), 보장기관은 이에 필요한 안내와 상담 등의 지원을 충분히 제공하여야 한다(제4조 제1항). 보장기관은 지원이 필요한 국민이 급여대상에서 누락되지 아니하도록 지원대상자를 적극 발굴하여 이들이 필요로 하는 사회보장급여를 적절하게 제공받을 수 있도록 노력하여야 하며(적절성; 제4조 제2항), 국민의 다양한 복지욕구를 충족시키고 생애주기별 필요에 맞는 사회보장급여가 공정·투명·적정하게 제공될 수 있도록 노력하여야 한다(투명성; 제4조 제3항). 또한 보장기관은 사회보장급여와 「사회복지사업법」 제2조 제3호 및 제4호의 사회복지법인, 사회복지시설 등 사회보장 관련 민간 법인·단체·시설이 제공하는 복지혜택 또는 서비스를 효과적으로 연계하여 제공할 수 있도록 노력하여야 하고(효과적 연계; 제4조 제4항), 국민이 사회보장급여를 편리하게 이용할 수 있도록 사회보장 정책 및 관련 제도를 수립·시행하기 위하여 노력하여야 하며(이용의 편리성; 제4조 제5항), 지역의 사회보장 수준이 균등하게 실현될 수 있도록 노력하여야 한다(균형성; 제4조 제6항).

 사회보장급여의 개념 및 사회보장수급권자와 수급자의 구분에 유의하여야 한다.

 사회보장급여는 이용의 편리성, 적절성, 투명성, 자발성, 균형성 등의 특징을 가져야만 한다.

3. 법률의 체계 및 구조

「사회보장급여법」은 총칙에서 기본 개념과 원칙을 제시하고 '제2장 사회보장급여'에서 사회보장급여의 이용과 지원대상자의 발굴, 수급권자 등의 지원, 사회보장급여의 관리 등의 내용을 마련하였다. '제3장 사회보장정보'에서는 사회보장정보와 사회보장정보시스템 이용 등과 관련한 내용, 사회보장정보의 보호 등과 관련한 내용으로 구성된다. '제4장 사회보장에 관한 지역계획 및 운영체계 등'에서는 지역사회보장에 관한 계획, 지역사회보장 운영체계, 지역사회보장 지원 및 균형발전의 내용을 마련하였다. 그 외에 '제5장 보칙'에서는 비밀유지의무, 사회보장급여의 압류 금지 등을 별도로 규정하였다.

동법을 통해 크게 사회보장급여 이용 및 제공에 관한 세 가지 원칙을 확인할 수 있다. 즉, 동법은 사회보장급여 대상자를 어떻게 발굴하고 지원하는지, 사회보장 정보 및 시스템의 구성과 유지 관리는 어떻게 하여야 하는지 제시하고, 복지서비스 제공에 있어 지역 간 균형발전을 위한 정책을 뒷받침하고 있다고 보인다.

4. 사회보장급여

1) 사회보장급여의 이용: 신청주의 원칙, 직권 신청 가능

사회보장급여는 지원대상자와 그 친족, 「민법」에 따른 후견인, 「청소년 기본법」에 따른 청소년상담사·청소년지도사, 관련 기관 및 단체의 장을 포함한 지원대상자를 사실상 보호하고 있는 자 등은 지원대상자의 주소지 관할 보장기관에 사회보장급여를 신청할 수 있다(제5조 제1항). 보장기관의 업무 담당자는 지원대상자가 누락되지 아니하도록 하기 위하여 관할 지역에 거주하는 지원대상자에 대한 사회보장급여의 제공을 직권으로 신청할 수 있다. 이 경우 지원대상자의 동의를 받아야 하며, 동의를 받은 경우에는 지원대상자가 신청한 것으로 본다(제5조 제2항). 즉, 사회보장급여는 신청주의 원칙이나 업무 담당자에 의하여 직권 신청이 가능하다. 보장기관의 장은 사회보장급여의 신청을 받으면 지원대상자의 사회보장 요구와 관련된 사항, 지원대상자의 건강상태, 가구 구성 등 생활 실태에 관한 사항, 그 밖에 지원대상자에게 필요하다고 인정되는 사회보장급여에 관한 사항 등을 조사하여야 한다(제6조). 그 외에 지원대상자와 부양의무자에 대하여 사회보장급여 수급자격 확인을 위해 인적사항 및 가족관계 확인에 관한 사항, 소득·재산·근로능력 및 취업상태에 관한 사항, 사회보장급여 수급이력에 관한 사항, 그 밖에 수급권자를 선정하기 위하여 보장기관의 장이 필요하다고 인정하는 사항 중 하나에 해당하는 자료 또는 정보를 제공받아 조사하고 처리할 수 있으나 부양의무자에 대한 조사는 필요하지 않거나 특별히 대통령령으로 정하는 사유가 있으면 정보를 제공받아 조사하고 처리할 수 없다(제6조 및 제7조 제1항). 보장기관의 장은 해당 조사를 실시하기 위해 주민등록전산정보 · 가족관계등록전산정보, 금융 · 국세 · 지방세, 토지 · 건물 · 건강보험 · 국민연금 · 고용보험 · 산업재해보상보험 · 출입국 · 병무 · 보훈급여 · 교정 등 대통령령으로 정하는 관련 전산망 또는 자료를 이용하고자 하는 경우에는 관계 중앙행정기관, 법원행정처, 지방자치단체, 관련 기관 및 단체, 법인 · 시설 등에 협조를 요청할 수 있다(제7조 제4항). 조사과정에서 지원대상자에게 의견을 진술할 기회를 제공하여야 하고, 조사의 내용 · 절차 · 방법 등에 관하여 이 법에서 정하는 사항을 제외하고는 「행정조사기본법」에서 정하는 바를 따른다(제7조 제5항과 제6항).

보장기관의 업무 담당자는 동법 제7조 제1항의 사항을 확인하기 위해 그 권한을 표시하는 증표 및 조사기간, 조사범위, 조사담당자, 관계 법령 등 보건복지부령으로 정하는 사항이 기재된 서류를 제시하고 거주지 및 사실 확인에 필요한 관련 장소를 방문할 수 있다(제7조 제3항). 그 외에도 중앙행정기관의 장 또는 지방자치단체의 장은 지원대상자와 그 부양의무자에 대하여 제7조 제1항에 따라 금융정보 등에 대한 조사가 필요한 경우 각 자료 또는 정보의 제공에 대하여 동의한다는 서면을 받아야 한다(제8조).

그 후 보장기관의 장이 제6조 및 제7조에 따른 조사를 실시한 경우에는 사회보장급여의 제공 여부 및 제공 유형을 결정하되, 제공하고자 하는 사회보장급여는 지원대상자가 현재 제공받고 있는 사회보장급여와 보장내용이 중복되도록 하여서는 안 되고, 보장기관의 장은 사회보장급여의 제공 결정에 필요한 경우 지원대상자와 그 친족, 그 밖에 관계인의 의견을 들을 수 있다. 또한 제1항에 따라 결정된 사회보장급여의 제공 여부와 그 유형 및 변경사항 신고의무 등을 서면(신청인의 동의에 의한 전자문서를 포함한다)으로 신청인에게 통지하여야 하며, 필요한 경우 구두 등의 방법

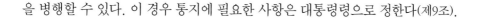

을 병행할 수 있다. 이 경우 통지에 필요한 사항은 대통령령으로 정한다(제9조).

2) 지원대상자의 발굴: 사회보장급여 정보 제공 및 지원대상자 발견 및 지역사회 협력

보장기관의 장은 사회보장급여 지원대상자를 발굴하기 위해 사회보장급여의 내용 및 제공규모, 수급자가 되기 위한 요건과 절차, 그 밖에 사회보장급여 수급을 위하여 필요한 정보 등에 대한 자료 또는 정보의 제공과 홍보에 노력을 하여야 한다(제10조). 또한 각 보장기관의 장은 관할 지역에 거주하는 지원대상자를 발굴하기 위해 다음의 관계기관 업무의 수행과 관련하여 취득한 정보의 공유, 지원대상자의 거주지 등 현장조사 시 협조 요청을 할 수 있다(제11조). 이때 관계 기관, 법인, 단체, 시설의 장 등은 정당한 사유가 없을 시 보장기관 장의 요청에 따라야 한다.

1. 「사회복지사업법」 제2조 제3호와 제4호에 따른 사회복지법인 및 사회복지시설
2. 「국민연금법」 제24조에 따른 국민연금공단
3. 「국민건강보험법」 제13조에 따른 국민건강보험공단
4. 「지역보건법」 제10조에 따른 보건소
5. 「초·중등교육법」 제2조 각 호의 학교
6. 「경찰법」 제13조에 따른 경찰서
7. 「소방기본법」 제2조 제5호의 소방대
8. 그 밖에 대통령령으로 정하는 기관·법인·단체·시설

보건복지부장관은 보장기관이 업무를 효율적으로 수행할 수 있도록 지원하기 위해 사회보장정보시스템을 통해 동법 제12조에 명시된 자료 또는 정보를 처리할 수 있다. 이때 해당 자료 또는 정보의 제공을 요청할 수 있고, 사회보장의 사각지대 해소를 위해 각 자료를 보장기관의 장에게 제공도 가능하며, 보장기관의 장은 필요한 경우에 지원대상자의 동의를 받아 대통령령으로 정하는 법인·단체·시설의

장이 이를 활용할 수 있도록 지원할 수 있다(제12조 제3항~제5항).

〈처리할 수 있는 자료 또는 정보의 범위〉

1. 「전기사업법」 제14조에 따른 단전(전류제한을 포함한다), 「수도법」 제39조에 따른 단수, 「도시가스사업법」 제19조에 따른 단가스 가구정보(가구정보는 주민등록전산정보 · 가족관계등록전산정보를 포함한다. 이하 같다)

2. 「초 · 중등교육법」 제25조에 따른 학교생활기록 정보 중 담당교원이 위기상황에 처하여 있다고 판단한 학생의 가구정보

3. 「국민건강보험법」 제69조에 따른 보험료를 3개월 이상 체납한 사람의 가구정보

4. 「국민기초생활 보장법」 또는 「긴급복지지원법」에 따른 신청 또는 지원 중 탈락가구의 가구정보

5. 「사회복지사업법」 제35조에 따른 시설의 장이 입소 탈락자나 퇴소자 중 위기상황에 처하여 있다고 판단한 사람의 가구정보

6. 「신용정보의 이용 및 보호에 관한 법률」 제25조제2항제1호에 따른 종합신용정보집중기관과 같은 항 제2호에 따른 개별신용정보집중기관이 보유하고 있는 개인신용정보 중 보건복지부장관이 위기상황에 처하여 있다고 판단한 사람의 대통령령으로 정하는 기준에 해당하는 연체정보(대출금 · 신용카드대금 · 통신요금 등을 말한다)로서 금융위원회 위원장과 협의하여 정하는 개인신용정보

7. 「공공주택 특별법」 제4조제1항에 따른 공공주택사업자가 보유하고 있는 정보로서 같은 법 제49조에 따른 임대료를 3개월 이상 체납한 임차인의 가구정보

8. 「공동주택관리법」 제2조제1항제10호에 따른 관리주체가 보유하고 있는 정보로서 같은 법 제23조제1항에 따른 관리비를 3개월 이상 체납한 입주자의 가구정보

9. 그 밖에 지원대상자의 발굴을 위하여 필요한 정보로서 대통령령으로 정하는 정보

누구든지 출산, 양육, 실업, 노령, 장애, 질병, 빈곤 및 사망 등의 사회적 위험으로 인하여 사회보장급여를 필요로 하는 지원대상자를 발견하였을 때에는 보장기관에 알려야 한다(제13조 제1항). 즉, 신고가 의무로 규정되어 있다. 특히 특정 직무에 종사하는 사람들은 사회적 위험으로 인해 사망 또는 중대한 정신적·신체적 장애를 입을 위기에 처한 지원대상자를 발견한 경우 지원대상자가 신속한 지원을 받을 수 있도록 노력하여야 한다(제13조 제2항). 해당 직무에 종사하는 자들은 다음과 같다. 한편, 보장기관의 장은 사회보장급여가 필요하다고 인정되는 지원대상자에 대하여 사회보장급여 신청이 이루어질 수 있도록 노력하여야 한다(제13조 제3항).

〈지원대상자 발견 시 신속 지원을 할 수 있도록 알려야 하는 직무 종사자〉

1. 「사회복지사업법」 제35조 및 제35조의2에 따른 사회복지시설의 장과 그 종사자
2. 「장애인활동 지원에 관한 법률」 제20조에 따른 활동지원기관의 장 및 그 종사자와 같은 법 제16조에 따른 활동지원인력
3. 「의료법」 제2조 및 제3조의 의료인과 의료기관의 장
4. 「의료기사 등에 관한 법률」 제1조의2의 의료기사
5. 「응급의료에 관한 법률」 제36조의 응급구조사
6. 「소방기본법」 제34조에 따른 구조대 및 구급대의 대원
7. 「국가공무원법」 제2조제2항제2호에 따른 경찰공무원
8. 「지방공무원법」 제2조제2항제2호에 따른 자치경찰공무원
9. 「정신건강증진 및 정신질환자 복지서비스 지원에 관한 법률」 제3조제3호에 따른 정신건강복지센터의 장과 그 종사자
10. 「영유아보육법」 제10조에 따른 어린이집의 원장 등 보육교직원
11. 「유아교육법」 제20조에 따른 교직원 및 같은 법 제23조에 따른 강사 등
12. 「초·중등교육법」 제19조에 따른 교직원, 같은 법 제19조의2에 따른 전문상담교사 등 및 같은 법 제22조에 따른 산학겸임교사 등
13. 「학원의 설립·운영 및 과외교습에 관한 법률」 제6조에 따른 학원의 운영자·강사·직원 및 같은 법 제14조에 따른 교습소의 교습자·직원

14. 「성폭력방지 및 피해자보호 등에 관한 법률」 제10조에 따른 성폭력피해상담소의 장과 그 종사자 및 같은 법 제12조에 따른 성폭력피해자보호시설의 장과 그 종사자

15. 「성매매방지 및 피해자보호 등에 관한 법률」 제10조에 따른 지원시설의 장과 그 종사자 및 같은 법 제17조에 따른 성매매피해상담소의 장과 그 종사자

16. 「가정폭력방지 및 피해자보호 등에 관한 법률」 제5조에 따른 가정폭력 관련 상담소의 장과 그 종사자 및 같은 법 제7조에 따른 가정폭력피해자 보호시설의 장과 그 종사자

17. 「건강가정기본법」 제35조에 따른 건강가정지원센터의 장과 그 종사자

18. 「노인장기요양보험법」 제31조에 따른 장기요양기관의 장과 그 종사자

19. 「지역보건법」 제11조제1항제5호사목에 따른 보건소의 방문간호 업무 종사자

20. 「다문화가족지원법」 제12조에 따른 다문화가족지원센터의 장과 그 종사자

21. 「지방자치법」 제7조제4항에 따른 행정리의 이장 및 같은 조 제5항에 따른 행정동의 하부조직으로 두는 통의 통장

22. 「공동주택관리법」 제2조제1항제10호에 따른 관리주체

한편, 보장기관과 관계 기관·법인·단체·시설은 지역사회 내 사회보장이 필요한 지원대상자를 발굴하고, 가정과 지역공동체의 자발적인 협조가 이루어질 수 있도록 노력하여야 한다(동법 제14조 제1항). 특별자치시장 및 시장·군수·구청장은 지원대상자의 발굴 및 지역사회보호체계의 구축을 위하여 필요한 경우 제41조에 따른 지역사회보장협의체에 관계 기관·법인·단체·시설의 장 및 그 밖에 사각지대 발굴과 관련한 기관·법인·단체·시설의 장 등을 포함시켜 운영할 수 있다. 특별자치시장 및 시장·군수·구청장은 제1항에 따른 지역사회 내 지원대상자를 발굴하는 활동을 촉진하기 위하여 예산의 범위에서 필요한 비용을 지원할 수 있다(제14조 제2항 및 제3항).

3) 수급권자 등의 지원: 지원계획 수립과 수급권자 등에 대한 상담, 안내, 의뢰 및 이의신청 절차

보장기관의 장은 제9조 제1항에 따라 사회보장기관의 장은 보장급여의 제공을 결정한 때에는 필요한 경우, ① 사회보장급여의 유형·방법·수량 및 제공기간, ② 사회보장급여를 제공할 기관 및 단체, ③ 동일한 수급권자에 대하여 사회보장급여를 제공할 보장기관 또는 관계 기관·법인·단체·시설이 둘 이상인 경우 상호간 연계방법, ④ 사회보장 관련 민간 법인·단체·시설이 제공하는 복지혜택과 연계가 필요한 경우 그 연계방법 등의 사항이 포함된 수급권자별 사회보장급여 제공계획 (지원계획)을 수립하여야 한다. 보장기관의 장은 지원계획에 따라 사회보장급여가 제공될 수 있도록 노력하여야 하며, 필요한 경우 사회보장급여 제공 결과를 정기적으로 평가하고 그 결과에 따라 지원계획을 변경할 수 있고, 수급권자의 지원계획 수립·변경 시 사회보장정보시스템을 통하여 수급자격을 확인할 수 있다(제15조 제2항과 제3항).

보장기관의 업무 담당자는 수급권자 또는 지원대상자가 필요한 사회보장급여를 편리하게 이용할 수 있도록 사회보장급여의 명칭, 수급권자의 선정기준, 보장내용 및 신청방법 등에 관한 사항을 상담하고 안내하여야 하며, 이를 위하여 사회보장정보시스템에서 지원하는 정보를 최대한 활용하여야 한다(제16조 제1항). 다만 필요한 사회보장급여가 다른 보장기관의 권한에 속한다고 판단되는 경우에는 해당 보장기관을 안내하고 필요한 경우에 기관에 서비스 제공을 의뢰하여야 한다(제16조 제2항). 이때 상담, 안내, 의뢰는 사회보장정보시스템을 통해 효율적으로 이루어질 수 있도록 하여야 하며, 사회보장급여의 종합 상담, 안내, 의뢰 등을 위해 전화상담센터 등을 설치 및 운영할 수 있다(제16조 제3항과 제4항). 한편, 보장기관의 장은 제9조에 따라 급여 제공이 결정된 수급권자를 자신의 가정에서 돌보는 사람의 부담을 줄이기 위하여 상담을 실시하거나 금전적 지원 등을 할 수 있다(제18조).

4) 사회보장급여의 관리: 부정수급과 사회보장 급여의 적정성 확인, 변경, 중지 및 환수

사회보장기관의 장은 수급자에 대한 사회보장급여의 적정성을 확인하기 위하여 제7조 제1항 각 호에 해당하는 정보를 조사할 수 있다(제19조 제1항). 주기적으로 또는 기간을 정하여 사회보장급여를 제공받는 수급자는 거주지, 세대원, 소득·재산 상태, 근로능력, 다른 급여의 수급이력 등 제7조 제1항 각 호의 사항이 변동되었을 때에는 지체 없이 관할 보장기관의 장에게 신고하여야 하고(제20조), 수급자 및 그 부양의무자의 인적사항, 가족관계, 소득·재산 상태, 근로능력 등에 변동이 있는 경우에는 직권 또는 수급자나 그 친족, 그 밖의 관계인의 신청에 따라 수급자에 대한 사회보장급여의 종류·지급 방법 등을 변경할 수 있다(제21조 제1항). 수급자에 대한 사회보장급여의 전부 또는 일부가 필요 없게 된 때에는 사회보장급여의 전부 또는 일부를 중지하거나 그 종류·지급방법 등을 변경하여야 하며(제21조 제2항), 이는 수급자의 동의에 의한 전자문서를 포함한 서면으로 그 이유를 명시하여 수급자에게 통지하여야 하며, 필요한 경우 구두 등의 방법을 병행할 수 있다(제21조 제3항).

수급자가 신고를 고의로 회피하거나 속임수 등의 부정한 방법으로 사회보장급여를 받거나 타인으로 하여금 사회보장급여를 받게 한 경우에는 사회보장급여를 제공한 보장기관의 장은 그 사회보장급여의 전부 또는 일부를 그 사회보장급여를 받거나 받게 한 자로부터 환수할 수 있다(제22조 제1항). 보장기관의 장은 수급권이 없는 자에게 사회보장급여를 제공하거나 그 변경·중지로 인하여 수급자에게 이미 제공한 사회보장급여 중 과잉지급분이 발생한 경우에는 즉시 이를 제공받은 사람에 대하여 그 전부 또는 일부의 반환을 명하여야 한다. 다만, 이를 이미 소비하였거나 그 밖에 수급자에게 부득이한 사유가 있는 때에는 그 반환을 면제할 수 있다(제22조 제2항). 환수 또는 반환받을 금액은 각각 부정수급자 또는 사회보장급여를 제공받은 사람에게 통지하여 이를 환수하거나 반환받고, 이에 응하지 아니하는 경우 국세 체납처분의 예 또는 「지방행정제재·부과금의 징수 등에 관한 법률」에 따라 징수한다(제22조 제3항). 즉, 부정수급자에게 지급된 사회보장급여는 일체 환수

하며 징수하여야 한다.

5. 사회보장정보

1) 사회보장정보 및 사회보장시스템의 이용

(1) 사회보장정보의 처리

보건복지부장관은 보장기관이 수급권자의 선정 및 급여관리 등에 관한 업무를 효율적으로 수행할 수 있도록 사회보장정보시스템을 통하여 사회보장정보를 처리할 수 있다.

1. 근거 법령, 보장 대상 및 내용, 예산 등 사회보장급여 현황에 관한 자료 또는 정보
2. 제5조부터 제22조까지에 따른 상담, 신청, 조사 및 자격의 변동관리에 필요한 인적사항·소득·재산 등에 관한 자료 또는 정보
3. 사회보장급여 수급이력에 관한 자료 또는 정보
4. 제51조에 따라 보건복지부장관이 위임·위탁받은 업무를 수행하는 데 필요한 자료 또는 정보
5. 사회보장정보와 관련된 법령 등에 따른 상담, 신청(제25조 제3항에 따른 신청을 포함한다), 조사, 결정, 제공, 환수 등의 업무처리내역에 관한 자료 또는 정보
6. 사회보장 관련 민간 법인·단체·시설의 사회보장급여 제공 현황 및 보조금 수급이력에 관한 자료 또는 정보
7. 그 밖에 사회보장급여의 제공·관리 및 사회보장정보시스템 구축·운영에 필요한 정보로서 대통령령으로 정하는 자료 또는 정보

사회보장 관련 민간 법인, 단체, 시설의 장은 사회보장정보시스템이 원활히 운영될

수 있도록 적극 협력하여야 하고, 보건복지부장관은 사회보장정보를 사회보장 관련 예측조사, 연구개발 등에 활용할 수 있도록 지원할 수 있다(제23조 제2항 및 제4항).

(2) 사회보장정보시스템의 이용

보장기관의 장은 동법 제5조부터 제22조까지에 따른 업무를 효율적으로 수행하기 위하여 사회보장정보시스템을 이용하거나 관할 업무시스템과 사회보장정보시스템을 연계하여 이용할 수 있다. 이 경우 보장기관의 장은 사회보장정보시스템을 이용하여 처리하고자 하는 자료 또는 정보와 그 범위, 처리 목적·방식, 해당 자료 또는 정보의 보유기관 등을 특정하여 보건복지부장관과 협의하여야 한다(제24조 제1항). 보건복지부장관은 사회보장의 사각지대를 해소하기 위하여 사회보장정보시스템을 통하여 처리된 정보를 보장기관의 장에게 제공할 수 있으며, 보장기관의 장은 필요한 경우 지원대상자의 동의를 받아 대통령령으로 정하는 법인·단체·시설의 장이 활용할 수 있도록 지원할 수 있고, 보장기관의 장은 사회보장정보시스템을 통한 사회보장정보를 이 법에서 정한 목적 외의 용도로 이용하여서는 안 된다(제24조 제3항 및 제4항). 보건복지부장관이 사회보장정보를 제공하는 경우에는 이용목적을 고려하여 필요 최소한의 사회보장정보를 제공하여야 한다(제24조 제5항).

(3) 기타

보건복지부장관은 사회보장급여가 필요한 국민에게 사회보장 관련 자료 또는 정보의 검색, 조회 등 온라인 서비스를 제공하는 인터넷 기반의 대국민 포털을 구축·관리하고 그 활용을 촉진하여야 한다(제25조 제1항). 그 외에 사회보장정보의 표준화 필요성을 동법에 명시하고 있다. 보건복지부장관은 사회보장정보의 공동 활용을 통하여 국민이 사회보장급여의 이용을 편리하게 할 수 있도록 사회보장정보와 관련된 각종 기준, 절차, 방법, 서식 등을 표준화하여 보장기관의 장에게 제시할 수 있다. 이 경우 보장기관의 장은 정당한 사유가 없으면 이에 따라야 한다(제27조). 또한 사회보장정보 등의 협의와 조정 조항이 제28조에 마련되어 있다. 보장기관의 장 또는 관계 중앙행정기관의 장이 제23조에 따른 사회보장정보의 처리 등, 제24조에 따른 사회보장정보시스템의 이용, 제27조에 따른 사회보장정보의 표준화, 제51조에 따른 업무의 위임·위탁 등에 관하여 의견이 있는 경우에는 보건복지부장관과 협의하고, 협의가 이루어지지 아니할 경우 「사회보장기본법」 제20조에 따른 사회보장위원회가 이를 조정한다. 보건복지부장관은 제28조 제1항에 따른 협의를 원활히 진행하기 위하여 사회보장정보협의체를 운영할 수 있으며, 사회보장정보협의체의 역할 및 운영 등에 필요한 사항은 대통령령으로 정한다. 그 외에 동법에 의하여 한국사회보장정보원의 설립 근거를 마련하고 있는데(제29조), 한국사회보장정보원은 법인으로서 사회보장정보시스템의 구축, 유지, 기능 개선, 관리 등 운영, 사회보장정보의 처리 등의 업무를 수행한다.

2) 사회보장정보의 보호: 침해행위의 금지

보건복지부장관은 사회보장정보시스템의 사회보장정보를 안전하게 보호하기 위하여 물리적·기술적 대책을 포함한 보호대책을 수립·시행하여야 한다(제30조 제1항). 한국사회보장정보원의 장은 실행계획을 매년 수립하여 보건복지부장관에게 제출하여야 하며(제30조 제2항), 누구든지 사회보장정보를 처리할 때 사회보장정보의 처리업무를 방해할 목적으로 사회보장정보를 위조·변경·훼손하거나 말소하는 행위, 정당한 사유 없이 사회보장정보를 위조·변경·훼손·말소·유출하거나 그 방법 또는 프로그램을 공개·유포·사용하는 행위, 정당한 사유 없이 사회보장정보시스템을 위조·변경·훼손하거나 이용하는 행위, 정당한 권한이 없거나 허용된 권한을 초과하여 사회보장정보를 처리하는 행위 등의 침해행위 등을 하여서는 안 된다(제31조). 보장기관의 장 및 한국사회보장정보원의 장은 사회보장정보가 5년이 지나면 파기하여야 함이 원칙이나 대통령령으로 정하는 지원대상자의 보호에 필요한 사회보장정보는 5년을 초과하여 보유할 수 있다(제34조).

6. 사회보장에 관한 지역계획 및 운영체계

1) 지역사회보장 계획

(1) 지역사회보장 계획 수립(제35조)

특별시장·광역시장·특별자치시장·도지사·특별자치도지사 및 시장·군수·구청장은 지역사회보장에 관한 계획을 4년마다 수립하고, 매년 지역사회보장계획에 따라 연차별 시행계획을 수립하여야 한다. 이 경우 「사회보장기본법」 제16조에 따른 사회보장에 관한 기본계획과 연계되도록 하여야 한다. 시장·군수·구청장은 해당 시·군·구의 연차별 시행계획을 포함한 지역사회보장계획을 지역주민 등 이해관계인의 의견을 들은 후 수립하고, 제41조에 따른 지역사회보장협의체의 심의와 해당 시·군·구 의회의 보고를 거쳐 시·도지사에게 제출하여야 한다. 이때 보고의 경우 「제주특별자치도 설치 및 국제자유도시 조성을 위한 특별법」에 따른 행정시장은 제외한다.

시·도지사(특별자치시장은 제외한다)는 시·군·구의 지역사회보장계획을 지원하는 내용 등을 포함한 해당 특별시·광역시·도·특별자치도의 지역사회보장계획을 수립하여야 하고, 특별자치시장은 지역주민 등 이해관계인의 의견을 들어 지역사회보장계획을 수립하여야 한다. 한편, 시·도지사는 지역사회보장계획을 시·도사회보장위원회의 심의와 해당 시·도 의회의 보고를 거쳐 보건복지부장관에게 제출하여야 한다. 이 경우 보건복지부장관은 제출된 계획을 사회보장위원회에 보고하여야 한다. 이때 시·도지사 또는 시장·군수·구청장은 지역사회보장계획을 수립할 때 필요하다고 인정하는 경우에는 사회보장 관련 기관·법인·단체·시설에 자료 또는 정보의 제공과 협력을 요청할 수 있다.

이와 더불어 보장기관의 장은 지역사회보장계획의 수립 및 지원 등을 위하여 지역 내 사회보장 관련 실태와 지역주민의 사회보장에 관한 인식 등에 관하여 필요한 조사인 지역사회보장조사를 실시할 수 있으며, 시·도지사 및 시장·군수·구청장은 지역사회보장계획 수립 시 지역사회보장조사 결과를 반영할 수 있다. 보건복지부장관 또는 시·도지사는 지역사회보장계획의 내용이 대통령령으로 정하는 사유에 해당하는 경우에는 시·도지사 또는 시장·군수·구청장에게 그 조정을 권고할 수 있고, 이 경우 보건복지부장관은 관계 중앙행정기관의 장의 의견을 들을 수 있다.

(2) 지역사회보장 계획의 내용(제36조)

지역사회보장계획은 시·군·구와 특별시·광역시·도·특별자치도, 특별자치시가 각각 그 포함 내용을 달리한다.

표 13-1 지역사회보장의 기초지방자치단체와 광역지방자치단체 간 비교

시·군·구 지역사회보장계획	특별시, 광역시, 도, 특별자치도 지역사회보장계획
1. 지역사회보장 수요의 측정, 목표 및 추진전략 2. 지역사회보장의 목표를 점검할 수 있는 지표(이하 '지역사회보장지표'라 한다)의 설정 및 목표 3. 지역사회보장의 분야별 추진전략, 중점 추진사업 및 연계협력 방안 4. 지역사회보장 전달체계의 조직과 운영 5. 사회보장급여의 사각지대 발굴 및 지원 방안 6. 지역사회보장에 필요한 재원의 규모와 조달 방안 7. 지역사회보장에 관련한 통계 수집 및 관리 방안 8. 지역 내 부정수급 발생 현황 및 방지대책 9. 그 밖에 대통령령으로 정하는 사항	1. 시·군·구의 사회보장이 균형적이고 효과적으로 추진될 수 있도록 지원하기 위한 목표 및 전략 2. 지역사회보장지표의 설정 및 목표 3. 시·군·구에서 사회보장급여가 효과적으로 이용 및 제공될 수 있는 기반 구축 방안 4. 시·군·구 사회보장급여 담당 인력의 양성 및 전문성 제고 방안 5. 지역사회보장에 관한 통계자료의 수집 및 관리 방안 6. 시·군·구의 부정수급 방지대책을 지원하기 위한 방안 7. 그 밖에 지역사회보장 추진에 필요한 사항

〈특별자치시 지역사회보장계획 내용〉

1. 지역사회보장 수요의 측정, 목표 및 추진전략
2. 지역사회보장의 목표를 점검할 수 있는 지표(이하 '지역사회보장지표'라 한다)의 설정 및 목표
3. 지역사회보장의 분야별 추진전략, 중점 추진사업 및 연계협력 방안
4. 지역사회보장 전달체계의 조직과 운영
5. 사회보장급여의 사각지대 발굴 및 지원 방안
6. 지역사회보장에 필요한 재원의 규모와 조달 방안
7. 지역사회보장에 관련한 통계 수집 및 관리 방안
8. 지역 내 부정수급 발생 현황 및 방지대책
9. 그 밖에 대통령령으로 정하는 사항
10. 사회보장급여가 효과적으로 이용 및 제공될 수 있는 기반 구축 방안
11. 사회보장급여 담당 인력의 양성 및 전문성 제고 방안
12. 그 밖에 지역사회보장 추진에 필요한 사항

지역사회보장계획은 시·도지사 또는 시장·군수·구청장에 의해 사회보장의 환경 변화, 「사회보장기본법」 제16조에 따른 사회보장에 관한 기본계획의 변경 등이 있는 경우에는 변경할 수 있으며(제38조), 보건복지부장관은 시·도 지역사회보장계획의 시행 결과를, 시·도지사는 시·군·구 지역사회보장계획의 시행결과를 각각 보건복지부령으로 정하는 바에 따라 평가할 수 있다(제39조 제1항).

2) 지역사회보장 운영체계

시·도지사는 시·도의 사회보장 증진을 위해 시·도사회보장위원회를 두며(제40조), 시장·군수·구청장은 지역의 사회보장을 증진하고, 사회보장과 관련된 서비스를 제공하는 관계 기관·법인·단체·시설과 연계·협력을 강화하기 위하여 해당 시·군·구에 지역사회보장협의체를 둔다(제41조). 시·도사회보장위원회 및 시·군·구 지역사회보장협의체는 다음의 업무를 심의 및 자문하고, 위원의 자격은 〈표 13-2〉와 같다.

표 13-2 시 · 도사회보장위원회와 시 · 군 · 구 지역사회보장협의체 간 비교

	시 · 도사회보장위원회	시 · 군 · 구 지역사회보장협의체
업무	1. 시 · 도의 지역사회보장계획 수립 · 시행 및 평가에 관한 사항 2. 시 · 도의 지역사회보장조사 및 지역사회보장지표에 관한 사항 3. 시 · 도의 사회보장급여 제공에 관한 사항 4. 시 · 도의 사회보장 추진과 관련한 중요 사항 5. 제41조 제7항에 따른 읍 · 면 · 동 단위 지역사회보장협의체의 구성 및 운영에 관한 사항(특별자치시에 한정한다) 6. 사회보장과 관련된 서비스를 제공하는 관계 기관 · 법인 · 단체 · 시설과의 연계 · 협력 강화에 관한 사항(특별자치시에 한정한다) 7. 그 밖에 위원장이 필요하다고 인정되는 사항	1. 시 · 군 · 구의 지역사회보장계획 수립 · 시행 및 평가에 관한 사항 2. 시 · 군 · 구의 지역사회보장조사 및 지역사회보장지표에 관한 사항 3. 시 · 군 · 구의 사회보장급여 제공에 관한 사항 4. 시 · 군 · 구의 사회보장 추진에 관한 사항 5. 읍 · 면 · 동 단위 지역사회보장협의체의 구성 및 운영에 관한 사항 6. 그 밖에 위원장이 필요하다고 인정하는 사항
위원자격	1. 사회보장에 관한 전문적 지식이나 경험을 가진 사람 2. 사회보장 관련 기관 및 단체의 대표자 3. 사회보장을 필요로 하는 사람의 이익 등을 대표하는 사람 4. 제41조 제3항에 따른 지역사회보장협의체의 대표자 5. 「비영리민간단체지원법」 제2조의 비영리민간단체에서 추천한 사람 6. 「사회복지공동모금회법」 제14조에 따른 사회복지공동모금지회에서 추천한 사람 7. 제41조 제7항에 따른 읍 · 면 · 동 단위 지역사회보장협의체의 위원장(특별자치시에 한정하며, 공동위원장이 있는 경우에는 민간위원 중에서 선출된 공동위원장을 말한다) 8. 사회보장에 관한 업무를 담당하는 공무원	1. 사회보장에 관한 학식과 경험이 풍부한 사람 2. 지역의 사회보장 활동을 수행하거나 서비스를 제공하는 기관 · 법인 · 단체 · 시설의 대표자 3. 「비영리민간단체지원법」 제2조의 비영리민간단체에서 추천한 사람 4. 제7항에 따른 읍 · 면 · 동 단위 지역사회보장협의체의 위원장(공동위원장이 있는 경우에는 민간위원 중에서 선출된 공동위원장을 말한다) 5. 사회보장에 관한 업무를 담당하는 공무원

그 외에 특별자치시장 및 시장·군수·구청장은 사회보장에 관한 업무를 효율적으로 수행하기 위하여 관련 조직, 인력, 관계 기관 간 협력체계 등을 마련하여야 하며, 필요한 경우에는 사회보장사무전담기구를 별도로 설치할 수 있다(제42조 제1항). 2017년 3월 21일에는 통합사례관리 조항이 신설되었는데, 보건복지부장관, 시·도지사 및 시장·군수·구청장은 지원대상자의 사회보장 수준을 높이기 위하여 지원대상자의 다양하고 복합적인 특성에 따른 상담과 지도, 사회보장에 대한 욕구조사, 서비스 제공 계획의 수립을 실시하고, 그 계획에 따라 지원대상자에게 보건·복지·고용·교육 등에 대한 사회보장급여 및 민간 법인·단체·시설 등이 제공하는 서비스를 종합적으로 연계·제공하는 통합사례관리를 실시할 수 있다(제42조의2). 이를 위해 필요한 경우 통합사례관리사를 둘 수 있고, 보건복지부장관은 통합사례관리 사업의 전문적인 지원을 위하여 해당 업무를 공공 또는 민간 기관·단체 등에 위탁하여 실시할 수 있다(제42조의2 제2항 및 제3항).

사회복지전담공무원은 동법에 의하여 법적 지위가 마련되어 있다. 동법 제43조에 의해 사회복지사업에 관한 업무를 담당하게 하기 위하여 시·도, 시·군·구, 읍·면·동 또는 사회보장사무 전담기구에 사회복지전담공무원을 둘 수 있다. 사회복지전담공무원은 「사회복지사업법」 제11조에 따른 사회복지사의 자격을 가진 사람으로 하며, 그 임용 등에 필요한 사항은 대통령령으로 정하며, 사회보장급여에 관한 업무 중 취약계층에 대한 상담과 지도, 생활실태의 조사 등 보건복지부령으로 정하는 사회복지에 관한 전문적 업무를 담당한다. 국가는 사회복지전담공무원의 보수 등에 드는 비용의 전부 또는 일부를 보조할 수 있고, 시·도지사 및 시장·군수·구청장은 「지방공무원 교육훈련법」 제3조에 따라 사회복지전담공무원의 교육훈련에 필요한 시책을 수립·시행하여야 한다.

3) 지역사회보장 지원 및 균형발전

「사회보장급여법」은 사회복지 제공의 측면에서 지역균형발전을 도모한다. 중앙행정기관의 장 및 시·도지사는 시·도 및 시·군·구 간 사회보장 수준의 차이를 최소화하기 위하여 예산 배분, 사회보장급여의 제공 기관 등의 배치 등에 필요한 조치를 하여야 한다(제45조). 보건복지부장관은 시·도 및 시·군·구의 사회보장 추진 현황 분석, 지역사회보장계획의 평가, 지역 간 사회보장의 균형발전 지원 등의 업무를 효과적으로 수행하기 위하여 지역사회보장균형발전지원센터를 설치·운영할 수 있고, 지역사회보장균형발전지원센터의 운영을 관련 전문기관에 위탁할 수 있다(제46조 제1항 및 제2항). 중앙행정기관의 장은 시·도지사 및 시장·군수·구청장에게 사회보장 사업의 수행에 필요한 비용을 지원할 수 있으며, 이 경우 제39조에 따른 평가결과를 반영할 수 있다(제47조). 같은 맥락에서 사회보장 특별지원구역을 운영할 수 있는데, 중앙행정기관의 장 또는 시·도지사는「공공주택 특별법」에 따른 영구임대주택단지, 저소득층 밀집 거주지, 그 밖에 보건, 복지, 고용, 주거, 문화 등 특정 분야의 서비스가 취약한 지역을 사회보장 특별지원구역으로 선정하여 지원할 수 있다. 이 경우 중앙행정기관의 장 또는 시·도지사는 사회보장 특별지원구역을 선정할 때 관계 행정기관의 장과 협의하여야 한다(제48조 제1항).

 「사회보장급여법」에 지역균형발전이 규정되어 있다.

7. 권리구제

「사회보장급여법」에는 별도의 권리구제 절차가 이의신청이라는 형식으로 마련되어 있다. 따라서「사회보장급여법」에 따른 처분에 이의가 있는 수급권자 등은 그 처분을 받은 날로부터 90일 이내에 처분을 결정한 보장기관의 장에게 이의신청을 할 수 있다. 다만, 정당한 사유로 인하여 그 기간 내에 이의신청을 할 수 없음을 증명한 때에는 그 사유가 소멸한 때부터 60일 이내에 이의신청을 할 수 있다(제17조 제1항). 보장기관의 장은 이의신청을 받은 날부터 10일 이내에 그 이의신청에 대하여 결정하고 그 결과를 신청인에게 지체 없이 통지하여야 한다. 다만, 부득이한 사유로 정하여진 기간 이내에 결정할 수 없을 때에는 그 기간의 만료일 다음 날부터 기산하여 10일 이내의 범위에서 연장할 수 있으며, 연장 사유를 신청인에게 통지하여야 한다(제17조 제2항).

8. 기타

동법 제5조부터 제22조까지에 따른 사회보장급여의 신청, 조사, 결정, 확인조사, 환수 등 사회보장급여의 제공 및 관리 등에 관한 업무 및 제23조에 따른 사회보장정보의 처리 등에 관한 업무에 종사하거나 종사하였던 사람은 직무상 알게 된 비밀을 다른 사람에게 누설하거나 직무상 목적 외의 용도로 이용하여서는 안 된다(제49조). 또한 사회보장급여로 지급된 금품과 이를 받을 권리는 압류하지 못한다(제50조). 「사회보장급여법」에 따른 신청의 접수, 사회보장 요구의 조사, 수급자격의 조사 및 사회보장급여의 적정성 확인조사 등은 소속 기관의 장이나 지방자치단체의 장에게 위임하거나 보건복지부장관, 다른 행정기관의 장에게 위탁할 수 있다(제51조).

 「사회보장급여법」상 사회보장급여는 권리구제 절차가 일반적으로 별도로 규정되어 있고, 개인정보 보호 또한 중요한 요소이다.

제**14**장
사회복지사업법

1. 사회복지사업법의 법적 지위 및 연혁

「사회복지사업법」은 모든 국민은 인간다운 생활을 할 권리를 가진다고 규정한 「대한민국헌법」 제34조 제1항과 국가는 사회보장 · 사회복지의 증진에 노력할 의무를 진다고 규정한 같은 조 제2항을 구체화하는 법률로서 그 의의를 갖으며, 사회복지서비스 분야에 관한 입법들의 일반법이자 기본법으로서 의의를 갖는다(윤찬영, 2017: 613).

그래서 「사회복지사업법」 제2조 제1호의 27개 법률과 「사회복지사업법 시행령」 제1조의2의 4개 법률, 이상 31개의 사회복지사업에 해당되는 법률들은 「사회복지사업법」에 대해 특별법의 관계에 있고, '특별법 우선의 원칙'에 따라 이 법률들이 우선적으로 적용되지만, 이 법률들이 「사회복지사업법」을 위반해서 제정되거나 개정될 수 없다.

다시 말해서, 사회복지사업의 내용 및 절차 등에 관하여 31개 법률에 특별한 규정이 있는 경우를 제외하고는 「사회복지사업법」에서 정하는 바에 따른다(제3조 제1항). 31개 법률을 개정하는 경우에는 「사회복지사업법」에 부합하도록 하여야 한다(제3조 제2항).

 「사회복지사업법」은 1970년 1월 1일에 제정(1970년 4월 2일부터 시행)된 이후, 1992년 12월 8일에 전부개정(1993년 6월 9일 시행)과 1997년 8월 22일에 전부개정(1998년 7월 1일 시행) 이상 2회의 전부개정과 일부개정, 타법개정을 합쳐 총 60회의 개정이 이루어져 오늘에 이르고 있다.

2. 사회복지사업법의 내용

1) 목적

사회복지사업에 관한 기본적 사항을 규정하여 사회복지를 필요로 하는 사람에 대하여 인간의 존엄성과 인간다운 생활을 할 권리를 보장하고 사회복지의 전문성을 높이며, 사회복지사업의 공정·투명·적정을 도모하고, 지역사회복지의 체계를 구축하고 사회복지서비스의 질을 높여 사회복지의 증진에 이바지함을 목적으로 한다(제1조).

2) 기본 이념

사회복지를 필요로 하는 사람은 누구든지 자신의 의사에 따라 서비스를 신청하고 제공받을 수 있다. 사회복지법인 및 사회복지시설은 공공성을 가지며 사회복지사업을 시행하는 데 있어서 공공성을 확보하여야 한다. 사회복지사업을 시행하는 데 있어서 사회복지를 제공하는 자는 사회복지를 필요로 하는 사람의 인권을 보장하여야 한다. 사회복지서비스를 제공하는 자는 필요한 정보를 제공하는 등 사회복지서비스를 이용하는 사람의 선택권을 보장하여야 한다(제1조의2).

3) 사회복지사업 관련 정의

(1) 사회복지사업

사회복지사업이란 사회복지사업에 해당되는 31개의 법률에 따른 보호·선도(善導) 또는 복지에 관한 사업과 사회복지상담, 직업지원, 무료 숙박, 지역사회복지, 의료복지, 재가복지(在家福祉), 사회복지관 운영, 정신질환자 및 한센병력자의 사회복귀에 관한 사업 등 각종 복지사업과 이와 관련된 자원봉사활동 및 복지시설의 운영 또는 지원을 목적으로 하는 사업을 말한다(제2조 제1호).

(2) 지역사회복지

지역사회복지란 주민의 복지증진과 삶의 질 향상을 위하여 지역사회 차원에서 전개하는 사회복지를 말한다(제2조 제2호).

(3) 사회복지법인

사회복지법인이란 사회복지사업을 할 목적으로 설립된 법인을 말한다(제2조 제3호).

(4) 사회복지시설

사회복지시설이란 사회복지사업을 할 목적으로 설치된 시설을 말한다(제2조 제4호).

(5) 사회복지관

사회복지관이란 지역사회를 기반으로 일정한 시설과 전문인력을 갖추고 지역주민의 참여와 협력을 통하여 지역사회의 복지문제를 예방하고 해결하기 위하여 종합적인 복지서비스를 제공하는 시설을 말한다(제2조 제5호).

(6) 사회복지서비스

사회복지서비스란 국가·지방자치단체 및 민간부문의 도움을 필요로 하는 모든 국민에게「사회보장기본법」제3조 제4호에 따른 사회서비스 중 사회복지사업을 통한 서비스를 제공하여 삶의 질이 향상되도록 제도적으로 지원하는 것을 말한다(제2조 제6호).

(7) 보건의료서비스

보건의료서비스란 국민의 건강을 보호·증진하기 위하여 보건의료인이 하는 모든 활동을 말한다(제2조 제7호).

4) 복지와 인권증진의 책임

(1) 국가 및 지방자치단체(장)의 책임

① 일반적 책임

첫째, 국가와 지방자치단체는 사회복지서비스를 증진하고, 서비스를 이용하는 사람에 대하여 인권침해를 예방하고 차별을 금지하며 인권을 옹호할 책임을 진다(제4조 제1항).

둘째, 국가와 지방자치단체는 사회복지서비스와 보건의료서비스를 함께 필요로 하는 사람에게 이들 서비스가 연계되어 제공되도록 노력하여야 한다(제4조 제2항).

셋째, 국가와 지방자치단체, 그 밖에 사회복지사업을 하는 자는 사회복지를 필요로 하는 사람에 대하여 그 사업과 관련한 상담, 작업치료(作業治療), 직업훈련 등을 실시하고 필요한 경우에는 주민의 복지 욕구를 조사할 수 있다(제4조 제3항).

넷째, 국가와 지방자치단체는 도움을 필요로 하는 국민이 본인의 선호와 필요에 따라 적절한 사회복지서비스를 제공받을 수 있도록 사회복지서비스 수요자 등을 고려하여 사회복지시설이 균형 있게 설치되도록 노력하여야 한다(제4조 제4항).

다섯째, 국가와 지방자치단체는 민간부문의 사회복지 증진활동이 활성화되고 국가 및 지방자치단체의 사회복지사업과 민간부문의 사회복지 증진활동이 원활하게 연계될 수 있도록 노력하여야 한다(제4조 제5항).

여섯째, 국가와 지방자치단체는 사회복지를 필요로 하는 사람의 인권이 충분히 존중되는 방식으로 사회복지서비스를 제공하고 사회복지와 관련된 인권교육을 강화하여야 한다(제4조 제6항). 보건복지부장관은 사회복지 관련 법률의 시행에 관한 사무에 종사하는 공무원과 사회복지사업에 종사하는 사람의 자질 향상을 위하여 인권교육 등 필요한 지도와 훈련을 할 수 있다(제10조 제1항). 보건복지부장관은 사회복지사의 자질 향상을 위하여 필요하다고 인정하면 사회복지사에게 교육을 받도록 명할 수 있다(제13조 제2항). 보건복지부장관은 교육을 보건복지부령으로 정하는 기관 또는 단체에 위탁할 수 있다(제13조 제4항).

일곱째, 국가와 지방자치단체는 사회복지서비스를 이용하는 사람이 긴급한 인권침해 상황에 놓인 경우 신속히 대응할 체계를 갖추어야 한다(제4조 제7항). 그리고 국가와 지방자치단체는 복지업무에 종사하는 사람이 그 업무를 수행할 때에 사회복지를 필요로 하는 사람의 인권을 침해하는 행위를 한 경우에는 사회복지사업에 해당되는 31개의 법률이 정하는 바에 따라 처분하고 그 사실을 공표하는 등의 조치를 하여야 한다(제5조 제2항).

여덟째, 국가와 지방자치단체는 시설 거주자의 희망을 반영하여 지역사회보호 체계에서 서비스가 제공될 수 있도록 노력하여야 한다(제4조 제8항).

아홉째, 국가와 지방자치단체는 사회복지서비스를 필요로 하는 사람들에게 사회복지서비스의 실시에 대한 정보를 제공하여야 한다(제4조 제9항).

열째, 국가와 지방자치단체는 사회복지서비스를 제공하는 자로부터 위법 또는 부당한 처분을 받아 권리나 이익을 침해당한 사람을 위하여 간이하고 신속한 구제조치를 마련하여야 한다(제4조 제10항).

② 사회복지서비스 품질관리 및 최저기준 마련 책임

국가와 지방자치단체는 사회복지서비스의 품질향상과 원활한 제공을 위하여 필요한 시책을 마련하여야 한다(제5조의2 제3항). 국가와 지방자치단체는 사회복지서비스의 품질을 관리하기 위하여 사회복지서비스를 제공하는 기관·법인·시설·단체의 서비스 환경, 서비스 제공 인력의 전문성 등을 평가할 수 있다(제5조의2 제4항). 보건복지부장관은 평가를 위하여 평가기관을 설치·운영하거나, 평가의 전부 또는 일부를 관계 기관 또는 단체에 위탁할 수 있다(제5조의2 제5항). 보건복지부장관은 평가를 위탁한 기관 또는 단체에 대하여 그 운영에 필요한 비용을 지원할 수 있다(제5조의2 제6항).

보건복지부장관은 시설에서 제공하는 서비스의 최저기준을 마련하여야 한다(제43조 제1항). 서비스 최저기준에는 시설 이용자의 인권, 시설의 환경, 시설의 운영, 시설의 안전관리, 시설의 인력관리, 지역사회 연계, 서비스의 과정 및 결과, 그 밖에 서비스 최저기준 유지에 필요한 사항이 포함되어야 한다(「사회복지사업법 시행규칙」 제27조 제1항).

③ 사회복지시설 설치 및 시설평가 책임

국가나 지방자치단체는 사회복지시설을 설치·운영할 수 있다(제34조 제1항). 시장·군수·구청장은 정당한 이유 없이 사회복지시설의 설치를 지연시키거나 제한하는 조치를 하여서는 아니 된다(제6조 제2항).

보건복지부장관과 시·도지사는 보건복지부령으로 정하는 바에 따라 시설을 정기적으로 평가하고, 그 결과를 공표하거나 시설의 감독·지원 등에 반영할 수 있으며 시설 거주자를 다른 시설로 보내는 등의 조치를 할 수 있다(제43조의2 제1항).

④ 사회복지시설 업무의 전자화 책임

보건복지부장관은 사회복지법인 및 사회복지시설의 종사자, 거주자 및 이용자에 관한 자료 등 운영에 필요한 정보의 효율적 처리와 기록·관리 업무의 전자화를 위하여 정보시스템을 구축·운영할 수 있다(제6조의2 제1항). 보건복지부장관은 정보시스템을 구축·운영하는 데 필요한 자료를 수집·관리·보유할 수 있으며 관련 기관 및 단체에 필요한 자료의 제공을 요청할 수 있다(제6조의2 제2항). 보건복지부장관은 정보시스템을 효율적으로 운영하기 위하여 「사회보장기본법」 제37조 제

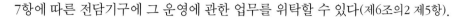

7항에 따른 전담기구에 그 운영에 관한 업무를 위탁할 수 있다(제6조의2 제5항).

지방자치단체의 장은 사회복지사업을 수행할 때 관할 복지행정시스템과 정보시스템을 전자적으로 연계하여 활용하여야 한다(제6조의2 제3항).

⑤ 사회복지 자원봉사활동의 지원·육성 책임

국가와 지방자치단체는 사회복지 자원봉사활동을 지원·육성하기 위하여 자원봉사활동의 홍보 및 교육, 자원봉사활동 프로그램의 개발·보급, 자원봉사활동 중의 재해에 대비한 시책의 개발, 그 밖에 자원봉사활동의 지원에 필요한 사항을 실시하여야 한다(제9조 제1항). 이를 효율적으로 수행하기 위해 국가와 지방자치단체는 사회복지법인이나 그 밖의 비영리법인·단체에 이를 위탁할 수 있다(제9조 제2항).

⑥ 사회복지의 날 주관 책임

국가는 국민의 사회복지에 대한 이해를 증진하고 사회복지사업 종사자의 활동을 장려하기 위하여 매년 9월 7일을 사회복지의 날로 하고, 사회복지의 날부터 1주간을 사회복지주간으로 한다(제15조의2 제1항). 국가와 지방자치단체는 사회복지의 날의 취지에 적합한 행사 등 사업을 하도록 노력하여야 한다(제15조의2 제2항).

⑦ 재정 책임

국가나 지방자치단체는 사회복지사업을 하는 자 중 사회복지법인, 사회복지사업을 수행하는 비영리법인, 사회복지시설 보호대상자를 수용하거나 보육·상담 및 자립지원을 하기 위하여 사회복지시설을 설치·운영하는 개인에게 운영비 등 필요한 비용의 전부 또는 일부를 보조할 수 있다(제42조 제1항 및 「사회복지사업법 시행령」 제20조).

보건복지부장관은 시·도지사 및 시장·군수·구청장에게 사회복지사업의 수행에 필요한 비용을 지원할 수 있다(제42조의3 제1항). 보건복지부장관은 「사회보장급여의 이용·제공 및 수급권자 발굴에 관한 법률」 제39조에 따른 평가결과를 반영하여 제1항에 따른 지원을 할 수 있다(제42조의3 제2항). 지원금의 지급기준·지급방법 등에 관하여 필요한 사항은 보건복지부령으로 정한다(제42조의3 제3항).

국가와 지방자치단체는 사회복지서비스의 품질을 관리하기 위하여 사회복지서비스를 제공하는 기관·법인·시설·단체의 서비스 환경, 서비스 제공 인력의 전문성 등을 평가할 수 있고(제5조의2 제4항), 보건복지부장관은 평가를 위탁한 기관 또는 단체에 대하여 그 운영에 필요한 비용을 지원할 수 있다(제5조의2 제6항).

국가나 지방자치단체는 예산의 범위에서 시설 운영자가 가입해야 하는 책임보험 또는 책임공제의 가입에 드는 비용의 전부 또는 일부를 보조할 수 있다(제34조의3 제2항). 그리고 국가나 지방자치단체는 예산의 범위에서 시설의 안전점검, 시설의 보완 및 개수·보수에 드는 비용의 전부 또는 일부를 보조할 수 있다(제34조의4 제4항).

보건복지부장관은 사회복지사 1급 국가시험의 관리를 위탁하였을 때에는 그에 드는 비용을 예산의 범위에서 보조할 수 있다(제12조 제2항).

⑧ 청문

보건복지부장관, 시·도지사 또는 시장·군수·구청장은 제11조의3에 따른 사회복지사의 자격취소, 제26조에 따른 설립허가 취소, 제40조에 따른 시설의 폐쇄에 해당하는 처분을 하려면 청문을 실시하여야 한다(제49조).

⑨ 지도·감독 책임

보건복지부장관, 시·도지사 또는 시장·군수·구청장은 사회복지사업을 운영하는 자의 소관 업무에 관하여 지도·감독을 하며, 필요한 경우 그 업무에 관하여 보고 또는 관계 서류의 제출을 명하거나, 소속 공무원으로 하여금 사회복지법인의 사무소 또는 시설에 출입하여 검사 또는 질문을 하게 할 수 있다(제51조 제1항).

시·도지사 또는 시장·군수·구청장은 사회복지법인과 사회복지시설에 대하여 지방의회의 추천을 받아「공인회계사법」제7조에 따라 등록한 공인회계사 또는「주식회사 등의 외부감사에 관한 법률」제2조 제7호에 따른 감사인을 선임하여 회계감사를 실시할 수 있다. 이 경우 공인회계사 또는 감사인의 추천, 회계감사의 대상 및 그 밖에 필요한 사항은 보건복지부령으로 정하는 기준에 따라 지방자치단체의 조례로 정한다(제51조 제2항).

　사회복지법인의 주된 사무소의 소재지와 시설의 소재지가 같은 시·도 또는 시·군·구에 있지 아니한 경우 그 시설의 업무에 관하여는 시설 소재지의 시·도지사 또는 시장·군수·구청장이 지도·감독·회계감사 등을 한다. 이 경우 지도·감독·회계감사 등을 위하여 필요할 때에는 사회복지법인의 업무에 대하여 사회복지법인의 주된 사무소 소재지의 시·도지사 또는 시장·군수·구청장에게 협조를 요청할 수 있다(제51조 제3항).

　제3항에 따른 지도·감독·회계감사 등에 관하여 따로 지방자치단체 간에 협약을 체결한 경우에는 제2항에도 불구하고 협약에서 정한 시·도지사 또는 시장·군수·구청장이 지도·감독·회계감사 등의 업무를 수행한다(제51조 제4항).

　제1항 및 제2항에 따라 검사·질문 또는 회계감사를 하는 관계 공무원 등은 그 권한을 표시하는 증표를 지니고 이를 관계인에게 보여 주어야 한다(제51조 제5항).

　보건복지부장관, 시·도지사 또는 시장·군수·구청장은 지도·감독·회계감사를 실시한 후 제26조 및 제40조에 따른 행정처분 등을 한 경우에는 처분 대상인 법인 또는 시설의 명칭, 처분사유, 처분내용 등 처분과 관련된 정보를 대통령령으로 정하는 바에 따라 공표할 수 있다(제51조 제6항).

　지도·감독 기관은 사회복지 사업을 운영하는 자의 소관 업무에 대한 지도·감독에 있어 필요한 경우 촉탁할 수 있으며 촉탁받은 자의 업무범위와 권한은 대통령령으로 정한다(제51조 제7항).

(2) 사회복지법인 및 대표이사, 시설 및 시설장, 종사자의 책임

① 인권존중 및 최대봉사의 책임

　복지업무에 종사하는 사람은 그 업무를 수행할 때에 사회복지를 필요로 하는 사람을 위하여 인권을 존중하고 차별 없이 최대로 봉사하여야 한다(제5조 제1항).

② 전자화 시책 협조 의무

사회복지법인의 대표이사와 사회복지시설의 장은 국가와 지방자치단체가 실시하는 사회복지업무의 전자화 시책에 협력하여야 한다(제6조의2 제4항).

보건복지부장관으로부터 정보시스템 구축·운영하기 위해 필요한 자료의 제공을 요청받은 기관 및 단체는 정당한 사유가 없으면 그 요청에 따라야 한다(제6조의2 제2항).

③ 사회복지사 채용 시 의무

사회복지법인 및 사회복지시설을 설치·운영하는 자는 사회복지사를 그 종사자로 채용하고, 보고방법·보고주기 등 보건복지부령으로 정하는 바에 따라 특별시장·광역시장·특별자치시장·도지사·특별자치도지사(시·도지사) 또는 시장·군수·구청장에게 사회복지사의 임면에 관한 사항을 보고하여야 한다(제13조 제1항).

사회복지법인과 사회복지시설을 설치·운영하는 자는 해당 법인 또는 시설의 종사자를 채용할 때 정당한 사유 없이 채용광고의 내용을 종사자가 되려는 사람에게 불리하게 변경하여 채용하여서는 아니 된다(제35조의3 제1항). 종사자를 채용한 후에도 정당한 사유 없이 채용광고에서 제시한 근로조건을 종사자에게 불리하게 변경하여 적용하여서는 아니 된다(제35조의3 제2항).

④ 보수교육 이수 의무

사회복지법인 또는 사회복지시설에 종사하는 사회복지사는 정기적으로 인권에 관한 내용이 포함된 보수교육(補修敎育)을 받아야 한다(제13조 제2항).

사회복지법인 또는 사회복지시설을 운영하는 자는 그 법인 또는 시설에 종사하는 사회복지사에 대하여 보수교육을 이유로 불리한 처분을 하여서는 아니 된다(제13조 제3항).

⑤ 보험가입 및 시설 안전점검 의무

시설의 운영자는 화재로 인한 손해배상책임, 화재 외의 안전사고로 인하여 생명·신체에 피해를 입은 보호대상자에 대한 손해배상책임을 이행하기 위하여 손해보험회사의 책임보험에 가입하거나 「사회복지사 등의 처우 및 지위 향상을 위한 법률」 제4조에 따른 한국사회복지공제회의 책임공제에 가입하여야 한다(제34조의3 제1항).

국가나 지방자치단체는 예산의 범위에서 제1항에 따른 책임보험 또는 책임공제의 가입에 드는 비용의 전부 또는 일부를 보조할 수 있다(제34조의3 제2항). 책임보험이나 책임공제에 가입하여야 할 시설의 범위는 대통령령으로 정한다(제34조의3 제3항).

시설의 장은 시설에 대하여 정기 및 수시 안전점검을 실시하여야 한다(제34조의4 제1항). 시설의 장은 정기 또는 수시 안전점검을 한 후 그 결과를 시장·군수·구청장에게 제출하여야 한다(제34조의4 제2항). 시장·군수·구청장은 결과를 받은 후 필요한 경우에는 시설의 운영자에게 시설의 보완 또는 개수(改修)·보수를 요구할 수 있으며, 이 경우 시설의 운영자는 요구에 따라야 한다(제34조의4 제3항). 국가나 지방자치단체는 예산의 범위에서 안전점검, 시설의 보완 및 개수·보수에 드는 비용의 전부 또는 일부를 보조할 수 있다(제34조의4 제4항). 정기 또는 수시 안전점검을 받아야 하는 시설의 범위, 안전점검 시기, 안전점검기관 및 그 절차는 대통령령으로 정한다(제34조의4 제5항).

⑥ 상근. 운영위원회 운영. 서류 비치. 보조금. 서비스 최저기준에 대한 의무

시설의 장은 상근(常勤)하여야 한다(제35조 제1항).

시설의 장은 시설의 운영에 관한 사항을 심의하기 위하여 시설에 운영위원회를 두어야 한다(제36조 제1항). 시설의 장은 시설의 회계 및 예산·결산에 관한 사항, 후원금 조성 및 집행에 관한 사항, 그 밖에 시설운영과 관련된 사건·사고에 관한 사항을 운영위원회에 보고하여야 한다(제36조 제3항).

시설의 장은 법인의 정관(법인에 한한다), 법인설립허가증사본(법인에 한한다), 사회복지시설신고증, 시설거주자 및 퇴소자의 명부, 시설거주자 및 퇴소자의 상담기록부, 시설의 운영계획서 및 예산·결산서, 후원금품대장, 시설의 건축물관리대장,

시설의 장과 종사자의 명부 이상의 서류를 시설에 갖추어 두어야 한다(제37조 및 「사회복지사업법 시행규칙」 제25조).

사회복지사업을 하는 자 중 사회복지법인, 사회복지사업을 수행하는 비영리법인, 사회복지시설 보호대상자를 수용하거나 보육·상담 및 자립지원을 하기 위하여 사회복지시설을 설치·운영하는 개인에게 지급한 보조금은 그 목적 외의 용도에 사용할 수 없다(제42조 제2항).

시설 운영자는 시설에서 서비스 최저기준 이상으로 서비스 수준을 유지하여야 한다(제43조 제2항).

⑦ 후원금 관리 의무

사회복지법인의 대표이사와 시설의 장은 아무런 대가 없이 무상으로 받은 금품이나 그 밖의 자산(후원금)의 수입·지출 내용을 공개하여야 하며 그 관리에 명확성이 확보되도록 하여야 한다(제45조 제1항). 후원금에 관한 영수증 발급, 수입 및 사용결과 보고, 그 밖에 후원금 관리 및 공개 절차 등 구체적인 사항은 보건복지부령으로 정한다(제45조 제2항).

⑧ 비밀보장의 의무

사회복지사업 또는 사회복지업무에 종사하였거나 종사하고 있는 사람은 그 업무 수행 과정에서 알게 된 다른 사람의 비밀을 누설하여서는 아니 된다(제47조).

(3) 일반국민의 책임

누구든지 정당한 이유 없이 사회복지시설의 설치를 방해하여서는 아니 된다(제6조 제1항).

5) 사회복지사업의 대상

사회복지를 필요로 하는 사람은 누구든지 대상이 된다(제1조의2 제1항, 제4조 제

3항, 제6항). 그리고 사회복지를 필요로 하는 사람은 누구든지 자신의 의사에 따라 서비스를 신청하고 제공받을 수 있다(제1조의2 제1항).

6) 사회복지서비스 실시 및 급여의 권리

(1) 제공의 원칙

사회복지서비스를 필요로 하는 사람(보호대상자)에 대한 사회복지서비스 제공은 현물(現物)로 제공하는 것을 원칙으로 한다(제5조의2 제1항). 시장·군수·구청장은 국가 또는 지방자치단체 외의 자로 하여금 서비스 제공을 실시하게 하는 경우에는 보호대상자에게 사회복지서비스 이용권을 지급하여 국가 또는 지방자치단체 외의 자로부터 그 이용권으로 서비스 제공을 받게 할 수 있다(제5조의2 제2항).

(2) 재가복지서비스 제공

국가나 지방자치단체는 보호대상자가 가정봉사서비스(가사 및 개인활동을 지원하거나 정서활동을 지원하는 서비스), 주간·단기 보호서비스(주간·단기 보호시설에서 급식 및 치료 등 일상생활의 편의를 낮 동안 또는 단기간 동안 제공하거나 가족에 대한 교육 및 상담을 지원하는 서비스) 중 어느 하나에 해당하는 재가복지서비스를 제공받도록 할 수 있다(제41조의2 제1항).

시장·군수·구청장은 「사회보장급여의 이용·제공 및 수급권자 발굴에 관한 법률」 제15조에 따른 보호대상자별 서비스 제공 계획에 따라 보호대상자에게 사회복지서비스를 제공하는 경우 시설 입소에 우선하여 재가복지서비스, 즉 가정봉사서비스(가사 및 개인활동을 지원하거나 정서활동을 지원하는 서비스), 주간·단기 보호서비스(주간·단기 보호시설에서 급식 및 치료 등 일상생활의 편의를 낮 동안 또는 단기간 동안 제공하거나 가족에 대한 교육 및 상담을 지원하는 서비스)를 제공하도록 하여야 한다(제41조의2 제2항).

국가나 지방자치단체는 재가복지서비스를 필요로 하는 가정 또는 시설에서 보호대상자가 일상생활을 하기 위하여 필요한 각종 편의를 제공하는 가정봉사원을 양성하도록 노력하여야 한다(제41조의4).

(3) 급여 압류 금지

「사회복지사업법」및 제2조 제1호의 31개 법률에 따라 지급된 금품과 이를 받을 권리는 압류하지 못한다(제48조).

7) 인력

(1) 사회복지사

보건복지부장관은 사회복지에 관한 전문지식과 기술을 가진 사람에게 사회복지사 자격증을 발급할 수 있다(제11조 제1항). 사회복지사의 등급은 1급·2급으로 하되, 정신건강·의료·학교 영역에 대해서는 영역별로 정신건강사회복지사·의료사회복지사·학교사회복지사의 자격을 부여할 수 있다(제11조 제2항).

사회복지사 1급 자격은 국가시험에 합격한 사람에게 부여하고, 정신건강사회복지사·의료사회복지사·학교사회복지사의 자격은 1급 사회복지사의 자격이 있는 사람 중에서 보건복지부령으로 정하는 수련기관에서 수련을 받은 사람에게 부여한다(제11조 제3항). 사회복지사의 등급별·영역별 자격기준 및 자격증의 발급절차 등은 대통령령으로 정한다(제11조 제4항). 보건복지부장관은 사회복지사 자격증을 발급받거나 재발급받으려는 사람에게 보건복지부령으로 정하는 바에 따라 수수료를 내게 할 수 있다(제11조 제5항). 사회복지사 자격증을 발급받은 사람은 다른 사람에게 그 자격증을 빌려주어서는 아니 되고, 누구든지 그 자격증을 빌려서는 아니 된다(제11조 제6항). 누구든지 자격증을 빌려주거나 빌리려는 금지된 행위를 알선하여서는 아니 된다(제11조 제7항).

다음 각 호의 어느 하나에 해당하는 사람은 사회복지사가 될 수 없다(제11조의2).

1. 피성년후견인 또는 피한정후견인
2. 금고 이상의 형을 선고받고 그 집행이 끝나지 아니하였거나 그 집행을 받지

아니하기로 확정되지 아니한 사람

3. 법원의 판결에 따라 자격이 상실되거나 정지된 사람

4. 마약·대마 또는 향정신성의약품의 중독자

5. 「정신건강증진 및 정신질환자 복지서비스 지원에 관한 법률」 제3조 제1호에 따른 정신질환자. 다만, 전문의가 사회복지사로서 적합하다고 인정하는 사람은 그러하지 아니하다.

보건복지부장관은 사회복지사가 다음 각 호의 어느 하나에 해당하는 경우 그 자격을 취소하거나 1년의 범위에서 정지시킬 수 있다. 다만, 제1호부터 제3호까지에 해당하면 그 자격을 취소하여야 한다(제11조의3 제1항).

1. 거짓이나 그 밖의 부정한 방법으로 자격을 취득한 경우

2. 제11조의2 각 호의 어느 하나에 해당하게 된 경우

3. 자격증을 대여·양도 또는 위조·변조한 경우

4. 사회복지사의 업무수행 중 그 자격과 관련하여 고의나 중대한 과실로 다른 사람에게 손해를 입힌 경우

5. 자격정지 처분을 3회 이상 받았거나 정지 기간 종료 후 3년 이내에 다시 자격정지 처분에 해당하는 행위를 한 경우

6. 자격정지 처분 기간에 자격증을 사용하여 자격 관련 업무를 수행한 경우

보건복지부장관은 제1항 제4호에 해당하여 사회복지사의 자격을 취소하거나 정지시키려는 경우에는 제46조에 따른 한국사회복지사협회의 장 등 관계 전문가의 의견을 들을 수 있다(제11조의3 제2항). 자격이 취소된 사람은 취소된 날부터 15일 내에 자격증을 보건복지부장관에게 반납하여야 한다(제11조의3 제3항). 보건복지부장관은 자격이 취소된 사람에게는 그 취소된 날부터 2년 이내에 자격증을 재교부하지 못한다(제11조의3 제4항). 사회복지사가 아니면 사회복지사 또는 이와 유사한 명칭을 사용하지 못한다(제11조의4).

(2) 사회복지종사자

사회복지사업에 종사하는 일체의 사람들을 사회복지종사자라고 한다(윤찬영, 2017: 666). 사회복지법인과 사회복지시설을 설치·운영하는 자는 시설에 근무할 종사자를 채용할 수 있다(제35조의2 제1항).

그러나 다음 각 호의 어느 하나에 해당하는 사람은 사회복지법인 또는 사회복지시설의 종사자가 될 수 없고(제35조의2 제2항), 종사자가 다음 각 호의 어느 하나에 해당하게 되었을 때에는 그 자격을 상실한다(제35조의2 제3항).

1. 제19조 제1항 제1호의7부터 제1호의9까지의 어느 하나에 해당하는 사람
2. 제1호에도 불구하고 종사자로 재직하는 동안 시설이용자를 대상으로 「성폭력범죄의 처벌 등에 관한 특례법」 제2조에 따른 성폭력범죄 및 「아동·청소년의 성보호에 관한 법률」 제2조 제2호에 따른 아동·청소년대상 성범죄를 저질러 금고 이상의 형 또는 치료감호를 선고받고 그 형이 확정된 사람

(3) 한국사회복지사협회

사회복지사는 사회복지에 관한 전문지식과 기술을 개발·보급하고, 사회복지사의 자질 향상을 위한 교육훈련을 실시하며, 사회복지사의 복지증진을 도모하기 위하여 한국사회복지사협회를 설립한다(제46조 제1항). 협회는 법인으로 하되, 협회의 조직과 운영 등에 필요한 사항은 대통령령으로 정한다(제46조 제2항). 협회에 관하여 이 법에서 규정한 사항을 제외하고는 「민법」 중 사단법인에 관한 규정을 준용한다(제46조 제3항).

8) 사회복지법인

(1) 법인의 설립허가 및 취소, 합병

사회복지법인을 설립하려는 자는 대통령령으로 정하는 바에 따라 시·도지사의 허가를 받아야 한다(제16조 제1항). 다시 말하면, 사회복지법인의 설립허가를 받으

려는 자는 법인설립허가신청서에 보건복지부령으로 정하는 서류를 첨부하여 사회
복지법인의 주된 사무소의 소재지를 관할하는 시장·군수·구청장을 거쳐 특별시
장·광역시장·특별자치시장·도지사·특별자치도지사(시·도지사)에게 제출(전자
문서에 의한 제출을 포함한다)하여야 한다(「사회복지사업법 시행령」 제8조 제1항). 허가를
받은 자는 법인의 주된 사무소의 소재지에서 설립등기를 하여야 한다(제16조 제2항).
사회복지법인이 아닌 자는 사회복지법인이라는 명칭을 사용하지 못한다(제31조).

시·도지사는 법인이 다음 각 호의 어느 하나에 해당할 때에는 기간을 정하여 시
정명령을 하거나 설립허가를 취소할 수 있다. 다만, 제1호 또는 제7호에 해당할 때
에는 설립허가를 취소하여야 한다(제26조 제1항).

1. 거짓이나 그 밖의 부정한 방법으로 설립허가를 받았을 때
2. 설립허가 조건을 위반하였을 때
3. 목적 달성이 불가능하게 되었을 때
4. 목적사업 외의 사업을 하였을 때
5. 정당한 사유 없이 설립허가를 받은 날부터 6개월 이내에 목적사업을 시작하
   지 아니하거나 1년 이상 사업실적이 없을 때
6. 법인이 운영하는 시설에서 반복적 또는 집단적 성폭력범죄 및 학대관련범죄
   가 발생한 때
7. 법인 설립 후 기본재산을 출연하지 아니한 때
8. 제18조 제1항의 임원정수를 위반한 때
9. 제18조 제2항을 위반하여 이사를 선임한 때
10. 제22조에 따른 임원의 해임명령을 이행하지 아니한 때
11. 그 밖에 이 법 또는 이 법에 따른 명령이나 정관을 위반하였을 때

법인이 제1항 각 호(제1호 및 제7호는 제외한다)의 어느 하나에 해당하여 설립허가
를 취소하는 경우는 다른 방법으로 감독 목적을 달성할 수 없거나 시정을 명한 후
6개월 이내에 법인이 이를 이행하지 아니한 경우로 한정한다(제26조 제2항).

법인은 시·도지사의 허가를 받아 이 법에 따른 다른 법인과 합병할 수 있다. 다만, 주된 사무소가 서로 다른 특별시·광역시·특별자치시·도·특별자치도(시·도)에 소재한 법인 간의 합병의 경우에는 보건복지부장관의 허가를 받아야 한다. 법인이 합병하는 경우 합병 후 존속하는 법인이나 합병으로 설립된 법인은 합병으로 소멸된 법인의 지위를 승계한다(제30조).

(2) 정관의 기재 사항

법인의 정관에는 목적, 명칭, 주된 사무소의 소재지, 사업의 종류, 자산 및 회계에 관한 사항, 임원의 임면(任免) 등에 관한 사항, 회의에 관한 사항, 수익(收益)을 목적으로 하는 사업이 있는 경우 그에 관한 사항, 정관의 변경에 관한 사항, 존립 시기와 해산 사유를 정한 경우에는 그 시기와 사유 및 남은 재산의 처리 방법, 공고 및 공고방법에 관한 사항이 포함되어야 한다(제17조 제1항). 만일 법인이 정관을 변경하려는 경우에는 시·도지사의 인가를 받아야 한다(제17조 제2항).

(3) 임원의 구성 및 자격

법인은 대표이사를 포함한 이사 7명 이상과 감사 2명 이상을 두어야 한다(제18조 제1항). 법인은 이사 정수의 3분의 1(소수점 이하는 버린다) 이상을 시·도사회보장 위원회, 지역사회보장협의체의 어느 하나에 해당하는 기관이 3배수로 추천한 사람 중에서 선임하여야 한다(제18조 제2항). 시·도사회보장위원회, 지역사회보장협의체는 이사를 추천하기 위하여 매년 사회복지 또는 보건의료에 관한 학식과 경험이 풍부한 사람, 사회복지를 필요로 하는 사람의 이익 등을 대표하는 사람,「비영리민간단체 지원법」제2조에 따른 비영리민간단체에서 추천한 사람,「사회복지공동모금회법」제14조에 따른 사회복지공동모금지회에서 추천한 사람 중 어느 하나에 해당하는 사람으로 이사 후보군을 구성하여 공고하여야 한다. 다만, 사회복지법인의 대표자, 사회복지사업을 하는 비영리법인 또는 단체의 대표자,「사회보장급여의 이용·제공 및 수급권자 발굴에 관한 법률」제41조에 따른 지역사회보장협의체의 대표자는 제외한다(제18조 제8항).

이사회의 구성에 있어서 특별한 관계[1]에 있는 사람이 이사 현원(現員)의 5분의 1을 초과할 수 없다(제18조 제3항). 외국인의 이사는 이사 현원의 2분의 1 미만이어야 한다(제18조 제5항). 이사의 임기는 3년으로 하고 감사의 임기는 2년으로 하며, 각각 연임할 수 있다(제18조 제4항). 법인은 임원을 임면하는 경우에는 보건복지부령으로 정하는 바에 따라 지체 없이 시·도지사에게 보고하여야 한다(제18조 제6항).

감사는 이사와 특별한 관계에 있는 사람이 아니어야 하며, 감사 중 1명은 법률 또는 회계에 관한 지식이 있는 사람 중에서 선임하여야 한다. 다만, 대통령령으로 정하는 일정 규모 이상의 법인은 시·도지사의 추천을 받아 「주식회사 등의 외부감사에 관한 법률」 제2조 제7호에 따른 감사인에 속한 사람을 감사로 선임하여야 한다(제18조 제7항).

만일 이사 또는 감사 중에 결원이 생겼을 때에는 2개월 이내에 보충하여야 한다

---

[1] 특별한 관계에 있는 사람이란 다음 각 호의 사람을 말한다(「사회복지사업법 시행령」 제9조 제1항).
  1. 출연자
  2. 출연자 또는 이사와의 관계가 다음 각 목의 어느 하나에 해당하는 사람
    가. 6촌 이내의 혈족
    나. 4촌 이내의 인척
    다. 배우자(사실상 혼인관계에 있는 사람을 포함한다)
    라. 친생자(親生子)로서 다른 사람에게 친양자(親養子)로 입양된 사람 및 그 배우자와 직계비속
  3. 출연자 또는 이사의 사용인 그 밖에 고용관계에 있는 자(출연자 또는 이사가 출자에 의하여 사실상 지배하고 있는 법인의 사용인 그 밖에 고용관계에 있는 자를 포함한다)
  4. 출연자 또는 이사의 금전 그 밖의 재산에 의하여 생계를 유지하는 자 및 그와 생계를 함께 하는 자
  5. 출연자 또는 이사가 재산을 출연한 다른 법인의 이사

  제3호에서 "출자에 의하여 사실상 지배하고 있는 법인"이라 함은 법인이 다음 각 호의 1에 해당하는 것을 말한다(「사회복지사업법 시행령」 제9조 제2항).
  1. 법인의 발행주식총액 또는 출자총액의 100분의 30 이상을 출자자 1인과 그와 제1항 제2호·제4호 및 사용인 그 밖에 고용관계에 있는 자(이하 이 항에서 "지배주주"라 한다)가 소유하고 있는 경우
  2. 법인의 발행주식총액 또는 출자총액의 100분의 50 이상을 제1호의 법인과 그의 지배주주가 소유하고 있는 경우
  3. 법인의 발행주식총액 또는 출자총액의 100분의 50 이상을 제1호의 법인과 그의 지배주주 및 제2호의 법인이 소유하고 있는 경우

(제20조). 이사는 법인이 설치한 사회복지시설의 장을 제외한 그 시설의 직원을 겸할 수 없다(제21조 제1항). 감사는 법인의 이사, 법인이 설치한 사회복지시설의 장또는 그 직원을 겸할 수 없다(제21조 제2항).

그리고 다음 각 호의 어느 하나에 해당하는 사람은 임원이 될 수 없다(제19조 제1항).

1. 미성년자

1의2. 피성년후견인 또는 피한정후견인

1의3. 파산선고를 받고 복권되지 아니한 사람

1의4. 법원의 판결에 따라 자격이 상실되거나 정지된 사람

1의5. 금고 이상의 실형을 선고받고 그 집행이 끝나거나(집행이 끝난 것으로 보는 경우를 포함한다) 집행이 면제된 날부터 3년이 지나지 아니한 사람

1의6. 금고 이상의 형의 집행유예를 선고받고 그 유예기간 중에 있는 사람

1의7. 제1호의5 및 제1호의6에도 불구하고 사회복지사업 또는 그 직무와 관련하여 「아동복지법」 제71조, 「보조금 관리에 관한 법률」 제40조부터 제42조까지, 「지방재정법」 제97조, 「영유아보육법」 제54조 제2항 제1호, 「장애아동 복지지원법」 제39조 제1항 제1호 또는 「형법」 제28장 · 제40장(제360조는 제외한다)의 죄를 범하거나 이 법을 위반하여 다음 각 목의 어느 하나에 해당하는 사람

   가. 100만 원 이상의 벌금형을 선고받고 그 형이 확정된 후 5년이 지나지 아니한 사람

   나. 형의 집행유예를 선고받고 그 형이 확정된 후 7년이 지나지 아니한 사람

   다. 징역형을 선고받고 그 집행이 끝나거나(집행이 끝난 것으로 보는 경우를 포함한다) 집행이 면제된 날부터 7년이 지나지 아니한 사람

1의8. 제1호의5부터 제1호의7까지의 규정에도 불구하고 「성폭력범죄의 처벌 등에 관한 특례법」 제2조의 성폭력범죄 또는 「아동 · 청소년의 성보호에 관한 법률」 제2조 제2호의 아동 · 청소년대상 성범죄를 저지른 사람으로서 형 또는 치료감호를 선고받고 확정된 후 그 형 또는 치료감호의 전부 또는 일부의 집행이 끝나거나(집행이 끝난 것으로 보는 경우를 포함한다) 집행이 유예 · 면제된

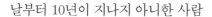

날부터 10년이 지나지 아니한 사람

1의9. 제1호의5부터 제1호의8까지의 규정에도 불구하고 「아동복지법」 제3조 제7호의2에 따른 아동학대관련범죄를 저지른 사람으로서 다음 각 목의 어느 하나에 해당하는 사람

　　가. 금고 이상의 실형을 선고받고 그 집행이 끝나거나(집행이 끝난 것으로 보는 경우를 포함한다) 집행이 면제된 날부터 10년이 지나지 아니한 사람

　　나. 금고 이상의 형의 집행유예를 선고받고 그 집행유예가 확정된 날부터 10년이 지나지 아니한 사람

　　다. 벌금형을 선고받고 그 형이 확정된 날부터 5년이 지나지 아니한 사람

2. 제22조에 따른 해임명령에 따라 해임된 날부터 5년이 지나지 아니한 사람

2의2. 제26조에 따라 설립허가가 취소된 사회복지법인의 임원이었던 사람(그 허가의 취소사유 발생에 관하여 직접적인 또는 이에 상응하는 책임이 있는 자로서 대통령령으로 정하는 사람으로 한정한다)으로서 그 설립허가가 취소된 날부터 5년이 지나지 아니한 사람

2의3. 제40조에 따라 시설의 장에서 해임된 사람으로서 해임된 날부터 5년이 지나지 아니한 사람

2의4. 제40조에 따라 폐쇄명령을 받고 3년이 지나지 아니한 사람

3. 사회복지분야의 6급 이상 공무원으로 재직하다 퇴직한 지 3년이 경과하지 아니한 사람 중에서 퇴직 전 5년 동안 소속하였던 기초자치단체가 관할하는 법인의 임원이 되고자 하는 사람

임원이 제1항의 각 호의 어느 하나에 해당하게 되었을 때에는 그 자격을 상실한다(제19조 제2항).

시·도지사는 임원이 다음 각 호의 어느 하나에 해당할 때에는 법인에 그 임원의 해임을 명할 수 있다(제22조 제1항).

1. 시·도지사의 명령을 정당한 이유 없이 이행하지 아니하였을 때

2. 회계부정이나 인권침해 등 현저한 불법행위 또는 그 밖의 부당행위 등이 발견되었을 때

3. 법인의 업무에 관하여 시·도지사에게 보고할 사항에 대하여 고의로 보고를 지연하거나 거짓으로 보고를 하였을 때

4. 제18조 제2항·제3항 또는 제7항을 위반하여 선임된 사람

5. 제21조를 위반한 사람

6. 제22조의2에 따른 직무집행 정지명령을 이행하지 아니한 사람

7. 그 밖에 이 법 또는 이 법에 따른 명령을 위반하였을 때

해임명령은 시·도지사가 해당 법인에게 그 사유를 들어 시정을 요구한 날부터 15일이 경과하여도 이에 응하지 아니한 경우에 한한다. 다만, 시정을 요구하여도 시정할 수 없는 것이 명백하거나 회계부정, 횡령, 뇌물수수 등 비리의 정도가 중대한 경우에는 시정요구 없이 임원의 해임을 명할 수 있으며, 그 세부적 기준은 대통령령으로 정한다(제22조 제2항).

해임명령을 받은 법인은 2개월 이내에 임원의 해임에 관한 사항을 의결하기 위한 이사회를 소집하여야 한다(제22조 제3항).

시·도지사는 해임명령을 하기 위하여 사실 여부에 대한 조사나 감사가 진행 중인 경우 및 해임명령 기간 중인 경우에는 해당 임원의 직무집행을 정지시킬 수 있다. 다만, 제22조 제1항 제4호에 해당하여 해임명령을 받은 경우에는 해당임원의 직무집행을 정지시켜야 한다(제22조의2 제1항). 시·도지사는 임원의 직무집행 정지사유가 소멸되면 즉시 직무집행 정지명령을 해제하여야 한다(제22조의2 제2항).

법인이 법인의 정상적인 운영이 어렵다고 판단되는 경우 시·도지사는 지체 없이 이해관계인의 청구 또는 직권으로 임시이사를 선임하여야 한다(제22조의3 제1항).

(4) 재산 및 수익사업

법인은 사회복지사업의 운영에 필요한 재산을 소유하여야 한다. 법인의 재산은 기본재산과 보통재산으로 구분하며, 기본재산은 그 목록과 가액(價額)을 정관에 적

어야 한다. 법인은 기본재산에 관하여 매도·증여·교환·임대·담보제공 또는 용도변경을 하려는 경우, 보건복지부령으로 정하는 금액 이상을 1년 이상 장기차입(長期借入)하려는 경우에는 시·도지사의 허가를 받아야 한다(제23조).

법인이 매수·기부채납(寄附採納), 후원 등의 방법으로 재산을 취득하였을 때에는 지체 없이 이를 법인의 재산으로 편입조치하여야 한다. 이 경우 법인은 그 취득 사유, 취득재산의 종류·수량 및 가액을 매년 시·도지사에게 보고하여야 한다(제24조).

해산한 법인의 남은 재산은 정관으로 정하는 바에 따라 국가 또는 지방자치단체에 귀속된다. 국가 또는 지방자치단체에 귀속된 재산은 사회복지사업에 사용하거나 유사한 목적을 가진 법인에 무상으로 대여하거나 무상으로 사용·수익하게 할 수 있다. 다만, 해산한 법인의 이사 본인 및 그와 대통령령으로 정하는 특별한 관계에 있는 사람이 이사로 있는 법인에 대하여는 그러하지 아니하다(제27조).

법인은 목적사업의 경비에 충당하기 위하여 필요할 때에는 법인의 설립 목적 수행에 지장이 없는 범위에서 수익사업을 할 수 있다. 법인은 수익사업에서 생긴 수익을 법인 또는 법인이 설치한 사회복지시설의 운영 외의 목적에 사용할 수 없다. 수익사업에 관한 회계는 법인의 다른 회계와 구분하여 회계처리하여야 한다(제28조).

(5) 회의록 작성 및 공개

이사회는 다음 각 호의 사항을 기재한 회의록을 작성하여야 한다. 다만, 이사회 개최 당일에 회의록 작성이 어려운 사정이 있는 경우에는 안건별로 심의·의결 결과를 기록한 회의조서를 작성한 후 회의록을 작성할 수 있다(제25조 제1항).

1. 개의, 회의 중지 및 산회 일시
2. 안건
3. 의사
4. 출석한 임원의 성명
5. 표결 수
6. 그 밖에 대표이사가 작성할 필요가 있다고 인정하는 사항

회의록 및 회의조서에는 출석임원 전원이 날인하되 그 회의록 또는 회의조서가 2매 이상인 경우에는 간인(間印)하여야 한다(제25조 제2항). 회의조서를 작성한 경우에는 조속한 시일 내에 회의록을 작성하여야 한다(제25조 제3항).

법인은 회의록을 공개하여야 한다. 다만, 대통령령으로 정하는 사항에 대하여는 이사회의 의결로 공개하지 아니할 수 있다(제25조 제4항). 회의록의 공개에 관한 기간·절차, 그 밖에 필요한 사항은 대통령령으로 정한다(제25조 제5항).

(6) 사회복지협의회

사회복지에 관한 조사·연구 및 정책 건의, 사회복지 관련 기관·단체 간의 연계·협력·조정, 사회복지 소외계층 발굴 및 민간사회복지자원과의 연계·협력, 대통령령으로 정하는 사회복지사업의 조성 등의 업무를 수행하기 위하여 전국 단위의 한국사회복지협의회(중앙협의회)와 시·도 단위의 시·도 사회복지협의회(시·도협의회)를 두며, 필요한 경우에는 시·군·구 단위의 시·군·구 사회복지협의회(시·군·구협의회)를 둘 수 있다(제33조 제1항).

중앙협의회, 시·도협의회 및 시·군·구협의회는 이 법에 따른 사회복지법인으로 하되, 운영에 필요한 재산 소유에 대해서는 적용하지 아니한다. 중앙협의회의 설립 및 운영 등에 관한 허가, 인가, 보고 등에 관하여 제16조 제1항, 제17조 제2항, 제18조 제6항·제7항, 제22조, 제23조 제3항, 제24조, 제26조 제1항 및 제30조 제1항을 적용할 때에는 "시·도지사"는 "보건복지부장관"으로 본다. 중앙협의회, 시·도협의회 및 시·군·구협의회의 조직과 운영 등에 필요한 사항은 대통령령으로 정한다(제33조 제2항~제4항).

9) 사회복지시설

(1) 시설의 설치

국가나 지방자치단체는 사회복지시설을 설치·운영할 수 있다(제34조 제1항). 국가나 지방자치단체가 설치한 시설은 필요한 경우 사회복지법인이나 비영리법인에 위탁하여 운영하게 할 수 있다(제34조 제5항). 위탁운영의 기준·기간 및 방법 등에 관하여 필요한 사항은 보건복지부령으로 정한다(제34조 제6항).

국가 또는 지방자치단체 외의 자가 시설을 설치·운영하려는 경우에는 보건복지부령으로 정하는 바에 따라 시장·군수·구청장에게 신고하여야 한다. 다만, 제40조에 따라 폐쇄명령을 받고 3년이 지나지 아니한 자, 제19조 제1항 제1호 및 제1호의2부터 제1호의8까지의 어느 하나에 해당하는 개인 또는 그 개인이 임원인 법인에 해당하는 자는 시설의 설치·운영 신고를 할 수 없다(제34조 제2항).

시장·군수·구청장은 신고를 받은 경우 그 내용을 검토하여 이 법에 적합하면 신고를 수리하여야 한다(제34조 제3항). 시설을 설치·운영하는 자는 보건복지부령으로 정하는 재무·회계에 관한 기준에 따라 시설을 투명하게 운영하여야 한다(제34조 제4항).

「사회복지사업법」 또는 제2조 제1호의 31개 법률에 따른 시설을 설치·운영하려는 경우에는 지역특성과 시설분포의 실태를 고려하여 시설을 통합하여 하나의 시설로 설치·운영하거나 하나의 시설에서 둘 이상의 사회복지사업을 통합하여 수행할 수 있다. 이 경우 국가 또는 지방자치단체 외의 자는 통합하여 설치·운영하려는 각각의 시설이나 사회복지사업에 관하여 해당 관계 법령에 따라 신고하거나 허가 등을 받아야 한다. 둘 이상의 시설을 통합하여 하나의 시설로 설치·운영하거나 하나의 시설에서 둘 이상의 사회복지사업을 통합하여 수행하는 경우 해당 시설에서 공동으로 이용하거나 배치할 수 있는 시설 및 인력 기준 등은 보건복지부령으로 정한다(제34조의2).

시설 중 사회복지관은 지역복지증진을 위하여 지역사회의 특성과 지역주민의 복지욕구를 고려한 서비스 제공 사업, 국가·지방자치단체 및 민간 부문의 사회복지서비스를 연계·제공하는 사례관리 사업, 지역사회 복지공동체 활성화를 위한 복지자원 관리, 주민교육 및 조직화 사업, 그 밖에 복지증진을 위한 사업으로서 지역사회에서 요청하는 사업을 실시할 수 있다(제34조의5 제1항).

사회복지관은 모든 지역주민을 대상으로 사회복지서비스를 실시하되, 「국민기초생활 보장법」에 따른 수급자 및 차상위계층, 장애인, 노인, 한부모가족 및 다문화가족, 직업 및 취업 알선이 필요한 사람, 보호와 교육이 필요한 유아·아동 및 청소년, 그 밖에 사회복지관의 사회복지서비스를 우선 제공할 필요가 있다고 인정되는 사람 이상의 지역주민에게 우선 제공하여야 한다(제34조의5 제2항). 그 밖에 사회복지관의 설치·운영·사업·인력 기준 등에 필요한 사항은 보건복지부령으로 정한다(제34조의5 제3항).

(2) 시설 수용인원

각 시설의 수용인원은 300명을 초과할 수 없다(제41조). 다만, 사회복지시설 중 「노인복지법」 제32조에 따른 노인주거복지시설 중 양로시설과 노인복지주택, 「노인복지법」 제34조에 따른 노인의료복지시설 중 노인요양시설, 보건복지부장관이 사회복지시설의 종류, 지역별 사회복지시설의 수, 지역별·종류별 사회복지서비스 수요 및 사회복지사업 관련 종사자의 수 등을 고려하여 정하여 고시하는 기준에 적합하다고 시장·군수·구청장이 인정하는 사회복지시설은 300명을 초과할 수 있다(「사회복지사업법 시행령」 제19조).

(3) 운영위원회 운영

시설의 장은 시설의 운영에 관한 다음 각 호의 사항을 심의하기 위하여 시설에 운영위원회를 두어야 한다. 다만, 보건복지부령으로 정하는 경우에는 복수의 시설에 공동으로 운영위원회를 둘 수 있다(제36조 제1항).

1. 시설운영계획의 수립·평가에 관한 사항
2. 사회복지 프로그램의 개발·평가에 관한 사항
3. 시설 종사자의 근무환경 개선에 관한 사항
4. 시설 거주자의 생활환경 개선 및 고충 처리 등에 관한 사항
5. 시설 종사자와 거주자의 인권보호 및 권익증진에 관한 사항
6. 시설과 지역사회의 협력에 관한 사항
7. 그 밖에 시설의 장이 운영위원회의 회의에 부치는 사항

운영위원회의 위원은 다음 각 호의 어느 하나에 해당하는 사람 중에서 관할 시
장·군수·구청장이 임명하거나 위촉한다(제36조 제2항).

1. 시설의 장
2. 시설 거주자 대표
3. 시설 거주자의 보호자 대표
4. 시설 종사자의 대표
5. 해당 시·군·구 소속의 사회복지업무를 담당하는 공무원
6. 후원자 대표 또는 지역주민
7. 공익단체에서 추천한 사람
8. 그 밖에 시설의 운영 또는 사회복지에 관하여 전문적인 지식과 경험이 풍부한
   사람

시설의 장은 다음 각 호의 사항을 제1항에 따른 운영위원회에 보고하여야 한다
(제36조 제3항).

1. 시설의 회계 및 예산·결산에 관한 사항
2. 후원금 조성 및 집행에 관한 사항
3. 그 밖에 시설운영과 관련된 사건·사고에 관한 사항

그 밖에 운영위원회의 조직 및 운영에 관한 사항은 보건복지부령으로 정한다(제
36조 제4항).

(4) 시설의 휴지·재개·폐지 신고

제34조 제2항에 따른 신고를 한 자는 지체 없이 시설의 운영을 시작하여야 한다
(제38조 제1항). 시설의 운영자는 그 운영을 일정 기간 중단하거나 다시 시작하거나
시설을 폐지하려는 경우에는 보건복지부령으로 정하는 바에 따라 시장·군수·구

청장에게 신고하여야 한다(제38조 제2항).

시장·군수·구청장은 시설 운영이 중단되거나 시설이 폐지되는 경우에는 보건복지부령으로 정하는 바에 따라 시설 거주자의 권익을 보호하기 위하여 다음 각 호의 조치를 하고 신고를 수리하여야 한다(제38조 제3항).

1. 시설 거주자가 자립을 원하는 경우 자립을 할 수 있도록 지원하고 그 이행을 확인하는 조치
2. 시설 거주자가 다른 시설을 선택할 수 있도록 하고 그 이행을 확인하는 조치
3. 시설 거주자가 이용료·사용료 등의 비용을 부담하는 경우 납부한 비용 중 사용하지 아니한 금액을 반환하게 하고 그 이행을 확인하는 조치
4. 보조금·후원금 등의 사용 실태 확인과 이를 재원으로 조성한 재산 중 남은 재산의 회수조치
5. 그 밖에 시설 거주자의 권익 보호를 위하여 필요하다고 인정되는 조치

시설 운영자가 시설운영을 재개하려고 할 때에는 보건복지부령으로 정하는 바에 따라 시설 거주자의 권익을 보호하기 위하여 다음 각 호의 조치를 하여야 한다. 이 경우 시장·군수·구청장은 그 조치 내용을 확인하고 제2항에 따른 신고를 수리하여야 한다(제38조 제4항).

1. 운영 중단 사유의 해소
2. 향후 안정적 운영계획의 수립
3. 그 밖에 시설 거주자의 권익 보호를 위하여 보건복지부장관이 필요하다고 인정하는 조치

시설 운영의 개시·중단·재개 및 시설 폐지의 신고 등에 관하여 필요한 사항은 보건복지부령으로 정한다(제38조 제5항).

(5) 시설의 개선, 사업의 정지, 시설의 폐쇄

보건복지부장관, 시 · 도지사 또는 시장 · 군수 · 구청장은 시설이 다음 각 호의 어느 하나에 해당할 때에는 그 시설의 개선, 사업의 정지, 시설의 장의 교체를 명하거나 시설의 폐쇄를 명할 수 있다(제40조 제1항).

1. 시설이 설치기준에 미달하게 되었을 때
2. 사회복지법인 또는 비영리법인이 설치 · 운영하는 시설의 경우 그 사회복지법인 또는 비영리법인의 설립허가가 취소되었을 때
3. 설치 목적이 달성되었거나 그 밖의 사유로 계속하여 운영될 필요가 없다고 인정할 때
4. 회계부정이나 불법행위 또는 그 밖의 부당행위 등이 발견되었을 때
5. 제34조 제2항에 따른 신고를 하지 아니하고 시설을 설치 · 운영하였을 때
6. 제36조 제1항에 따른 운영위원회를 설치하지 아니하거나 운영하지 아니하였을 때
7. 정당한 이유 없이 제51조 제1항에 따른 보고 또는 자료 제출을 하지 아니하거나 거짓으로 하였을 때
8. 정당한 이유 없이 제51조 제1항 및 제2항에 따른 검사 · 질문 · 회계감사를 거부 · 방해하거나 기피하였을 때
9. 시설에서 다음 각 목의 성폭력범죄 또는 학대관련범죄가 발생한 때
    가. 「성폭력범죄의 처벌 등에 관한 특례법」 제2조 제1항 제3호부터 제5호까지의 성폭력범죄
    나. 「아동 · 청소년의 성보호에 관한 법률」 제2조 제3호의 아동 · 청소년대상 성폭력범죄
    다. 「아동복지법」 제3조 제7호의2의 아동학대관련범죄
    라. 「노인복지법」 제1조의2 제5호의 노인학대관련범죄
    마. 그 밖에 대통령령으로 정하는 성폭력범죄 또는 학대관련범죄
10. 1년 이상 시설이 휴지상태에 있어 시장 · 군수 · 구청장이 재개를 권고하였

음에도 불구하고 재개하지 아니한 때

사업의 정지 및 시설의 폐쇄 명령을 받은 경우에는 제38조 제3항을 준용한다(제40조 제2항). 행정처분의 세부적인 기준은 그 위반행위의 유형과 위반 정도 등을 고려하여 보건복지부령으로 정한다(제40조 제3항).

10) 벌칙

(1) 5년 이하의 징역 또는 5천만 원 이하의 벌금(제53조)

- 법인은 기본재산에 관하여 매도·증여·교환·임대·담보제공 또는 용도변경을 하려는 경우, 보건복지부령으로 정하는 금액 이상을 1년 이상 장기차입(長期借入)하려는 경우에는 시·도지사의 허가를 받아야 하는데 이를 위반한 자
- 보조금은 그 목적 외의 용도에 사용할 수 없는데 이를 위반한 자

(2) 1년 이하의 징역 또는 1천만 원 이하의 벌금(제54조)

- 누구든지 정당한 이유 없이 사회복지시설의 설치를 방해하여서는 아니 되는데 이를 위반한 자
- 사회복지사 자격증을 다른 사람에게 빌려주거나 빌린 사람
- 사회복지사 자격증을 빌려주거나 빌리는 것을 알선한 사람
- 임원의 선임과 관련하여 금품, 향응 또는 재산상의 이익을 주고받거나 주고받을 것을 약속한 사람
- 법인은 수익사업에서 생긴 수익을 법인 또는 법인이 설치한 사회복지시설의 운영 외의 목적에 사용할 수 없는데 이를 위반한 사람
- 신고를 하지 아니하고 시설을 설치·운영한 자
- 정당한 이유 없이 제38조 제3항(제40조 제2항에서 준용하는 경우를 포함한다)에

따른 시설 거주자 권익 보호조치를 기피하거나 거부한 자
- 보건복지부장관, 시·도지사 또는 시장·군수·구청장이 시설의 개선, 사업의 정지, 시설의 장의 교체를 명하거나 시설의 폐쇄를 명할 수 있는데, 명령을 이행하지 아니한 자
- 사회복지사업 또는 사회복지업무에 종사하였거나 종사하고 있는 사람이 그 업무 수행 과정에서 알게 된 다른 사람의 비밀을 누설한 자
- 정당한 이유 없이 제51조 제1항 및 제2항에 따른 보고를 하지 아니하거나 거짓으로 보고한 자, 자료를 제출하지 아니하거나 거짓 자료를 제출한 자, 검사·질문·회계감사를 거부·방해 또는 기피한 자

(3) 300만 원 이하의 벌금(제55조)

제13조의 사회복지사의 채용 및 교육 등에 관한 사항을 위반한 자

(4) 500만 원 이하의 과태료(제58조 제1항)

- 사회복지법인과 사회복지시설을 설치·운영하는 자는 해당 법인 또는 시설의 종사자를 채용할 때 정당한 사유 없이 채용광고의 내용을 종사자가 되려는 사람에게 불리하게 변경하여 채용하여서는 아니 되는데, 이를 위반하여 채용한 자
- 사회복지법인과 사회복지시설을 설치·운영하는 자는 종사자를 채용한 후에 정당한 사유 없이 채용광고에서 제시한 근로조건을 종사자에게 불리하게 변경하여 적용하여서는 아니 되는데, 위반하여 근로조건을 변경·적용한 자

(5) 300만 원 이하의 과태료(제58조 제2항)

- 사회복지법인 또는 사회복지시설에 종사하는 사회복지사는 정기적으로 인권에 관한 내용이 포함된 보수교육(補修教育)을 받아야 하는데 이를 위반한 자
- 사회복지법인 또는 사회복지시설을 운영하는 자는 그 법인 또는 시설에 종사

하는 사회복지사에 대하여 보수교육을 이유로 불리한 처분을 하여서는 아니 되는데 이를 위반한 자

- 사회복지사가 아니면 사회복지사 또는 이와 유사한 명칭을 사용하지 못하는데 이를 위반한 자
- 법인은 임원을 임면하는 경우에는 보건복지부령으로 정하는 바에 따라 지체 없이 시·도지사에게 보고해야 하는데 이를 위반한 자
- 법인이 매수·기부채납(寄附採納), 후원 등의 방법으로 재산을 취득하였을 때에는 지체 없이 이를 법인의 재산으로 편입조치하여야 한다. 이 경우 법인은 그 취득 사유, 취득재산의 종류·수량 및 가액을 매년 시·도지사에게 보고해야 하는데 이를 위반한 자
- 사회복지법인이 아닌 자는 사회복지법인이라는 명칭을 사용하지 못하는데 이를 위반한 자
- 시설 운영자의 보험가입 의무 위반
- 시설의 장의 안전점검 의무 위반
- 시설의 장의 시설의 서류 비치 위반
- 제34조 제2항에 따른 신고를 한 자는 지체 없이 시설의 운영을 시작하여야 하는데 이를 위반한 자
- 시설의 운영자는 그 운영을 일정 기간 중단하거나 다시 시작하거나 시설을 폐지하려는 경우에는 보건복지부령으로 정하는 바에 따라 시장·군수·구청장에게 신고해야 하는데 이를 위반한 자
- 후원금 관리를 위반한 자

(6) 양벌규정(제56조)

법인의 대표자나 법인 또는 개인의 대리인·사용인, 그 밖의 종업원이 그 법인 또는 개인의 업무에 관하여 제53조, 제54조 및 제55조의 위반행위를 하면 그 행위자를 벌하는 외에 그 법인 또는 개인에게도 해당 조문의 벌금형을 과(科)한다. 다만, 법인 또는 개인이 그 위반행위를 방지하기 위하여 해당 업무에 관하여 상당한

주의와 감독을 게을리하지 아니한 경우에는 그러하지 아니하다.

(7) 공무원 의제(제57조)

제12조 제1항 또는 제52조 제2항에 따라 위탁받은 업무를 수행하는 제6조의2 제5항에 따른 전담기구, 사회복지 관련 기관 또는 단체 임직원은 「형법」 제129조부터 제132조까지의 규정을 적용할 때에는 공무원으로 본다.

부록

사회복지 관련 법률 용어 정리[1]

1. 고의(故意)

자기의 행위로부터 일정한 결과가 생길 것을 인식하면서 감히 그 행위를 하는 것, 즉 일정한 결과의 발생을 의도하거나 또는 그것이 발생할 것을 인식 또는 예견하고 이를 용인하여 행동하는 주관적·심리적 의식의 상태를 말한다. 이것은 일정한 결과의 발생을 인식했어야 함에도 불구하고 부주의로 인해서 인식하지 못하는 것을 의미하는 과실과는 구별되는 개념이다. 「형법」에서는 원칙적으로 고의의 경우만을 처벌하고 과실의 경우에는 처벌하지 않기 때문에 고의와 과실의 구별이 중요하지만, 사법상에서는 그 책임요건으로서는 양자를 구별하지 않고, 또한 책임의 경중의 차도 인정하지 않는 것이 원칙이다. 즉, 고의나 과실의 양자 모두가 요건으로서 동일하게 평가된다.

---

[1] 한국법제연구원 법령용어검색 서비스를 주로 참고하여 작성하였다.

2. 과실(過失)

고의에 대한 용어로서 일정한 사실을 인식하여야 함에도 불구하고 부주의로서 그 인식을 전혀 하지 않았거나 있을 수 있다고 인식하였으나, 그것을 인용하지 않은 것을 말한다. 전자를 인식 없는 과실, 후자를 인식 있는 과실이라 한다. 인식하지 않은 데 대하여 주의의무의 위반이 아닌 경우, 즉 법률상 요구되는 주의의무를 이행하였음에도 불구하고 인식할 수 없었던 경우에는 과실이 아니게 된다. 과실은 부주의의 정도에 따라 중과실과 경과실로 나뉘며, 특히 중과실만을 규정하는 경우에는 중대한 과실이라는 표현을 사용한다. 민사상으로는 특별한 법률의 규정이 있는 경우를 제외하고 고의와 과실 간에 책임의 경중은 없다. 형사상으로는 고의와 과실이 엄격하게 구별되는데, 범죄가 성립하는 것은 원칙으로 고의의 경우에 한하며, 과실자는 법률에 특히 규정되어 있는 경우에 한하여 형사책임을 진다.

3. 구상권(求償權)

타인이 부담하여야 할 것을 자기의 출재로써 변제하여 타인에게 재산상의 이익을 부여한 경우 그 타인에게 상환을 청구할 수 있는 권리이다. 일종의 반환청구권이다.「민법」상 대표적인 것으로는 연대채무자의 1인이 채무를 변제한 경우에 다른 연대채무자에게, 주 채무자의 부탁으로 보증인·물상보증인이 된 자가 과실 없이 주 채무를 소멸시킨 때에 주 채무자에게, 타인의 행위에 의하여 배상의무를 부담케 된 자가 그 타인에게, 타인 때문에 손해를 입은 자가 그 타인에게 그리고 변제에 의해서 타인에게 부당이익을 발생하게 하였을 경우에는 변제자가 그 타인에게 각각 구상권에 의한 반환청구를 인정하고 있다.

4. 변제(辨濟)

채무의 내용인 급부를 실현하는 채무자 및 제3자의 행위를 말한다. 변제가 있으면 채무자는 목적을 달성하고 채권은 소멸한다. 특정물의 인도가 채권의 목적인 때에는 채무자는 이행기의 현상대로 그 물건을 인도하여야 하고, 채무의 변제로 타인의 물건을 인도한 채무자는 다시 유효한 변제를 하지 아니하면 그 물건의 반환을 청구하지 못한다.

5. 권능(權能)

권리의 내용을 이루는 개개의 법률상의 능력을 말한다. 권능은 권리, 권한, 권원과 구별된다. 권리란 일정한 생활상의 이익에 대한 법률상의 힘을 말하고, 권한은 타인을 위해 일정한 법률효과를 발생케 하는 행위를 할 수 있는 법률상의 자격, 권원은 일정한 법률상 또는 사실상의 행위를 하는 것을 정당화시키는 원인을 말한다. 예를 들면, 물품에 대한 소유권은 권리이고, 소유권에는 사용·수익·처분할 수 있는데, 이를 사용권능, 수익권능, 처분권능이라고 한다. 또한 타인의 권리를 대리할 수 있는데, 이 대리권은 대리권한을 의미하며, 마지막으로 남의 땅에 건물을 지었을 경우, 그 땅의 주인은 소유권의 침해를 이유로 건물의 철거를 요청할 수 있는데, 이 경우 건물을 철거당하지 않으려면 지상권 등의 토지 사용을 정당화시키는 원인, 즉 '권원'이 있어야 한다.

6. 권리침해(權利侵害)

권리의 객체를 멸실, 훼손하거나 권리의 행사를 방해하여 권리의 존재나 작용을 해하는 것을 이른다. 권리침해는 불법행위 요건의 하나가 된다.

7. 권한(權限)

국가, 지방자치단체, 각종 법인 또는 개인이 법률상, 계약상 그 부여되거나 부여받은 직무범위 내에서 할 수 있는 행위 또는 처분능력, 처분능력의 한계 또는 범위를 나타내는 용어이다.

8. 법인(法人)

자연인에 대응하는 말로, 사람의 결합(사단법인)이나 재산의 결합(재단법인)으로 법률관계의 주체로서의 지위를 의미한다. 사회복지법인의 경우 사회복지사업을 하는 것을 목적으로 「사회복지사업법」에 의하여 설립된 법인을 말한다. 시설법인과 지원법인으로 구분되는데, 시설법인은 사회복지시설을 설치·운영할 목적으로 설립된 사회복지법인이며, 지원법인은 사회복지사업을 지원하는 법인을 말한다. 사회복지법인은 사법인이면서 비영리 공익 법인이며, 재단법인의 성격을 동시에 지닌다고 볼 수 있다. 사회복지법인은 이윤 추구가 목적이 아닌, 사회복지사업을 수행하는 비영리 목적을 위해 설립되어야 한다. 사회복지법인은 비영리사업의 목적을 달성하기 위해 필요한 한도에서 비영리사업의 본질에 반하지 않을 정도의 영리 행위를 하는 것은 가능하나, 영리 행위로 인한 수익은 언제나 사업 목적의 수행에 충당되어야 한다. 또한 사회복지법인은 사회복지사업을 행할 목적으로 세워졌기 때문에,「민법」에 의한 사단법인이나 재단법인에 비해 공익성이 강조되는 법인이라 할 수 있다.

9. 상계(相計)

채권자와 채무자가 서로 동종의 채권·채무를 가지는 경우, 채무자의 일방적 의사표시에 의하여 그 채권·채무를 대등액에서 소멸시키는 것을 말한다. 상계는 채권자와 채무자가 서로 청구하고 이행하는 번거로움을 덜고, 어느 일방의 채무이행을 위한 자력이 악화된 경우에 다른 일방이 불이익을 입는 불공평한 결과를 방지하는 담보작용을 한다.

10. 소멸시효(消滅時效)

권리를 행사할 수 있음에도 불구하고 권리를 행사하지 않은 상태가 일정 기간 계속됨에 의하여 권리의 소멸이라는 효과를 발생시키는 시효를 소멸시효라고 한다. 시효제도의 존재 이유는 영속된 사실 상태를 존중하고 권리 위에 잠자는 자를 보호하지 않는다는 데에 있고, 특히 소멸시효에 있어서는 후자의 의미가 강하다. 어떠한 권리가 소멸시효의 대상이 되느냐는 입법례에 따라서 다르다. 그러나 대체로는 재산권에 한하여 소멸시효를 인정하고, 인격권, 가족권과 같은 비재산권은 소멸시효의 목적이 되지 않는다.

11. 조리(條理)

사회생활에 있어서 근본이념으로서 당연한 도리, 이치, 합리성과 같은 의미이다. 사회통념, 사회일반의 정의의 관념, 미풍양속, 신의성실의 원칙 등으로 나타나기도 한다. 일반적으로는 법의 흠결을 보완하는 것으로서 성문법도 관습법도 없는 경우에 적용된다.

12. 제척기간(除斥期間)

법률상 일정한 권리가 존속하는 기간을 말한다. 일정 기간 행사되지 않으면 권리가 소멸되는 소멸시효와 비슷한 개념이지만, 시효와는 달리 중단이나 정지가 없다. 시효는 그 이익을 당사자가 원용하여야 재판에서 고려하는 것이지만, 제척기간은 당연한 효력을 지니는 것이므로 법관이 이를 고려하여 재판하는 점에서 다르다.

13. 압류(押留)

「민사소송법」상의 압류는 집행기관에 의하여 채무자의 특정 재산에 대한 사실상 또는 법률상 처분이 제한되는 강제집행으로서 집행의 목적물에 따라 그 방법을 달리한다. 부동산·선박의 압류는 집행법원의 강제경매개시결정 또는 강제관리개시결정을 채무자에게 송달하여 시행한다. 유체동산의 압류는 집행관이 그 물건을 점유하거나 봉인 기타의 방법으로서 행하여지며, 채권 그 밖의 재산권의 압류는 집행법원의 압류명령에 의한다. 행정법상 압류는 「국세징수법」에 의하여 국세체납처분의 단계로서 체납자의 재산을 압류하는 것을 말하며, 이 경우에는 행정상 의무를 강제하는 것으로 법관의 영장을 요하지 아니한다. 「형사소송법」상 압류는 물건의 점유를 취득하는 강제처분인 압수의 일종으로 점유 취득 과정 자체에 강제력이 가하여지는 것을 말한다.

14. 양도(讓渡)

권리·재산·법률상의 지위 등을 그 동일성을 유지하면서 타인에게 이전하는 것을 말한다. 이전하여 넘기는 자를 양도인이라 하고, 이를 받는 자를 양수인이라 한다. 양도의 방식은 양도의 목적물이 무엇이냐에 따라 각각 따로 규정되어 있는 것이 보통이다.

15. 상호주의(相互主義)

국가 간에 등가(等價)인 것을 교환하거나 동일한 행동을 취하거나 외국인에게 권리를 부여하는 데 있어서 그 외국인의 본국이 자국인에게 동등한 권리를 부여할 것을 조건으로 하는 외교 또는 통상의 기본적인 원리로서, 국제법상 상호호혜주의라고도 한다.

16. 위임(委任)

「민법」에서는 당사자 일방이 법률행위를 하는 것을 다른 사람에게 위탁하고 상대방이 이를 승낙함으로써 이루어지는 계약의 일종이다. 공법상 위임이라 함은 국가 또는 공공단체가 공공단체 기타의 자에게 위탁하는 것을 의미한다.

17. 이의신청(異議申請)

행정법에서는 이미 행하여진 처분의 위법·부당을 이유로 그 시정을 구하는 것을 말한다. 행정쟁송절차에 있어서 처분행정청이 재결청인 경우를 가리켜 이의신청이라고 한다. 반면에 재결청이 처분행정청의 상급 감독청 또는 제3의 기관인 경우의 불복절차를 행정심판이라고 한다. 「민사소송법」에서는 이의 중 신청의 성질을 갖는 경우를 말한다. 「형사소송법」에서는 공판절차상의 이의신청에는 재판장의 처분에 대한 이의신청, 증거조사에 관한 이의신청, 제1회 공판기일의 유예기간에 관한 이의신청 등이 있다.

18. 재결(裁決)

행정심판의 청구에 대하여 행정심판위원회가 행하는 판단을 말한다. 재결에는 심판청구가 부적법한 것인 때에는 그 심판청구를 각하하는 재결을 하고, 심판청구가 이유 없다고 인정할 때에는 그 심판청구를 기각하는 재결을 하며, 취소심판의 청구가 이유 있다고 인정할 때에는 처분을 취소 또는 변경하거나 처분청에게 취소 또는 변경할 것을 명하는 인용재결을 하고, 무효 등 확인재판의 청구가 이유 있다고 인정할 때에는 처분의 효력 유무 또는 존재 여부를 확인하는 재결을 하며, 의무이행심판의 청구가 이유 있다고 인정할 때에는 지체 없이 신청에 따른 처분을 하거나 이를 할 것을 명하는 이행재결을 한다. 또한 행정심판위원회는 심판청구가 이유 있다고 인정하는 경우에도 이를 인용하는 것이 현저히 공공복리에 적합하지 아니하다고 인정하는 때에는 그 심판청구를 기각하는 사정재결을 할 수 있다.

19. 처분(處分)

권리나 물건을 나누거나 팔거나 주어서 처리하는 것을 말하는데, 사법상으로 처분이라 함은 재산권의 이전, 기타 재산권의 변동을 가져오는 일을 말하고, 행정법상 처분이라 함은 법령에 근거하여 행정기관이 권리를 설정하고 의무를 명하거나, 그 밖의 법률상의 효과를 생기게 하는 단독행위를 의미한다. 소송법상으로는 소송지휘를 위하여 법원, 재판장 등이 하는 행위를 말하기도 한다.

20. 행정심판(行政審判)

위법·부당한 행정작용으로 인하여 권익을 침해당한 자가 행정기관에 대하여 그 시정을 구하는 행정쟁송절차로서 행정기관이 재결청이 되는 행정쟁송을 총칭한다. 일반법원에 의한 쟁송 외에 이를 인정하는 것은 행정청의 자기통제 및 행정감독의 의미와 사법기능의 보충이라는 의미를 가지고 있기 때문이다. 사법기능을 보충한다는 것은 행정심판은 행정행위에 대한 법률문제 이외에 합목적성의 문제까지 재단할 수 있는 점, 간이·신속한 권리구제를 가능하게 한다는 점 및 기술적으로 복잡화·전문화되어 가는 행정에 있어 일차적 사실확정의 단계에서는 전문적 지식을 가진 행정기관에 의한 판단이 오히려 합리적일 수 있다는 점 등을 의미한다.

21. 구속력(拘束力)

행정행위의 여러 가지 효력 중의 하나로서 행정행위가 그 내용에 따라 행정청이나 그 행정행위의 상대방 기타의 관계인에 대하여 일정한 법률효과를 발생하는 힘을 말한다. 모든 행정행위는 성립요건 및 효력요건을 갖춤으로써 행정청이 구체적으로 표시한 의사의 내용에 따라서 또는 직접 법령이 규정하는 바에 따라 일정한 법률효과를 발행하는 힘을 가지게 된다. 이러한 행정행위의 구속력은 그 상대방 기타의 관계인에 대해서만 발생하는 것이 아니라 당해 행정청 및 관계 행정청 등 국가기관에도 미친다. 모든 행정행위는 법령 또는 부관에 의하여 그 효력 발생이 불확정한 상태에 있는 경우 외에는 성립과 동시에 구속력이 발생됨이 원칙이다.

22. 선고(宣告)

중대한 사실을 선언하여 알리는 것을 일상적으로 선고라고 하며, 법령에서는 공판정에서 재판관이 재판의 판결을 당사자에게 알리는 것을 선고라고 한다.

23. 후견(後見)

후견제도는 친권에 의하여 보호를 받을 수 없는 미성년자와 정신적 제약으로 사무처리능력이 부족하거나 결여된 성년자에 대하여 후견인을 통해 재산관리 및 신상보호 사무에 관한 지원을 함으로써 보호하기 위한 제도이다. 후견제도는 친권자가 없거나 친권자가 법률행위의 대리권과 재산관리권을 행사할 수 없는 미성년자를 대상으로 한 미성년후견제도와 질병, 장애, 노령, 그 밖의 사유로 인한 정신적 제약으로 사무를 처리할 능력이 부족한 성년자를 대상으로 한 성년후견제도로 나누어 볼 수 있다. 가정법원은 친권자가 없거나 친권자가 법률행위의 대리권과 재산관리권을 행사할 수 없는 미성년자 또는 질병, 장애, 노령, 그 밖의 사유로 인한 정신적 제약으로 사무를 처리할 능력이 부족한 성년자에 대하여 청구권자의 청구에 따라 후견인을 선임하는 심판을 하고 후견인의 후견사무를 감독한다.

24. 성년후견(成年後見)

성년후견은 질병, 장애, 노령, 그 밖의 사유로 인한 정신적 제약으로 사무를 처리할 능력이 지속적으로 결여된 성인을 대상으로 한 후견제도이다(「민법」 제9조).

25. 한정후견(限定後見)

한정후견은 질병, 장애, 노령, 그 밖의 사유로 인한 정신적 제약으로 사무를 처리할 능력이 부족한 성인을 대상으로 한 후견제도이다(「민법」 제12조).

26. 특정후견(特定後見)

특정후견은 질병, 장애, 노령, 그 밖의 사유로 인한 정신적 제약으로 일시적 후원 또는 특정한 사무에 관하여 후원이 필요한 사람을 대상으로 한 후견제도이다(「민법」 제14조의2).

27. 후견계약[(後見契約); 임의후견(任意後見)]

후견계약은 질병, 장애, 노령, 그 밖의 사유로 인한 정신적 제약으로 사무를 처리 할 능력이 부족한 상황에 있거나 부족하게 될 상황에 대비하여 자신의 재산관리 및 신상 보호에 관한 사무의 전부 또는 일부를 다른 자에게 위탁하고 그 위탁사무에 관하여 대리권을 수여하는 것을 내용으로 하는 후견제도이다(「민법」 제959조의14).

28. 승인(承認)

사법상으로는 일정한 사실을 인정하는 관념의 통지를 의미한다. 형사법에서 승인이 란 자기에게 불이익한 사실을 인정하는 피고인의 진술을 말한다. 공법상으로는 국 가나 지방자치단체의 기관이 다른 기관이나 개인의 특정한 행위에 대하여 부여하는 허가 적 · 인가적 승낙이나 동의를 말한다. 국제법상으로는 국가 및 이에 준하는 국제법 주 체의 지위를 새로이 인정하는 국제법상의 일방적 행위를 일컫는다. 채권의 시효 중 단사유로서의 승인은 시효이익을 받을 당사자인 채무자가 그 시효의 완성으로 권 리를 상실하게 될 자 또는 그 대리인에 대하여 그 권리가 존재함을 인식하고 있다 는 뜻을 표시함으로써 성립한다. 이때 그 표시의 방법은 아무런 형식을 요구하지 아니하고, 또한 명시적이건 묵시적이건 불문한다 할 것이나, 승인으로 인한 시효중 단의 효력은 그 승인의 통지가 상대방에게 도달하는 때에 발생한다.

29. 인가(認可)

국가 또는 공공단체 등 행정 주체가 직접 자기와 관계없는 다른 법률관계에 있어서의 당 사자의 법률적 행위를 보충하여 그 법률상 효력을 완성시켜 주는 타자를 위한 행위로서, 보충행위라고도 한다. 인가는 공익과 중요한 관계가 있는 행위에 대하여 행정 주체가 이에 관여하는 의미에서 행정 주체의 동의에 그 법률적 효력의 발생을 매이게 하는 제도이다. 인가의 대상은 반드시 법률적 행위이어야 한다. 인가는 항상 구체적인 처분의 형식으로 행하여지며, 당사자의 신청을 요하는 쌍방적 행정행위이다. 행정청은 인가신청에 대하여 신청의 내용과 다른 수정인가를 행하지 못하며, 수정인가를 할 때에는 특히 법률에 근거가 있어야 한다. 인가를 받지 않은 행위는 무효인 점에서 허가와 다르며, 인가는 형성적 행위이지만 그 형성적 효과는 선행하는 사인의 행위를 전제로 하여 생긴다는 점에서 직접적으로 권리 등을 설정하는 특허와 다르다.

30. 허가(許可)

법령에 의하여 금지된 행위를 일정한 경우에 해제하여 적법하게 행할 수 있도록 한 행정처분을 말한다. 실정법상 면허, 인가, 허가 또는 등록 등의 용어를 쓰고 있으나, 실정법에서의 허가라는 용어가 반드시 학문상의 허가를 의미하는 것은 아니다. 학문상의 허가는 단순히 일반적인 금지를 해제하는 것에 국한되므로 허가처분에 의하여 특정한 권리나 능력을 부여할 수 없다.

31. 자연인(自然人)

법적인 권리능력이 인정되는 사법상의 주체로서의 사람을 의미하며, 법인과 대비되는 개념이다. 각 개인은 출생과 동시에 자연인으로서의 권리능력의 주체가 된다. 살아서 출생한 이상 기형아·조산아 등에 관계없이 권리능력이 인정되며, 생존하는 동안 성별·연령·직업·계급 등을 묻지 않고 평등하게 권리능력을 갖는 것이 원칙이다. 그러나 권리의 성질상 특정인에게만 인정되는 권리능력이 있으며, 외국인에 대하여는 상호주의 원칙에 의하여 이를 취득하는 것이 제한되는 경우가 있다.

32. 대리(代理)

타인(대리인)이 본인의 이름으로 제삼자(상대방)에게 의사표시를 하거나 또는 제삼자로부터 의사표시를 수령하여 그 법률효과를 직접 본인에게 귀속시키는 제도를 말한다. 예를 들어, 갑이 을에 대신하여 의사표시를 하거나 의사표시를 수령하면 그 법률효과가 직접 을에게 귀속하게 된다. 공법상으로는 행정청의 권한을 다른 자가 대신하여 행사하는 경우가 있으나, 이는 독립한 인격자 간의 관계가 아니라 국가 또는 지방자치단체의 내부에서 한 기관이 다른 기관의 권한을 행하는 것이라는 점에서 사법상의 대리와 차이가 있다.

33. 청구권(請求權)

사권의 작용에 의한 분류의 한 종류로서, 타인의 행위를 청구할 수 있는 사권을 말한다. 청구권은 지배권과는 달리 권리의 목적인 이익을 향수하기 위해 타인의 행위를 필요로 한다는 점이 특징이다. 채권은 청구권을 중심으로 하고 있고, 청구권의 대부분은 채권으로부터 발생하지만, 그 외에 물권이나 신분권으로부터도 청구권이 발생한다.

참고문헌

김광병(2012). 지역사회복지 규범으로서 사회복지조례 입법평가에 관한 연구: 서울특별시 25개 자치구의 자주조례를 중심으로. 고려대학교 대학원 박사학위논문.

김광병(2013). 인천시 기초자치단체의 사회복지조례 분석. 인천학연구, 19, 7-49.

김광병(2016). 사회복지시설 종사자의 처우 및 지위보장 논거. 사회복지법제연구, 7(2), 33-52.

김광병(2018a). 사회복지사 등의 처우 및 지위 향상에 관한 조례의 역할에 관한 연구: 경기도를 중심으로. 사회복지법제연구, 9(1), 203-231.

김광병(2018b). 사회복지사무에 관한 지방자치분권의 내용: 노인복지법을 중심으로. 사회복지법제연구, 9(3), 209-228.

김광병(2019). 지역사회복지 · 지역형복지 실현과 사회복지조례. 제6기 대구사회복지 정책아카데미 자료집.

김광병(2021). 「사회복지법제와 실천」 교과목에서 '실천'에 관한 교육 방향. 법과인권교육연구, 14(3), 125-139.

김광병(2022). 사회복지의 법적 실천에 관한 탐색적 연구. 사회복지법제연구, 13(3), 3-22.

김광병, 김수정(2012). 사회복지법의 실체적 권리 분석에 관한 연구. 한국사회복지행정학, 14(3), 53-77.

김광병, 김현(2020). 인천광역시 사회복지 관련 조례 분석 연구. 인천광역시의회 인천형복지 정책연구회 정책연구과제 연구보고서.

김광병, 김현(2021). 인천광역시 본청 사회복지 관련 조례 분석 연구. 사회복지법제연구, 12(3), 39-64.

김광병, 박소영(2009). 사회복지사의 법적 지위에 관한 탐색적 연구. 한국사회복지행정학, 11(2), 103-127.

김기원(2009). 사회복지법제론(제4판). 서울: 나눔의집.

김기원(2019). 사회복지법제와 실천. 서울: 학지사.

김수정(2017). 사회복지법제론(3판). 서울: 학지사.

김수정(2019). 사회복지법제와 실천. 서울: 학지사.

김수정, 김광병(2021). 17개 광역지방자치단체의 사회복지사 등의 처우 및 지위향상에 관한 조례분석. 사회복지법제연구, 12(2), 3-25.

김훈(2012). 사회복지법제론(4판). 서울: 학지사.

송덕수(2022). 신민법강의(제15판). 서울: 박영사.

송인규(2013). 사회복지법원론. 서울: EM커뮤니티.

신명호(2012). 사회복지관에서 주민운동은 가능한가?. 한국학, 35(2), 69-99.

신복기(2014). 사회복지법제교육의 개선방안에 관한 연구. 한국사회복지교육. 27, 59-81.

신섭중 외(2003). 사회복지법제(개정판). 서울: 대학출판사.

오세영(2022). 사회복지행정론(5판). 서울: 신정.

유태균(2020). 거시사회복지실천 입문편: 법, 행정, 재정의 이해. 경기: 공동체.

윤찬영(2017). 사회복지법제론(개정7판). 경기: 나남.

윤찬영(2022). 인권 · 복지론: 인권과 함께하는 복지 실천. 서울: 신정.

이윤진(2015). 고용보험제도의 발전 궤적에 관한 연구: 사회복지적 관점을 중심으로. 연세대학교 사회복지대학원 박사학위논문.

정진경(2016). 사회복지와 법의 만남. 경기: 공동체.

정회철, 김유향(2014). 기본강의 헌법(전면개정판). 서울: 도서출판 월비스.

최승원, 윤석진, 김수정, 배유진, 장선미(2022). 사회복지법제와 실천. 서울: 학지사.

최승원, 이승기, 윤석진, 김광병, 김수정, 김태동, 배유진(2018). 사회복지법제론. 서울: 학지사.

대한민국 법원 https://www.scourt.go.kr

대한민국 법원 종합법률정보 https://glaw.scourt.go.kr

법제처 국가법령정보센터 https://www.law.go.kr

보건복지부 https://www.mohw.go.kr

자치법규정보시스템 https://www.elis.go.kr

헌법재판소 https://www.ccourt.go.kr

찾아보기

저자 소개

윤찬영(Yoon Chanyoung)

　　서울대학교 사회복지학과 졸업

　　서울대학교 대학원 사회복지학과 석사 및 박사

　　전　참여연대 사회복지위원장

　　　　비판과 대안을 위한 사회복지학회장

　　현　전주대학교 사회복지학과 교수

　　　　(사)사회복지법제학회 회장

> 대표 저서

『사회복지의 이해』(개정판, 정민사, 2017)

『사회복지법제론』(개정 7판, 나남, 2017)

『인권·복지론: 인권과 함께하는 복지 실천』(신정, 2022)

김광병(Kim Kwangbyung)

　　전주대학교 사회복지학전공 졸업

　　숭실대학교 대학원 사회복지학과 석사

　　고려대학교 대학원 사회복지학과 박사

　　전　세계사이버대학 사회복지학과 교수

　　　　(사)사회복지법제학회 편집이사(편집분과위원장)

　　현　청운대학교 사회복지학과 교수

　　　　한국법과인권교육학회 부회장

　　　　(사)사회복지법제학회 총무이사

> 대표 논문

「사회복지사 등의 처우 및 지위 향상에 관한 조례의 역할에 관한 연구: 경기도를 중심으로」(사회복지법제연구, 2018)

「사회복지법제와 실천 교과목에서 '실천'에 관한 교육 방향」(법과인권교육연구, 2021)

「사회복지의 법적 실천에 관한 탐색적 연구」(사회복지법제연구, 2022)

◯◑◯ **송인규**(Song In-kyu)

　　서울대학교 사회복지학과 졸업

　　사법연수원 수료

　　변호사, 변리사, 세무사, 사회복지사(1급)

　　현　법무법인 정원 대표변호사

　　　　서울대학교 사회복지학과 외래교수(사회복지법제)

　　　　정부 사회보장위원회 본위원

　　　　보건복지부 중앙생활보장위원회 위원

　　　　근로복지공단 이사

　　　　보건복지부 고문변호사

　　　　서울고등검찰청 영장심의위원회 위원

　　　　대한변호사협회 성년후견법률지원 특별위원회 위원장

　　　　한국후견협회 부회장

　›대표 저서 및 논문

　　『사회복지법원론』(공저, EM커뮤니티, 2005)

　　『사회복지개론』(공저, 광문각, 2016)

　　「가정법원의 후견감독 시행 방안에 관한 연구」(법원행정처, 2021)

◯◑◯ **이윤진**(Lee Yoonjin)

　　이화여자대학교 법과대학 법학과 졸업

　　이화여자대학교 법과대학 대학원 졸업(노동법 석사)

　　연세대학교 사회복지대학원 석박사 통합과정 졸업(사회복지학 박사)

　　전　육아정책연구소 부연구위원

　　　　연세대학교 사회복지대학원 객원교수

　　현　서원대학교 사회복지학부 복지행정전공 조교수

사회복지총서

사회복지법제와 실천
Social Welfare Legal System and Practice

2023년 2월 20일 1판 1쇄 인쇄
2023년 2월 25일 1판 1쇄 발행

지은이 • 윤찬영 · 김광병 · 송인규 · 이윤진
펴낸이 • 김진환
펴낸곳 • ㈜**학지사**

04031 서울특별시 마포구 양화로 15길 20 마인드월드빌딩
대표전화 • 02-330-5114   팩스 • 02-324-2345
등록번호 • 제313-2006-000265호

홈페이지 • http://www.hakjisa.co.kr
페이스북 • https://www.facebook.com/hakjisabook

ISBN 978-89-997-2860-0 93330

정가 18,000원

출판미디어기업 **학지사**
간호보건의학출판 **학지사메디컬** www.hakjisamd.co.kr
심리검사연구소 **인싸이트** www.inpsyt.co.kr
학술논문서비스 **뉴논문** www.newnonmun.com
교육연수원 **카운피아** www.counpia.com